建设工程项目评估

主　编　刘汉章　古　俊　刘承良
副主编　汪　军　杨　琴　韩　磊　姚艳芳

北京理工大学出版社
BEIJING INSTITUTE OF TECHNOLOGY PRESS

内 容 提 要

本书根据高等院校人才培养目标以及专业教学要求，依据最新标准规范进行编写。本书分为11个项目，主要内容包括了解建设项目评估、建设项目市场调查与预测、建设方案评估、分析与评价建设项目资源、建设项目环境影响评价、建设项目投资估算、建设项目财务效益评估、建设项目国民经济效益评估、建设项目不确定性和风险分析、建设项目总评估、建设项目后评估等。

本书可作为高等院校工程造价等相关专业的教材，也可作为函授和自考辅导用书，还可供工程项目施工现场相关技术和管理人员工作时参考使用。

图书在版编目（CIP）数据

建设工程项目评估 / 刘汉章，古俊，刘承良主编.—北京：北京理工大学出版社，2017.3
ISBN 978-7-5682-3721-5

Ⅰ.①建…　Ⅱ.①刘…　②古…　③刘…　Ⅲ.①基本建设项目－项目评价－高等学校－教材　Ⅳ.①F284

中国版本图书馆CIP数据核字(2017)第033628号

出版发行 / 北京理工大学出版社有限责任公司

社　　　址 / 北京市海淀区中关村南大街5号

邮　　　编 / 100081

电　　　话 / （010）68914775（总编室）

　　　　　　（010）82562903（教材售后服务热线）

　　　　　　（010）68948351（其他图书服务热线）

网　　　址 / http://www.bitpress.com.cn

经　　　销 / 全国各地新华书店

印　　　刷 / 北京紫瑞利印刷有限公司

开　　　本 / 787毫米×1092毫米　1/16

印　　　张 / 15　　　　　　　　　　　　　　　　责任编辑 / 钟　博

字　　　数 / 364千字　　　　　　　　　　　　　　文案编辑 / 瞿义勇

版　　　次 / 2017年3月第1版　2017年3月第1次印刷　责任校对 / 周瑞红

定　　　价 / 55.00元　　　　　　　　　　　　　　责任印制 / 边心超

前　言

随着我国经济建设的快速发展，目前工程项目评估的需求越来越大，应用范围越来越广，研究越来越规范，更专业化、科学化和现代化。项目评估是提高投资项目决策水平、提升投资效益、提高项目前期工作效率的需要。评估必须坚持独立、科学规范和客观公正原则，必须进行现状调研并确定好参数，必须对项目本身存在的问题和项目建设的必要性详细陈述。该课程的主要教学目的是：要求学生掌握项目评估的基本理论和基本方法；熟悉这些理论和方法在投资项目可行性研究、项目评价与选择中的应用；掌握成本、收入、利润、税金等的计算方法；具有分析项目的不确定性和风险的能力。

本书根据高等院校人才培养目标和教学要求，针对高等院校工程管理、工程造价等相关专业进行编写。本书编写时对基本理论的讲授以应用为目的，教学内容以必需、够用为度，突出实训、实例教学，力求体现本科教育的特点，为强化实际操作训练，内容实用性和技巧性强的章节设计了相关的具备真实性的实践操作案例，习题设计多样化，题型不仅丰富，还具备启发性、趣味性，以实际操作训练加深对理论知识的理解，全方位强化学生对知识的掌握程度。

为方便教师的教学和学生的学习，本书各项目前面都设置有"知识目标"和"能力目标"等，对本项目内容和教学要求作出了引导，并列出本项目的重点内容和关键知识点；每个项目后面设置有"项目小结"，对本项目的重点内容进行了概括性总结与回顾。此外，每个项目最后还设置了"思考与练习"，便于学生对所学的知识进行检测，构建了一个"引导—学习—总结—练习"的教学全过程。本书符合学生的认知和学习规律，注重循序渐进，体现了职业岗位核心技能要求和工学结合、校企合作的特点。

本书由刘汉章、古俊、刘承良担任主编，汪军、杨琴、韩磊、姚艳芳担任副主编。具体编写分工为：刘汉章编写项目1、项目6和项目10，古俊编写项目2和项目3，刘承良编写项目5和项目8，汪军编写项目11，杨琴编写项目9，韩磊编写项目4，姚艳芳编写项目7。

本书在编写过程中参阅了大量的文献，在此向这些文献的作者致以诚挚的谢意！由于编写时间仓促，编者的经验和水平有限，书中难免有不妥和错误之处，恳请读者和专家批评指正。

编　者

目 录

项目 1 了解建设项目评估

了解建设项目发展周期的概念，熟悉我国及西方国家的建设项目发展周期；了解建设项目初步可行性研究，熟悉建设项目可行性研究的目的和作用，熟悉可行性研究与初步可行性研究的区别，掌握建设项目可行性研究的程序、要求和内容；了解建设项目评估的概念和分类，熟悉建设项目评估的原则和依据，掌握建设项目评估的程序；掌握建设项目评估与可行性研究的关系。

能够具备编制建设项目可行性研究报告的能力；能够具备对建设项目进行项目评估的能力；能够认识建设项目评估与可行性研究的区别与联系，为学习建设项目的发展周期奠定基础。

任务 1 认知建设项目发展周期

1.1 建设项目发展周期的概念

建设项目发展周期是指一个工程项目从开始构想、施工建设、建成投产，直到最终报废所经过的时间。从投资活动的角度来看，建设项目发展周期一般包括投资前期阶段、投资建设阶段和生产经营阶段三个阶段。

建设项目可行性研究和建设项目评估都属于建设项目投资前期的工作。

1.2 我国的建设项目发展周期

我国建设项目周期理论和方法的形成与发展，经历了一个较长的曲折过程。我国建设项目发展周期是指建设项目从策划、选择、评估、决策、设计、施工到竣工验收、投入生产或交付使用的整个建设过程所经历的项目生命周期。

建设项目发展周期各阶段的内容分为 3 个时期、10 个阶段。3 个时期分别是投资前期、投资建设期、建成投产期；10 个阶段分别是项目建议书、可行性研究、项目评估、勘察设计、初步设计、施工图设计、施工招标、建筑安装施工、试运转和正式投产。

现将我国建设项目投资前期各阶段的工作内容进行介绍。

1. 项目建议书阶段

项目建议书是由投资者对准备建设项目提出的大体轮廓性设想和建议，主要确定拟建项目必要性、是否具备建设条件及拟建规模等，为进一步研究论证工作提供依据。对于跨行业的或对国计民生有重大影响的大型项目，则由有关部门联合提出项目建议书。项目建议书的主要内容包括以下几项。

(1)项目提出的理由和依据，对于技术引进项目还应包括国内外技术差距和引进理由。

(2)产品方案、拟建规模和建设地点的初步选择或设想。

(3)资源情况、建设条件、协作关系。

(4)投资估算与资金筹措的初步设想，利用外资项目应说明利用外资的可能性及偿还贷款能力的初步分析。

(5)项目建设进度的安排。

(6)对经济效益、社会效益的初步分析。

编写项目建议书，应在调查研究、收集资料的基础上，采用定性和定量相结合的分析方法。在进行定量分析时，通常采用类似工程项目的推算方法来制定，粗略地分析出项目的经济效果，然后做出项目是否可行的初选结论。项目建议书是选择投资项目的依据之一，经有关部门审查批准后，即可委托承担单位进行可行性研究。

2. 可行性研究阶段

根据项目建议书的批复进行可行性研究工作。对项目在技术上、经济上和财务上进行全面论证、优化，推荐最佳方案，从而确定项目是否可行，为决策者提供依据。

可行性研究内容可能因项目所属行业的不同而各有所侧重，但必须包括以下三个方面的内容。

(1)市场分析。市场分析是建设项目能否成立的前提和依据。如果所生产的产品没有市场，项目就没有必要建设。从另一个角度讲，投资项目的年生产规模也应根据市场需求的情况来确定。所以市场分析是可行性研究的基础。

(2)有关技术分析。有关技术分析包括资源情况、厂址选择、工艺方案选择和设备选型，未来工厂的组织设计、劳动定员和环境保护等。

(3)建设项目的合理性即经济效益分析。建设项目的合理性是可行性研究的核心和重点。可行性研究最后成果是可行性研究报告。可行性研究一般由投资者或投资主管部门委托经国家正式批准颁发证书的设计院或咨询公司来承担。

3. 项目评估阶段

项目评估是投资前期研究工作的最后阶段。项目评估通常可由决策部门委托贷款银行或咨询公司组织有关人员或外请专家来进行。该阶段的任务是检查和判断可行性研究报告的真实性和可靠性，并从评审角度提出项目是否可行的意见，作为投资者决策的依据。

项目评估的最后成果是评估报告。评估报告应与可行性研究报告同时，报送投资者或投资主管部门进行审批，一般大中型项目还要报送国家发改委(原为国家计委)批准，重大项目还需要报国务院批准。

1.3 西方国家的建设项目发展周期

在西方国家，通常把一个项目发展周期分为 3 个时期、9 个阶段。3 个时期分别是投资前时期、投资时期和生产时期；9 个阶段分别是机会研究阶段、初步可行性研究阶段、可行性研究阶段、项目评估与决策阶段、谈判和订立合同阶段、项目设计阶段、施工安装阶段、试运转阶段和正式生产阶段。

投资前时期是投资决策的重要时期，决定整个项目的成败。投资前时期包括以下四个阶段。

1. 机会研究阶段

机会研究也称投资鉴定或项目设想，是可行性研究的第一阶段。其主要任务是研究和确定合理的投资方向、投资规模和投资结构。机会研究通常可分为一般机会研究和特定项目的机会研究两种。

2. 初步可行性研究阶段

较大的建设项目必须进行较详细的技术和经济可行性研究，然而进行可行性研究是一项既费钱又费时间的工作，因此，在确认需要进行可行性研究前应做一个初步的可行性研究，即预可行性研究。其主要内容是判定该项目投资机会有无生命力和发展前景，有无必要进一步开展分析和研究工作；分析和确定影响项目可行性的主要因素，并决定是否需要进行市场供求预测、生产工艺和技术装备等的试验室试验或工业性中间试验等专题或辅助研究。

经初步可行性研究后认为该项目设想没有生命力和建设前途，没有立项的可能性和必要性，则该项目的可行性研究到此停止，不再进行详细可行性研究。初步可行性研究阶段的投资额与产品成本费用的估算额精度误差一般要求不超过±20%，而所需研究经费一般占投资总额的 0.25%～1.5%，需耗时 4～6 个月。

3. 详细可行性研究阶段

详细可行性研究也称最终可行性研究，是指通过一定方法对项目的技术和经济可行性进行详细的论证分析。其主要内容是深入研究有关产品方案、生产规模、资源供应、厂址选择、工艺技术、设备选型、资金筹措方案、工程施工组织和未来企业组织管理机构等各种可供选择的技术方案，进行细致的技术、经济分析和比较选优工作，推荐一个以上可行的建设方案；开展详细的经济评价，选取投资最少、费用成本最低、经济效益和社会效益最显著、投资风险最小的建设方案；提供项目的最终可行性标准和决策依据，对拟建项目提出结论性意见，并据以编制最终可行性研究报告。

4. 项目评估与决策

项目评估与决策是由投资决策部门组织和授权有关咨询公司或有关专家，对拟建项目可行性研究报告进行全面的审核和再评价。其主要任务是对拟建项目的可行性研究报告提出评价意见，最终决策该项目投资是否可行，确定最佳投资方案。

项目评估是投资决策的重要手段，投资者、决策机构、金融机构以项目评估的结论作为实施项目、决策项目和提供贷款的主要依据，所以，要力求保证项目评估结论的客观性。这就要求在开展项目评估的过程中，必须坚持考察因素的系统性、实施方案的最优性、选择指标的统一性、数据选取的准确性、评估方法的科学性等原则，做到评估工作的科学、规范、准确。

任务 2 掌握建设项目可行性研究

2.1 建设项目初步可行性研究

1. 初步可行性研究的目的

初步可行性研究也称预可行性研究，是在投资机会研究的基础上，对项目方案进行初步的技术、经济分析和社会、环境评价，对项目是否可行做出初步判断。初步可行性研究的主要目的是判断项目是否有生命力，是否值得投入更多的人力和资金进行可行性研究。

2. 初步可行性研究的内容

(1)项目建设的必要性和依据。

(2)市场分析与预测。

(3)产品方案、拟建规模和厂址环境。

(4)生产技术和主要设备。

(5)主要原材料的来源和其他建设条件。

(6)项目建设与运营的实施方案。

(7)投资初步估算、资金筹措与投资使用计划初步方案。

(8)财务效益和经济效益的初步分析。

(9)环境影响和社会影响的初步评价。

(10)投资风险的初步分析。

3. 初步可行性研究的重点和深度要求

(1)初步可行性研究的重点，主要是根据国民经济和社会发展长期规划、行业规划和地区规划以及国家产业政策，经过调查研究、市场预测，从宏观上分析论证建设项目的必要性和可能性。

(2)初步可行性研究的深度介于投资机会研究和可行性研究之间。在初步可行性研究中，项目投资和成本费用可主要采用相对粗略的估算指标法，有条件的也可以采用分类估算法估算。

2.2 建设项目可行性研究

1. 可行性研究的目的

可行性研究一般是在初步可行性研究的基础上进行详细分析、研究。通过对拟建项目的建设方案和建设条件的分析、比较、论证，从而得出该项目是否值得投资，建设方案是否合理、可行的研究结论，为项目的决策提供依据。可行性研究是建设项目决策分析与评价阶段最重要的工作。可行性研究的过程既是深入调查研究的过程，又是多方案比较选择的过程。

2. 可行性研究的作用

(1)可行性研究是确定建设项目的依据。投资决策者做出是否投资某一项目的决策，其主要的依据就是可行性研究的结论。如果该结论断定项目不可行，其他后续工作就没有必要继续进行了。

(2)可行性研究是编制项目初步设计的依据。在可行性研究中对建设项目的建设条件、厂址选择、建设规模、产品方案、生产工艺流程及设备选型、资源及原材料和燃料动力等供应条件、气象水文、工程地质、建设进度等都做了详细的技术经济分析和论证，这就为进一步开展项目的初步设计提供了可靠的依据。

(3)可行性研究为筹措资金，特别是向银行申请贷款提供依据。建设项目所需资金，无论是向银行贷款或从其他渠道筹措，都必须附有该项目的可行性研究报告，并经银行或其他有关部门审查和评估后确认该建设项目具有较好的经济效益和足够的偿债能力时，银行或有关部门才给予贷款和提供建设资金。世界银行等国际金融组织以及我国的建设银行等金融机构都将提交可行性研究报告作为建设项目申请贷款的先决条件。

(4)可行性研究可作为建设单位与项目有关部门、单位以及国外厂商洽谈、签订合同和协议的依据。在可行性研究报告中，对项目建设和生产经营所需的原材料、燃料、动力等的需要量，产品销售量，货物运输量，生产技术和工艺流程的选择以及主要设备选型等都做了分析和论证。因此，经审查和认可的可行性研究报告就为项目建设单位同有关部门签订各项协议和合同提供了依据。

(5)可行性研究是申请项目建设执照的依据。项目建设需项目所在地政府批准购买的土地，必须符合当地市政建设规划与环境保护等方面的各项要求。因此，在可行性研究报告中必须包括如何充分合理利用土地的设想，以及为确保项目达到环境保护标准而提出的各项措施和办法。这些信息可以作为国土开发及环境保护等部门评价项目对环境的影响，签发项目建设执照的依据。

(6)可行性研究能为下一阶段进一步开展有关地形、工程地质、水文等勘察工作和加强工业性试验指出努力方向。在可行性研究中，需要运用大量的基础资料，一旦有关地形、工程地质、水文等勘察资料或工业性试验数据不完整，不能满足下个阶段工作的需要时，就需根据可行性研究报告所提出的要求，进一步开展有关地形、工程地质、水文等勘察工作和加强工业性试验，补充有关数据资料。

(7)可行性研究可以为拟订项目采用的新技术、新设备研制计划提供依据。投资项目拟采用的新技术、新设备只有经过充分的可行性分析论证，并证明是先进适用的，才能进一步制订具体的研制计划；如果盲目研制，必然会影响项目建设并造成不应有的损失。

(8)可行性研究报告是编制国民经济计划的依据。由于建设项目(尤其是大中型建设项目)考虑的因素多，涉及的范围广，投入的资金数额大，可能造成深远的影响，所以，这些项目的可行性研究报告的内容往往比较详细，可作为编制国民经济计划的重要参考资料和依据。

3. 可行性研究的程序

(1)建立工作小组。对拟建项目进行可行性研究，首先要确定工作人员，成立可行性研究小组。工作人员的结构要尽量合理，一般包括工业经济学家、土木建筑工程师、专业技术工程师和其他辅助人员。可行性研究小组人员可以是咨询机构的专职人员，也可以是外聘的专家。研究小组成立以后，可以按可行性研究的内容进行分工，并分头进行调研，分别撰写详细的提纲，然后，组长综合工作小组成员的意见，编写可行性研究报告详细提纲，并根据提纲展开下一步的工作。

(2)数据调研。根据分工，工作小组各成员分头进行数据调查、整理、估算、分析以及有关指标的计算等。在进行可行性研究过程中，数据的调查和分析是重点。可行性研究所需要的数据来源于三个方面：一是委托方提供的资料；二是咨询机构本身拥有的信息资源；三是通过调研获取信息。一般来讲，投资者提供的资料和咨询机构自有的信息不能够满足编制可行性研究报告的需要，还要进行广泛的调研，以获取更多的资料。必要时，也可委托专业调研机构进行专项信息调研，以保证获得更加全面的信息资料。

(3)形成可行性研究报告初稿。在取得信息资料后，要对其进行整理和筛选，并组织有关人员进行分析论证，以考查其全面性和准确性。在掌握了所需要的信息资料以后即进入可行性研究报告的编写阶段，首先编写可行性研究报告的初稿。报告的编写要求工作小组成员之间进行良好的合作。因为可行性研究报告的各项内容是有联系的，需要各成员的衔接和联合工作才能完成。

(4)论证和修改。编写出可行性研究报告的初稿后，首先要由工作小组成员进行分析论证。对于可行性研究报告，要注意前后的一致性，数据的准确性，方法的正确性和内容的全面性等。提出的每一个结论，都要有充分的依据。在经过充分的讨论后，再对可行性研究报告进行修改，最后定稿。

4. 可行性研究的特点

(1)预见性。可行性研究不仅应对历史、现状资料进行研究和分析，更重要的是应对未来的市场需求、投资效益进行预测和估算。

(2)客观公正性。可行性研究必须坚持实事求是，在调查研究的基础上，按照客观情况进行论证和评价。

(3)可靠性。可行性研究应认真研究确定项目的技术经济措施，以保证项目的可靠性，同时也应否定不可行的项目或方案，以避免投资损失。

(4)科学性。可行性研究必须应用现代科学技术手段进行市场预测，运用科学的评价指标体系和方法分析评价项目的财务效益、经济效益和社会影响，为项目决策提供科学依据。

5. 可行性研究的内容

建设项目可行性研究的内容，因项目的性质不同、行业特点而异。从总体看，可行性研究的内容与初步可行性研究的内容基本相同，但研究的重点有所不同，研究的深度有所提高，研究的范围有所扩大。可行性研究的重点是研究论证项目建设的可行性，必要时还需进一步论证项目建设的必要性。建设项目可行性研究的内容主要包括以下几项。

(1)项目建设的必要性。要从两个层次进行分析，一是结合项目功能定位，分析拟建项目对实现企业自身发展，满足社会需求，促进国家、地区经济和社会发展等方面的必要性；二是从国民经济和社会发展角度，分析拟建项目是否符合合理配置和有效利用资源的要求，是否符合区域规划、行业发展规划、城市规划的要求，是否符合国家产业政策和技术政策的要求，是否符合保护环境、可持续发展的要求等。

(2)市场分析。调查、分析和预测拟建项目产品和主要投入品的国际、国内市场的供需状况和销售价格；研究确定产品的目标市场；在竞争力分析的基础上，预测可能占有的市场份额；研究产品的营销策略。

(3)建设方案。主要包括建设规模与产品方案，工艺技术和主要设备方案，场(厂)址选择，主要原材料、辅助材料、燃料供应方案，总图运输和土建方案，公用工程方案，节能、节水措施，环境保护治理措施方案，安全、职业卫生措施和消防设施方案，项目的组织机构与人力资源配置等。

(4)投资估算。在确定项目建设方案工程量的基础上估算项目的建设投资，分别估算建筑工程费、设备购置费、安装工程费、工程建设其他费用、基本预备费、涨价预备费，还要估算建设期利息和流动资金。

(5)融资方案。在投资估算确定融资额的基础上，研究分析项目的融资主体，资金来源的渠道和方式，资金结构及融资成本、融资风险等。结合融资方案的财务分析，比较、选择和确定融资方案。

(6)财务分析(也称财务评价)。按规定科目详细估算营业收入和成本费用，预测现金流量；编制现金流量表等财务报表，计算相关指标；进行财务盈利能力、偿债能力分析以及财务生存能力分析，评价项目的财务可行性。

(7)经济分析。对于财务现金流量不能全面、真实地反映其经济价值的项目，应进行经济分析。从社会经济资源有效配置的角度，识别与估算项目产生的直接和间接的经济费用与效益，编制经济费用效益流量表，计算有关评价指标，分析项目建设对社会经济所做出的贡献以及项目所耗费的社会资源，评价项目的经济合理性。

(8)经济影响分析。对于行业、区域经济及宏观经济影响较大的项目，还应从行业影响、区域经济发展、产业布局及结构调整、区域财政收支、收入分配以及是否可能导致垄断等角度进行分析。对于涉及国家经济安全的项目，还应从产业技术安全、资源供应安全、资本控制安全、产业成长安全、市场环境安全等角度进行分析。

(9)资源利用分析。对于高耗能、耗水、大量消耗自然资源的项目，如石油天然气开采、石油加工、发电等项目，应分析能源、水资源和自然资源利用效率；一般项目也应进行节能、节水、节地、节材分析；所有项目都要提出降低资源消耗的措施。

.(10)土地利用及移民搬迁安置方案分析。对于新增建设用地的项目，应分析项目用地情况，提出节约用地措施。涉及搬迁和移民的项目，还应分析搬迁方案和移民安置方案的合理性。

(11)社会评价或社会影响分析。对于涉及社会公共利益的项目，如农村扶贫项目，要在社会调查的基础上，分析拟建项目的社会影响，分析主要利益相关者的需求，对项目的支持和接受程度，分析项目的社会风险，提出需要防范和解决社会问题的方案。

(12)敏感性分析与盈亏平衡分析。进行敏感性分析，计算敏感度系数和临界点，找出敏感因素及其对项目效益的影响程度；进行盈亏平衡分析，计算盈亏平衡点，粗略预测项目适应市场变化的能力。

(13)风险分析。对项目主要风险因素进行识别，采用定性和定量分析方法估计风险程度，研究提出防范和降低风险的对策措施。

(14)结论与建议。在以上各项分析研究之后，应做出归纳总结，说明所推荐方案的优点，并指出可能存在的主要问题和可能遇到的主要风险，做出项目是否可行的明确结论，并对项目下一步工作和项目实施中需要解决的问题提出建议。

另外，除在项目建设方案中提出环境保护治理和保障建设与运行安全的方案外，还应进行环境影响评价和安全预评价，这是由环境影响评价机构和安全预评价机构具体执行的、与项目可行性研究工作并行的重要工作。

由于可行性研究报告是项目申请报告编制的基础，为方便列入《核准目录》的企业投资项目的申请报告编制，上述内容是针对列入《核准目录》的企业投资项目的可行性研究报告设置的。对于备案的企业投资项目，其可行性研究报告内容可以适当简化。

2.3 可行性研究与初步可行性研究的区别

建设项目的前期工作，是对拟建设项目研究由浅入深、工作质量和要求逐步提高、建设方案不断优化的过程。可行性研究与初步可行性研究相比，在构成与内容上大体相似，是初步可行性研究的延伸和深化，但这两个阶段的目的与作用、研究论证重点以及研究方法和深度要求有明显的区别。

1. 目的与作用不同

初步可行性研究是政府投资项目立项和企业内部策划初步决定投资建设意向的重要依

据。如政府投资项目的项目建议书批准后，即为立项，可列入前期工作计划，组织开展项目可行性研究；企业投资项目，如通过初步可行性研究经判断项目具有生命力，就可组织开展项目可行性研究。

可行性研究报告是项目审批决策的依据。项目可行性研究批准后，即为决策，可组织下一步初步设计等后续工作。

2. 研究论证的重点不同

初步可行性研究主要从宏观角度分析研究项目的必要性和可能性，初步论证项目建设是否符合国家长远规划、地区和行业发展规划、产业政策和生产力布局的合理性，进行初步的市场调查和主要产品的市场需求分析，结合建设地点和项目特点初步分析项目建设条件的可能性，主要采用粗略的估算指标法初步匡算项目建设投资和资金筹措的设想方案，对项目的经济效益和社会效益进行初步分析。

可行性研究是从宏观到微观进行全面的技术经济分析，论证项目建设的必要性和可行性，经过技术经济比较择优确定建设方案，重点论证项目建设是否符合国家长远规划、地区和行业发展规划、产业政策和生产力布局的合理性，进行全面的市场调查和竞争能力分析，合理确定产品方案，通过必要的勘察、调查和技术经济比较，择优确定项目场（厂）址和工艺技术方案，根据建设方案和国家法规、政策、标准和定额计算项目工程量，通过分类估算确定项目总投资、资金来源和筹措方案，对项目的经济效益和社会效益进行较系统的评价和测算。

3. 研究方法和深度要求不同

初步可行性研究主要是采用近年同行业类似项目及其生产水平的类比方法，匡算项目总投资，经济效益评价可以静态为主，或与动态分析相结合。

可行性研究报告应按照项目建设方案确定的工程量测算项目总投资，投资估算误差不应大于10%，资金筹措应有具体方案，项目效益测算以动态为主。

任务 3　掌握建设项目评估

3.1　建设项目评估的概念和分类

1. 建设项目评估的概念

建设项目评估是由建设项目主管部门或贷款机构依据国家、行业和部门的有关部门政策、规划、法规及参数，对上报的建设项目可行性研究报告进行全面的审查与估价，即对拟建中的建设项目的必要性、可行性、合理性及效益、费用进行的再评价过程。

2. 建设项目评估的分类

（1）工程项目评估。建设项目评估，是指项目审批单位在审批项目前对拟建项目可行性研究所做的再分析、再评估。在我国，项目评估报告是审批项目设计任务书的依据。按照有关规定，大中型项目由原国家计委委托中国国际工程咨询公司评估。规定编制大中型项目设计任务书时，必须附可行性研究报告，并经过有资格的咨询公司评估，提出评估报告再由国家发改委审批。在我国现行投资管理体制下，由于承担可行性研究的咨询、设计单位隶属于主管部门，加上其他一些因素制约，受主管部门和建设单位的影响，可行性研究报告难免有一定的局限性，项目评估则可以避免受主管部门和建设单位的影响，克服可行性研究的局限性。

(2)贷款项目评估。对申请银行贷款的项目，通常在可行性研究、初步设计的基础上，在贷款文件正式批发之前，贷款银行对项目单位的资信情况、项目建设的必要性、技术的合理性、财务效益和国民经济效益进行分析评价；但是，其他设计、咨询机构对贷款项目的评估不能代替贷款银行的评估；在现行体制下，即使是银行，非贷款银行的评估一律不能代替贷款银行的评估，这是由银行自主经营的性质决定的。

(3)项目后评估。项目后评估不是根据项目性质不同来划分的，而是依据项目周期的不同时间阶段划分出来的。它是指当项目建成投产，达到设计生产能力后，对项目准备、决策、实施、试生产直到达产后全过程进行的再评估。主要目的是：总结项目管理的经验教训，提高项目管理水平；提高项目决策的科学化水平；为国家投资计划、投资政策的制定提供依据；为金融部门及时调整信贷政策提供依据；可以对项目企业的经营管理进行诊断，促进项目运营效益的提高等。

3.2 建设项目评估的原则、依据和内容

1. 建设项目评估的原则

(1)考查因素的系统性。决定一个投资项目是否可行的因素包括诸多方面，从大的方面讲，决定于市场因素、资源因素、技术因素、经济因素和社会因素等。另外，决定一个项目是否可行的因素，不仅包括项目内部因素，如项目的技术水平、产品质量、产出物和投入物的价格等；而且包括外部因素，如项目所需要的外部配套条件，国家的金融政策、税收政策和一定时期的区域规划等。所以，在进行项目评估时，必须全面系统考虑，综合平衡，考查项目的可行性。

(2)实施方案的最优性。投资决策的实质在于选择最佳投资方案，使投资资源得到最佳利用。项目评估应该符合投资决策的要求，进行投资方案的比较和选择。在进行项目评估时，应根据项目的具体情况拟定若干个有价值的方案，并通过科学的方法，分析、比较，选择最佳实施方案。

(3)选择指标的统一性。判断项目是否可行，或者选择最佳实施方案需要一系列的技术经济指标，而这些指标的确定是经过多年的潜心研究和实践验证的，指标体系是科学合理的。当然，在进行项目评估时，可以根据侧重点的不同，选择不同的指标，但应力争做到选择指标的统一性。

(4)选择数据的准确性。项目评估实质上是对有关拟建项目的各个方面信息资料进行综合、加工、分析和评价的过程，数据来源可靠与否、准确与否，直接影响项目评价结论的客观性和公正性。所以，在项目评估时，一定要选择来源可靠、数据准确的信息。

(5)分析方法的科学性。在项目评估中，要进行大量的分析和评价，这就要求选择科学合理的分析和评价方法，既要考虑定性方法，又要考虑定量方法，更要考虑定性与定量相结合的方法。

2. 建设项目评估的依据

(1)国家制定和颁布的经济发展战略、产业政策及投资政策。

(2)项目所在地区域的经济发展规划和城市建设规划。

(3)项目所在地的区域经济性资源、地形、地质、水文、气象及基础设施等基础资料。

(4)有关部门颁布的工程技术标准和环境保护标准。

(5)有关部门制定和颁布的项目评估规范及参数。

(6)原国家计委和建设部发布的《建设项目经济评价方法与参数》。

(7)项目可行性研究报告和规划方案。

(8)各有关部门的批复文件，如项目建议书、项目可行性研究报告的批复。

(9)投资协议、合同和章程等。

(10)其他有关信息资料。

3. 建设项目评估的内容

(1)项目建设必要性评估。

(2)项目建设条件评估。

(3)建设项目环境影响评估。

(4)项目技术方案评估。

(5)项目投资估算与筹资方案评估。

(6)项目财务效益评估。

(7)项目国民经济效益评估。

(8)项目不确定性及风险评估。

(9)项目总评估。

3.3 建设项目评估的程序

建设项目评估的程序是指开展项目评估工作应当依次经过的步骤。不同类型的项目，其投资额不同，涉及面不同，因而对其进行评估的程序也不完全一致。就一般项目而言，其评估的程序大致如下。

1. 准备和组织

对拟建项目评估，首先要确定评估人员，成立评估小组。评估小组的人员结构要合理，一般包括财务人员、市场分析人员、专业技术人员、土木工程人员和其他辅助人员。组成评估小组以后，组织评估人员对可行性研究报告进行审查和分析，并提出审查意见。最后，综合各评估人员的审查意见，编写评估报告提纲。

2. 整理数据和编写评估报告初稿

根据评估报告的内容，由评估小组负责人做明确的分工，各自分头工作，包括数据调查、估算、分析以及指标的计算等。

数据调查和分析重点在于对可行性研究报告的审查所提出的问题。评估人员可以与编制可行性研究报告的单位交换意见，也可以与建设单位或主管部门交换意见。在对收集的资料进行整理以后，进行审核与分析。在基本掌握所需要的数据以后即可进入评估报告的编写阶段。在实践中，分析和论证不是一次完成的，可能要经过多次反复才能完成，特别是对一些大型项目或数据不宜取得的项目，这一阶段是评估的关键，一定要充分掌握数据，并力争数据的准确和客观。

3. 论证和修改

编写出项目评估报告的初稿以后，首先要由评估小组成员进行分析和论证，根据所提意见进行修改后方可定稿。有些评估机构，以这一阶段的定稿作为最终的评估报告报决策部门或金融机构的信贷部门。有些评估机构，在这一阶段的定稿基础上召开专家论证会，由各方面专家再提出修改意见，最后定稿。

任务 4　理解建设项目评估与可行性研究的关系

4.1　建设项目评估与可行性研究的共同点

1. 同处于项目投资的前期阶段

可行性研究是继项目建议书批准后，对投资项目在技术、工程、外部协作配套条件和财务、经济和社会上的合理性及可行性所进行的全面、系统的分析和论证工作；而项目评估则是在项目决策之前对项目的可行性研究报告及其所选方案所进行的系统评估。它们都是项目前期工作的重要准备，都是对项目是否可行及投资决策的咨询论证工作。

2. 出发点一致

建设项目评估与可行性研究都以市场研究为出发点，遵循市场配置资源的原则，按照国家有关的方针政策，将资源条件同产业政策与行业规划结合起来进行方案选择。

3. 考查的内容及方法基本一致

二者考查的内容及方法基本相同。就同一个投资项目而言，从经济评价的角度来看，它们计算评价指标的基本原理是相同的，都是通过比较计算期的所费与所得，计算一系列技术经济指标，得出可行与否的结论；其分析的对象是一致的，都是项目；其分析的某些依据是相同的，都是国家的有关规定和有关部门为拟建项目下达的批复文件等；其分析的内容均包括建设必要性、市场条件、工程技术、经济效益等。

4. 目的和要求基本相同

二者的目的均是要提高项目投资科学决策的水平，提高投资效益，避免决策失误，都要求进行深入、细致的调查研究，进行科学的预测与分析，实事求是地进行方案评价，力求资料来源可靠、数据准确、结论客观而公正。

4.2　建设项目评估与可行性研究的区别

1. 承担主体不同

为了保证项目决策前的调查研究和审查评价活动相对独立，应由不同的机构分别承担这两项工作。在我国，可行性研究通常由项目的投资者或项目的主管部门主持，投资者既可以独自承担该项工作，也可委托给专业设计或咨询机构进行，受托单位只对项目的投资者负责；项目评估一般由项目投资决策机构或项目贷款决策机构主持和负责。主持评估的机构既可自行组织评估，也可委托专门咨询机构进行。

2. 评价的角度不同

可行性研究一般要从企业角度考察项目的盈利能力，决定项目的取舍，因此它着重于讲求投资项目的微观效益；而国家投资决策部门主持的项目评估，主要从宏观经济和社会的角度去评价项目的经济和社会效益，侧重于项目的宏观评价。贷款银行对项目进行的评估，则主要从项目还贷能力的角度，评价项目的融资主体的信用状况及还贷能力。

3. 项目投资决策过程中的目的和任务不同

可行性研究除对项目的合理性、可行性、必要性进行分析、论证外，还必须为建设项目规划多种方案，并从工程、技术、经济方面对这些方案进行比较和选择，从中选出最佳方案作为投资决策方案；而项目评估一般则可以借助于可行性研究的成果，并且不必为项目设计多个实施方案，其主要任务是对项目的可行性研究报告的全部内容，包括所选择的各种方案，进行系统的审查、核实，并提出评估结论和建议。

4. 项目投资决策过程中所处的时序和作用不同

在项目建设程序中，可行性研究在先，评估在后，其作用也不相同。可行性研究是项目投资决策的基础，是项目评估的重要前提，但它不能为项目投资决策提供最终依据。项目评估则是投资决策的必备条件，是可行性研究的延续、深化和再研究，通过更为客观地对项目及其实施方案进行评估，独立地为决策者提供直接的、最终的依据，比可行性研究更具有权威性。

➤ 项目小结

本项目主要介绍了建设项目发展周期、建设项目可行性研究、建设项目评估、建设项目评估与可行性研究的关系四部分内容。建设项目发展周期是指一个工程项目从开始构想、施工建设、建成投产，直到最终报废所经过的时间。可行性研究一般是在初步可行性研究的基础上进行详细分析、研究。建设项目评估是由建设项目主管部门或贷款机构依据国家、行业和部门的有关部门政策、规划、法规及参数，对上报的建设项目可行性研究报告进行全面的审查与估价，即对拟建中的建设项目的必要性、可行性、合理性及效益、费用进行的再评价过程。建设项目评估与可行性研究共同点是：同处于项目投资的前期阶段、二者的出发点一致、考查的内容及方法基本一致、目的和要求基本相同；区别是：承担主体不同、评价的角度不同、在项目投资决策过程中的目的和任务不同、在项目投资决策过程中所处的时序和作用不同等。

➤ 思考与练习

一、填空题

1. 建设项目可行性研究和建设项目评估都属于_____的工作。

2. 我国建设项目发展周期是指建设项目从_____、_____、评估、决策、设计、施工到竣工验收、投入生产或交付使用的整个建设过程所经历的项目生命周期。

3. 投资估算是指在确定项目建设方案工程量的基础上估算项目的建设投资，分别估算建筑工程费_____、_____、工程建设其他费用、基本预备费、涨价预备费，还要估算建设期利息和流动资金。

4. 对拟建项目评估，首先要确定评估人员，成立_____。

5. 建设项目评估就是由建设项目主管部门或贷款机构依据国家、行业和部门的有关部门政策、规划、法规及参数，对上报的建设项目可行性研究报告进行全面的审查与估价，即对拟建中的建设项目的_____、_____、合理性及效益、费用进行的再评价过程。

二、单项选择题

1. 下列不属于可行性研究必须包括的内容的是(　　)。
   - A. 市场分析
   - B. 有关技术分析
   - C. 建设项目的合理性分析
   - D. 投资估算与资金筹措的初步设想

2. 下列不属于项目可行性研究的程序的是(　　)。
   - A. 建立工作小组
   - B. 数据调研
   - C. 客观公正评估
   - D. 论证和修改

3. 下列不属于项目后评估目的的是(　　)。
   - A. 总结项目管理的经验教训，提高项目管理水平
   - B. 提高银行的管理水平
   - C. 为国家投资计划、投资政策的制定提供依据
   - D. 为金融部门及时调整信贷政策提供依据

三、简答题

1. 项目建议书的主要内容有哪些？
2. 初步可行性研究的目的是什么？
3. 可行性研究与初步可行性研究有哪些区别？
4. 建设项目评估包括哪些内容？
5. 建设项目评估与可行性研究有哪些共同点？
6. 项目可行性研究有哪些特点？

项目2 建设项目市场调查与预测

了解市场调查的概念、分类，熟悉市场调查的内容，掌握市场调查的程序、方法；了解市场预测的概念、分类，熟悉市场调查的内容，掌握市场调查的程序、方法。

通过学习市场调查的基本知识、程序、方法，能够具备市场调查的能力；通过学习市场预测的基本知识、程序、方法，能够具备市场预测的能力。

任务1 落实市场调查

1.1 市场调查的基础知识

1. 市场调查的概念

市场调查是对现在市场和潜在市场各个方面情况的研究和评价，其目的在于收集市场信息，了解市场动态，把握市场的现状和发展趋势，发现市场机会，为企业投资决策提供科学依据。

2. 市场调查的分类

为了更好地组织和开展市场调研活动，对市场调查进行分类是非常必要的。根据不同的分类标准可以将市场调查分为多种类别。

（1）根据市场调查是否针对特定的问题展开、是否能解决企业的具体问题可分为基础性调查与应用性调查。为了解决市场中企业的具体问题而展开的调查，称为应用性调查；基础性调查的目的是扩展市场信息的新的知识领域，它不以某个具体的实际问题为目的，结果一般不能直接应用于企业经营实践，但它为进一步理解和解决一般性企业经营问题提供理论基础和方法。政府、高校、研究机构所做的调查大部分属于基础性调查；而企业所做的更多的则属于应用性调查的范畴。

（2）根据调查的方法和获取数据的性质，可分为定性调查和定量调查两类。定性调查主要获取受访者感觉、情感、动机、喜好等不容易用量化标准来衡量的深层次信息；而定量调查的目的是获取样本的定量资料，通过样本的各类数字特征来推断总体的具体特征。

（3）根据市场调查的定义、开展调查研究的目的可分为辨别问题和解决问题两大类。辨别问题的调查主要对市场状况、市场特点、市场需求的规模等进行描述；解决问题的调查是找出存在问题的解决办法，通常用来指导企业决策者选择更好的和更可行的决策方案。

（4）按照调查的内容可分为宏观调查与微观调查两种。宏观调查主要是针对企业不可控的宏观因素展开的调查，包括政治环境调查、法律环境调查、经济环境调查、社会文化调查、科技调查、自然环境调查等方面；微观调查则是针对企业可控因素进行的调查，主要包括消费者调查、市场需求调查、产品调查、价格调查、分销渠道调查以及促销调查等。

（5）按照研究性质可分为探索性调研、描述性调研、因果性调研和预测性调研四种类型。

3. 市场调查的内容

市场调查的内容因不同企业的不同需要而异。从投资项目决策分析与评价和市场分析的角度出发，市场调查的主要内容包括市场需求调查、市场供应调查、消费者调查和竞争者调查。企业可能进行其中一个方面的调查，也可能进行全面的综合调查。

1.2 市场调查的程序

市场调查是由一系列收集和分析市场数据的程序组成的。某一步骤做出的决定可能影响其后续步骤，某一步骤所做的任何修改往往意味着其他步骤也可能需要修改。市场调查的步骤一般按以下程序进行。

1. 确定问题与假设

由于市场调查的主要目的是收集与分析资料以帮助企业更好地做出决策，减少决策的失误，因此调查的第一步就要求决策人员和调查人员认真地确定和商定研究的目标。

2. 确定所需资料

调查的目的是提供准确有效的决策信息，所以要根据确定好的问题和调查假设，设置好需要获得的资料内容，同时考虑各类资料的来源。

3. 确定收集资料的方式

制定一个收集所需信息的最有效的方式，需要确定的有数据来源、调查方法、调查工具、抽样计划等；还要规定采用什么组织方式和方法取得调查资料。各种调查方法的适用范围和效果是不同的，在调查时，采用何种方式、方法不是固定和统一的，而是取决于调查对象和调查任务。在市场经济条件下，为准确、及时、全面地取得市场信息，尤其应注意多种调查方式的结合运用。

4. 抽样设计

在调查设计阶段就应决定抽样对象是谁，提出抽样设计问题，其一，究竟是概率抽样还是非概率抽样；其二，一个必须确定的问题是样本数目，而这又需要考虑统计与经济效益问题。

5. 数据收集

数据收集，就是根据已确定的抽样范围和抽样方式，选择受访者，获取信息。确定调查人员，主要是确定参加调查人员的条件和数量，包括对调查人员的必要培训。

6. 数据分析

资料收集后，应检查所有答案，不完整的答案应考虑剔除，或者再询问该应答者，以求填补资料空缺。应将分析结果编成统计表或统计图，方便读者了解分析结果，并可从统计资料中看出与第一步确定问题与假设之间的关系；同时，又应将结果以各类资料的百分比与平均数形式表示，使读者对分析结果形成清晰对比。但是，各种资料的百分比与平均数之间的差异是否真正有统计意义，应使用适当的统计检验方法来鉴定。

7. 调查报告

市场调查的最后一步是编写一份书面报告。一般而言，书面调查报告可分两类，即专门性报告和通俗性报告。专门性报告的读者是对整个调查设计、分析方法、研究结果以及各类统计表感兴趣的人群，他们对市场调查的技术已有所了解；而通俗性报告的读者，其主要兴趣在于听取市场调查专家的建议，例如企业的最高决策者。

1.3 市场调查的方法

(1)市场调查按照资料来源不同可以分为资料调查方法、实地调查方法和网络调查方法。

1)资料调查方法。利用公开资料进行市场调查称为资料调查。在国外又称为桌面调查，有时也称第二调查，因为它包括收集已经公布了的信息。这种调查方法非常适用于个人进行市场调查，完成某个项目的情况。它能在很短的时间内就有很大收获。

2)实地调查方法。实地调查方法是根据市场调查目的、要求和调查对象的特点，采用直接接触调查对象的方法取得第一手资料的方法，它具有针对性强、适应性广、材料真实的特点。但由于实地调查涉及范围广，且需用大量的人力、财力，所以具有费时、费钱的不足之处。实地调查法具体包括询问法、观察法和试验法。

3)网络调查方法。网络调查方法也称为计算机网络访谈法，它是指在计算机网络上使用已经建立的网站，通过事先的邀请，让确定的网友在指定的时间登录一个特定的网站而进行市场调查的方法。

(2)市场调查按照资料获得方式不同可以分为市场普查与市场抽样调查。

1)市场普查。市场普查是对调查对象的总体的所有组成单位逐一进行调查，即对所有调查对象无一例外地进行调查。市场普查可以分为两类：一类是宏观方面的调查，主要指国情的调查，如全国人口普查、工业普查、经济普查等；另一类是微观方面的调查，如企业对产品的供应、销售量及库存的全面调查。市场普查的优点是它能够取得调查对象的全面、准确、可靠的原始资料和有关数据，获得的市场信息资料价值较高。但进行市场普查，要消耗大量的人力、物力、财力和大量的时间。因此，市场普查一般用于对国民经济有重大影响的因素的调查。

2)市场抽样调查。抽样调查简称抽查，它是指从市场母体中抽取一部分作为样本，对抽取的样本进行普查，并以样本的调查结果推断市场母体的一种调查方法。它的工作量较小，节省费用和时间，准确性较高、抽样误差可控。因此，在市场调查中较多采用抽样调查。抽样调查依据抽样的方法不同可以分为随机抽样和非随机抽样。

任务 2　贯彻市场预测

2.1　市场预测的基础知识

1. 市场预测的概念

预测是决策分析与评价的基础，是指对事物未来或未来事物的推测，是根据已知事件通过科学分析去推测未知事件。市场预测是在市场调查取得一定资料的基础上，运用已有的知识、经验和科学方法，对市场未来的发展状态、行为、趋势进行分析并做出推测与判断，其中最为关键的是产品需求预测。市场预测是项目可行性研究的基本任务之一，也是项目投资决策的基础。

2. 市场预测的分类

(1)按预测期长短不同，可分为长期预测、中期预测和短期预测。

1)长期预测是指5年以上市场发展前景的预测，它是制定中长期计划和经济发展规划的依据。

2)中期预测是指对1年以上、5年以下的市场发展前景的预测，它是制定中期计划和规定经济五年发展任务的依据。

3)短期预测是指对1年以下的市场发展变化的预测，是经营决策的依据。

(2)按预测的范围不同，可分为宏观市场预测和微观市场预测。

1)宏观市场预测是指以整个国民经济、部门、地区的市场活动为范围进行的各种预测，主要目标是预测市场供求关系的变化和总体市场的运行态势。

2)微观市场预测是指从事生产、流通、服务等不同产业领域的企业，对其经营的各种产品或劳务市场的发展趋势做出估计和判断，为生产经营决策提供支持。

(3)按预测的性质不同，可分为定性预测和定量预测。

(4)按预测结果有无附加条件，可分为有条件预测和无条件预测。

1)有条件预测是指市场预测的结果要以其他事件的实现为条件。

2)无条件预测是指预测的结果不附加任何条件。

3. 市场预测的内容

市场预测的范围十分广泛、内容丰富，从宏观到微观，二者相互联系、相互补充。具体来说，主要包括以下内容。

(1)预测市场容量及变化。市场商品容量是指有一定货币支付能力的需求总量。市场容量及其变化预测可分为生产资料市场容量预测和消费资料市场容量预测。生产资料市场容量预测是通过对国民经济发展方向、发展重点的研究，综合分析预测期内行业生产技术、产品结构的调整，预测工业品的需求结构、数量及其变化趋势。消费资料市场容量预测的重点有以下三个方面。

1)消费者购买力预测。预测消费者购买力要做好两个预测：第一，人口数量及变化预测，人口的数量及其发展速度，在很大程度上决定着消费者的消费水平；第二，消费者货币收入和支出的预测。

2)预测购买力投向。消费者收入水平的高低决定着消费结构，即消费者的生活消费支出中商品性消费支出与非商品性消费支出的比例。消费结构规律是收入水平越高，非商品性消费支出会增大，如娱乐、消遣、劳务费用支出增加；在商品性支出中，用于饮食费用支出的比重大大降低。另外，还必须充分考虑消费心理对购买力投向的影响。

3)预测商品需求的变化及其发展趋势。根据消费者购买力总量和购买力的投向，预测各种商品需求的数量、品种、规格、质量等。

(2)预测市场价格及变化。企业生产中投入品的价格和产品的销售价格直接关系到企业盈利水平。在商品价格的预测中，要充分研究劳动生产率、生产成本、利润的变化，市场供求关系的发展趋势，货币价值和货币流通量变化以及国家经济政策对商品价格的影响。

（3）预测生产发展及其变化趋势。对生产发展及其变化趋势的预测，是对市场中商品供给量及其变化趋势的预测。

4. 市场预测的要求

市场预测的准确度越高，预测效果就越好。然而，由于各种主客观原因，预测不可能没有误差。为了提高预测的准确程度，预测工作应该符合客观性、全面性、及时性、科学性、持续性和经济性等基本要求。

2.2 市场预测的程序

1. 确定预测目标，拟定预测计划

在进行市场预测时，首先必须确定预测目标，只有目的明确具体，才能取得良好的预测结果。预测目标的确定应包括以下内容：弄清楚预测对象、预测目的、预测范围、预测产品的名称、用途和特点等。预测目标应详细、明确、具体，否则会降低预测的准确度。预测计划是预测目标的具体化，它具体规定预测的精度要求、工作日程、参加人员及分工等。

2. 收集、分析和处理资料

资料是市场预测的依据，应根据市场预测目标的具体要求，收集市场预测所需的各种资料，其中包括预测对象本身发展的历史资料、影响预测对象发展变化的各种现实因素等。同时，将收集来的资料分析、加工和整理，判别资料的真实程度和可用程度，剔除一些随机事件造成的不真实的资料，对不具备可比性的资料要进行整理，以避免资料本身原因对预测结果所带来的误差。

3. 选择预测方法，建立预测模型进行预测

预测方法种类繁多，一种预测方法可用于不同预测目标，同一预测目标又可用不同的预测方法，但预测结果是不同的，每一种预测方法都有其特点和适用范围。在市场预测中，应根据预测对象的特点、精度要求、资料的占有情况和市场预测费用等各种因素来选择市场预测的方法，即通过对数据变化趋势的分析，建立与历史资料吻合的预测模型。预测方法和预测模型选定之后，根据加工整理的数据资料，进行外延类推计算，进行预测。

4. 分析预测结果

预测结果通过判断和评价，可能是肯定的，也可能是否定的，更多的是需要修正的。无论是何种情况，都要以周密的调查、可靠的数据和有说服力的分析作基础，其重点应放在预测误差的分析上，找出产生误差的原因，并相应修正预测结果。另外，在条件许可的情况下，可采用多种预测方法进行市场预测，然后经过比较和综合，确定出可信的预测结果。

2.3 市场预测的方法

在进行市场预测时，应根据项目产品特点以及项目不同决策阶段对市场预测的不同深度要求，选用相应的预测方法。预测方法按其类型，可分为定性预测方法和定量预测方法。定性预测方法是建立在经验判断基础上，并对判断结果进行有效处理的预测方法，如德尔菲法；定量预测方法是建立在数学模型基础上的预测方法，如时间序列法、回归分析法、投入产出法、弹性系数法和产品终端消费法等。预测方法按预测的时间跨度，可分为中、长期预测方法和短期预测方法。适合于中、长期预测的方法有德尔菲法、回归分析法、趋势类推法、投入产出法、弹性系数法和产品终端消费法等。适合于短期预测的方法有简单移动平均法、简单指数平滑法、霍特双参数线性指数平滑法、时间序列分解法等。其中，回归分析法、趋势类推法和弹性系数法也可用于短期预测。另外，还有专门用于价格预测的比价法，用于市场占有率预测的马尔可夫转移概率矩阵法和用于交通运量需求预测的四阶段模型法，即出行生成模型、交通分布模型、方式分担模型、交通量分配模型四个阶段。

1. 德尔菲法

德尔菲法是在专家个人判断法和专家会议法的基础上发展起来的一种专家调查法。它广泛应用在市场预测、技术预测、方案比选、社会评价等众多领域。

（1）德尔菲法的程序。

1）建立预测工作组。德尔菲法对于组织的要求很高。进行调查预测的第一步就是成立预测工作组，负责调查预测的组织工作。工作组的成员应能正确认识并理解德尔菲法的实质，并具备必要的专业知识和数理统计知识，熟悉计算机统计软件，能进行必要的统计和数据处理。

2）选择专家。要在明确预测范围和种类后，依据预测问题的性质选择专家，这是德尔菲法进行预测的关键步骤。选择的专家要与市场预测的专业领域相关，知识面广泛，经验丰富，思路开阔，富于创造性和洞察力；不仅要有熟悉本行业的学术权威，还应有来自生产一线从事具体工作的专家；不仅包括本部门的专家，还要有相关行业的来自其他部门的专家。专家组构成包括技术专家、宏观经济专家、企业管理者、行业管理者等。一般而言，选择专家的数量为 20 人左右，可根据预测问题的规模和重要程度进行调整。

3）设计调查表。调查表设计的质量直接影响预测的结果。调查表没有统一的格式，但基本要求是：所提问题应明确，回答方式应简单，便于对调查结果的汇总和整理。比较常见的调查表有：预测某事件发生的时间和概率，请专家进行选择性预测，即从多种方案中择优选择；或是进行排序性预测，即对多种方案进行优先排序。

4）组织调查实施。一般调查要经过两三轮，第一轮将预测主体和相应预测时间表发给专家，给专家较大的空间自由发挥；第二轮将经过统计和修正的第一轮调查结果表发给专家，让专家对较为集中的预测事件评价、判断，提出进一步的意见，经预测工作组整理统计后，形成初步预测意见。如有必要可再依据第二轮的预测结果制定调查表，进行第三轮预测。

5）汇总处理调查结果。将调查结果汇总，进行下一步的统计分析和数据处理。有关研究表明，专家应答意见的概率分布一般接近或符合正态分布，这是对专家意见进行数理统计处理的理论基础。一般计算专家估计值的平均值、中位数、众数以及平均主观概率等指标。

（2）德尔菲法的优点。德尔菲法的匿名性、反馈性、收敛性、广泛性特点，克服了一般集合意见法和其他预测法的不足，形成了德尔菲法较为突出的优点。

1）便于独立思考和判断。德尔菲法的应邀专家背靠背作答，相互不了解彼此的意见，因此，能克服权威效应和情感效应，使专家能够排除干扰，独立进行思考，做出预测。

2）低成本实现集思广益。德尔菲法以信函方式征询专家意见，具有费用低的经济性；同时，又通过广泛聘请专家，能在较大的范围内，征询各个方面专家意见，达到集思广益的效果。

3)有利于探索性解决问题。德尔菲法采用多轮征询意见，允许专家修改和完善自己的意见；并且通过专家意见反馈，让专家了解到专家整体意见的倾向以及持不同意见者的理由，这样，可使专家受到启发，便于更好地修改和完善自己的意见。

4)应用范围广泛。德尔菲法能解决历史资料缺乏和不足的问题，也能预测有充足历史资料的事件；能进行近期现实问题的预测，也可用于远期抽象性问题的估计。

（3）德尔菲法的缺点。德尔菲法的众多优势，使它能在预测中得到广泛的应用，但它也存在着以下不足。

1)缺少思想沟通交流。德尔菲法的专家是背靠背各自凭个人知识和经验作预测，受个人专业知识和占有数据资料的局限，可能存在一定的主观片面性。背靠背方式使专家没有机会讨论和相互启发，使预测难以见到思想火花。

2)易忽视少数人的意见。德尔菲法对专家意见的整理是采用众数理论进行的，往往少数人的创意被组织者忽视，而有些时候真理可能掌握在少数人手里，可能导致预测的结果偏离实际。

3)存在组织者主观影响。德尔菲法的多轮反馈都是组织者归纳整理前轮专家意见，其意见的取舍、新资料的提供等都直接影响专家意见的修改情况和集中意见结果，因而带有明显的组织者主观意向。

（4）德尔菲法的运用范围。虽然德尔菲法的应用具有广泛性，但在下述领域运用较其他方法更能体现效果。

1)缺乏足够的资料。在市场预测中，由于缺乏历史资料或历史资料不完备，难以采用回归分析或趋势分析时，如新产品的市场预测。

2)长远规划或大趋势预测。长远规划和大趋势预测，因时间久远，可变因素太多，进行量化既不太可能，又缺乏实际作用，如预测2050年中国私人轿车市场需求。

3)影响预测事件的因素太多。有些产品市场需求影响因素众多，难以筛选出少数关键变量，这些影响因素又不能不加以考虑。

4)主观因素对预测事件的影响较大。预测事件的变化主要受政策、方针、个人意志等主观因素影响，而不是受技术、收入等客观因素影响。

2. 专家会议法

专家会议法就是组织有关方面的专家，通过会议的形式，对产品的市场发展前景进行分析预测，然后在专家判断的基础上，综合专家意见，得出市场预测结论。由于个人的专业、学识、经验和能力的局限，专家个人判断法经常难免有失偏颇，特别对新产品的需求和市场趋势的判断等。因此，对一些重大市场预测，需要召集行业相关专家，利用群体智慧，集思广益，并通过讨论、交流取得共识，为正确决策提供依据。专家会议预测法包括以下三种形式。

（1）头脑风暴法。也称非交锋式会议。会议不带任何限制条件，鼓励与会专家独立、任意地发表意见，没有批评或评论，以激发灵感，产生创造性思维。

（2）交锋式会议法。与会专家围绕一个主题，各自发表意见，并进行充分讨论，最后达成共识，取得比较一致的预测结论。

（3）混合式会议法。也称质疑式头脑风暴法，是对头脑风暴法的改进。它将会议分为两个阶段，第一阶段是非交锋式会议，产生各种思路和预测方案；第二阶段是交锋式会议，对上一阶段提出的各种设想进行质疑和讨论，也可提出新的设想，相互不断启发，最后取得一致的预测结论。

3. 类推预测法

类推预测法就是根据市场及其环境的相似性，从一个已知的产品或市场区域的需求和演变情况，推测其他类似产品或市场区域的需求及其变化趋势的一种判断预测方法。它是由局部、个别到特殊的分析推理方法，具有极大的灵活性和广泛性，适用于新产品、新行业和新市场的需求预测。

根据预测目标和市场范围的不同，类推预测法可以分为产品类推预测、行业类推预测、地区类推预测三种。

类推结果存在非必然性，运用类推预测法需要注意类别对象之间的差异性，特别是地区类推时，要充分考虑不同地区政治、社会、文化、民族和生活方面的差异，并加以修正，才能使预测结果更接近实际。

4. 回归分析预测法

回归分析预测法又称因果分析法，是根据预测变量（自变量）与相关因素（因变量）之间存在的因果关系，借助数理统计中的回归分析原理，确定因果关系，建立回归模型并进行预测的一种定量预测方法。应用回归分析法，首先应找出影响市场变化的各种因果关系，例如需求量与供应量、生产量与销售量、销售量与价格的因果关系。一元线性回归预测法。

(1) 基本公式。如果预测对象与主要影响因素之间存在线性关系，将预测对象作为因变量 y，将主要影响因素作为自变量 x，即引起因变量 y 变化的变量，则它们之间的关系可以用一元线性回归模型表示为以下形式：

$$y = a + bx + e \tag{2-1}$$

式中　y——因变量，即拟进行预测的变量；

x——自变量，即引起因变量 y 变化的变量；

a、b——表示 x 与 y 之间关系的系数；

e——误差项。

其中，a、b 是揭示 x 和 y 之间关系的系数。a 为回归常数，b 为同归系数，e 为误差项或称回归余项。

对于每组可以观察到的变量 x、y 的数值 x_i、y_i，在满足下面的关系：

$$y_i = a + bx_i + e_i \tag{2-2}$$

其中，e_i 是残差项，是用 $a + bx_i$ 去估计因变量 y_i 的值而产生的误差。

在实际预测中，e_i 是无法预测的，回归预测是借助 $a + bx_i$ 得到预测对象的估计值 y_i。通过确定 a、b，从而揭示变量 y 与 x 之间的关系，式(2-1)可以表示为：

$$y = a + bx \tag{2-3}$$

式(2-3)是式(2-1)的拟合曲线。可以利用普通最小二乘法原理(OLS)求出回归系数。最小二乘法基本原则是对于确定的方程，使观察值对估算值偏差的平方和最小。由此求得的回归系数为：

$$b = \frac{\sum x_i y_i - \bar{x} \sum y_i}{\sum x_i^2 - \bar{x} \sum x_i} \tag{2-4}$$

$$a = \bar{y} - b\bar{x} \tag{2-5}$$

其中，x_i、y_i 分别是自变量 x 和因变量 y 的观察值，$\bar{x}$、$\bar{y}$ 分别为 x 和 y 的平均值。

$$\bar{x} = \frac{\sum x_i}{n} \tag{2-6}$$

$$\bar{y} = \frac{\sum y_i}{n} \tag{2-7}$$

其中，n 为样本数量。

对于每一个自变量 x 的数值，都有拟合值：

$$y'_i = a + bx_i \tag{2-8}$$

y'_i 与实际观察值的差，便是残差项：

$$e_i = y_i + y'_i \tag{2-9}$$

一元回归分析可以用来对某些非线性关系进行估计，其约束条件是非线性关系，可以通过取对数将非线性关系变成线性关系。

（2）一元线性回归预测流程。一元线性回归的预测程序如图 2-1 所示。

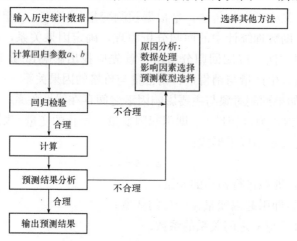

图 2-1　一元线性回归的预测程序

（3）回归检验。在利用回归模型进行预测时，需要对回归系数、回归方程进行检验，以判定预测模型的合理性和适用性。检验方法有方差分析、相关检验、t 检验等。对于一元线性回归，这些检验效果是相同的。在一般情况下，选择其中一项检验即可。

1）方差分析。通过推导，可以得出：

$$\sum (y_i - \bar{y})^2 = \sum (y'_i - \bar{y})^2 + \sum (y_i - y'_i)^2 \tag{2-10}$$

其中，$\sum (y_i - \bar{y})^2 = TSS$，称为偏差平方和，反映了 n 个 y 值的分散程度，又称总变差；$\sum (y'_i - \bar{y})^2 = RSS$，称为回归平方和，反映了 x 对 y 线性影响的大小，又称可解释变差；$\sum (y_i - y'_i)^2 = ESS$，称为残差平方和，根据回归模型的假设条件，$ESS$ 是由残差项造成的，它反映了除 x 对 y 的线性影响之外的一切使 y 变化的因素，其中包括 x 对 y 的非线性影响及观察误差。因为它无法用 x 来解释，故又称未解释变差。

所以：

$$TSS = RSS + ESS \tag{2-11}$$

其实际意义是总变差等于可解释变差与未解释变差之和。即：

在进行检验时，通常先进行方差分析，一方面可以检验在计算上有无错误；另一方面可以提供其他检验所需要的基本数据。

定义可决系数 R^2：

$$R^2 = RSS/TSS \qquad (2\text{-}12)$$

R^2 的大小表明了 y 的变化中可以用 x 来解释的百分比，因此，R^2 是评价两个变量之间线性关系强弱的一个指标。可以导出：

$$R^2 = \frac{\sum (y'_i - \bar{y})^2}{\sum (y_i - \bar{y})^2} = 1 - \frac{\sum (y_i - y'_i)^2}{\sum (y_i - \bar{y})^2} \qquad (2\text{-}13)$$

2)相关系数检验。相关系数是描述两个变量之间的线性相关关系的密切程度的数量指标，用 R 表示。

$$R = \frac{\sum_{i=1}^{n} (x_i - \bar{x})(y_i - \bar{y})}{\sqrt{\sum_{i=1}^{n} (x_i - \bar{x})^2 \cdot \sum_{i=1}^{n} (y_i - \bar{y})^2}} \qquad (2\text{-}14)$$

R 在 -1 和 1 之间，当 $R=1$ 时，变量 x 和 y 完全正相关；当 $R=-1$ 时，为完全负相关；当 $0<R<1$ 时，为正相关；当 $-1<R<0$ 时，为负相关；当 $R=0$ 时，变量 x 和 y 没有线性关系。所以尺的绝对值越接近 l，表明其线性关系越好；反之，R 的绝对值越接近 0，表明其线性关系越不好。只有当 R 的绝对值大到一定程度时，才能采用线性回归模型进行预测。在计算出 R 值后，可以查相关系数检验表。在自由度 $(n-2)$ 和显著性水平 α（一般取 0.05）下，若 R 大于临界值，则变量 x 和 y 之间的线性关系成立；否则，两个变量不存在线性关系。

3)t 检验。即回归系数的显著性检验，以判定预测模型变量 x 和 y 之间线性假设是否合理。因为要使用参数 t，故称为 t 检验。回归常数 a 是否为 0 的意义不大，通常只检验参数 b。

$$t_b = \frac{b}{S_b} = b \frac{\sum (x_i - \bar{x})}{\sqrt{\sum (y_i - y'_i)^2/(n-2)}} \qquad (2\text{-}15)$$

其中，S_b 是参数 b 的标准差，$S_b = S_y / \sqrt{\sum (x_i - \bar{x})^2}$，$n$ 为样本个数。

S_y 为回归标准差：

$$S_y^2 = \sum (y_i - y'_i)^2/(n-2) \qquad (2\text{-}16)$$

也可以表达为：

$$t_b = \frac{b\sqrt{\sum (x_i - \bar{x})^2}}{S_y} \qquad (2\text{-}17)$$

t_b 服从 t 分布，可以通过 t 分布表查得显著性水平为 α，自由度为 $n-2$ 的数值 $t(\alpha/2, n-2)$。与之比较，若 t_b 的绝对值大于 t，表明回归系数显著性不为 0，参数的 t 检验通过，说明变量 x 和 y 之间线性假设合理。若 t_b 的绝对值小于或等于 t，表明回归系数为 0 的可能性较大，参数的 t 检验未通过，回归系数不显著，说明变量 x 和 y 之间线性假设不合理。

(4)点预测与区间预测。点预测是在给定了自变量的未来值 x_0 后，利用回归模型式 (2-18)求出因变量的回归估计值 y'_0，也称为点估计。

$$y'_0 = a + bx_0 \tag{2-18}$$

通常点估计的实际意义并不大，由于现实情况的变化和各种环境因素的影响，预测的实际值总会与预测值产生或大或小的偏移，如果仅根据一点的回归就做出预测结论，这几乎是荒谬的。因此预测不仅要得出点预测值，还要得出可能偏离的范围。于是，以一定的概率$(l-\alpha)$预测的y在y'_0附近变动的范围，称为区间预测。

数理统计分析表明，对于预测值y'_0而言，在小样本统计下（样本数据组n小于30时），置信水平为$100(1-\alpha)\%$的预测区间为：

$$y'_0 \pm t(\alpha/2, n-2)S_0 \tag{2-19}$$

其中，$t(\alpha/2, n-2)$可以查t检验表得出。通常取显著性水平$\alpha = 0.05$。

另外，根据概率论中的3α原则，可以采取简便的预测区间近似解法，当样本n很大时，在置信度为68.2%、95.4%、99.7%的条件下，预测区间分别为：$(y'_0 - S_y, y'_0 + S_y)$，$(y'_0 - 2S_y, y'_0 + 2S_y)$，$(y'_0 - 3S_y, y'_0 + 3S_y)$。

【例2-1】 2010年某地区镀锌钢板消费量15.32万吨，主要应用于家电业、轻工业和汽车工业等行业。2001—2010年当地镀锌钢板消费量及同期第二产业产值见表2-1。按照该地区"十二五"规划，"十二五"期间地方第二产业增长速度预计为12%。请用一元线性回归方法预测2015年当地镀锌钢板需求量。

表2-1　2001—2010年某地镀锌钢板消费量与第二产业产值

年份/年	镀锌钢板消费量/万吨	第二产业产值/千亿元
2001	3.45	1.003
2002	3.50	1.119
2003	4.20	1.260
2004	5.40	1.450
2005	7.10	1.527
2006	7.50	1.681
2007	8.50	1.886
2008	11.00	1.931
2009	13.45	2.028
2010	15.32	2.274

【解】

（1）建立回归模型。经过分析，发现该地区镀锌钢板消费量与第二产业产值之间存在线性关系，将镀锌钢板设为因变量y，以第二产业产值为自变量x，建立一元回归模型：

$$y = a + bx$$

（2）计算参数。采用最小二乘法，计算出相关参数：

各年第二产值x的平均值：

$$\bar{x} = \frac{\sum_{n}^{n=10} x_i}{n} = 1.62 (千亿元)$$

各年镀锌钢板消费量的平均值：

$$\bar{y} = \frac{\sum y_i}{n} = 7.94(万吨)$$

$$\sum x_i y_i = 143.33$$

$$\sum x_i^2 = 27.68$$

$$b = \frac{\sum x_i y_i - \bar{x} \sum y_i}{\sum x_i^2 - \bar{x} \sum x_i} = 9.590$$

$$a = \bar{y} - b\bar{x} = -7.55$$

(3)相关检验。相关系数:

$$R = \frac{\sum\limits_{i=1}^{n}(x_i - \bar{x})(y_i - \bar{y})}{\sqrt{\sum\limits_{i=1}^{n}(x_i - \bar{x})^2 \cdot \sum\limits_{i=1}^{n}(y_i - \bar{y})^2}} = 0.961$$

在 $\alpha = 0.05$ 时,自由度$= n - 2 = 10 - 2 = 8$,查相关系数表,得 $R_{0.05} = 0.632$。

因 $R = 0.961 > 0.632 = R_{0.05}$。

故在 $\alpha = 0.05$ 的显著性检验水平上,检验通过,说明第二产业产值与镀锌铜板需求量线性关系合理。相关计算见表2-2。

表2-2　相关计算表

年份/年	x_i 第二产业产值/千亿元	y_i 实际消费量/万吨	$(x_i - \bar{x})$	$y_i - \bar{y}$	$(x_i - \bar{x})^2$ $(y_i - \bar{y})$	$x_i - \bar{x}^2$	$(y_i - \bar{y})$
2001	1.003	3.45	−0.61	−4.49	2.75	0.38	20.18
2002	1.119	3.50	−0.50	−4.44	2.21	0.25	19.73
2003	1.26	4.20	−0.36	−3.74	1.33	0.13	14.00
2004	1.45	5.40	−0.17	−2.54	0.42	0.03	6.46
2005	1.527	7.10	−0.09	−0.84	0.07	0.01	0.71
2006	1.681	7.50	0.07	−0.44	−0.03	0.00	0.20
2007	1.886	8.50	0.27	0.56	0.15	0.07	0.31
2008	1.931	11.00	0.32	3.06	0.96	0.10	9.35
2009	2.028	13.45	0.41	5.51	2.27	0.17	30.34
2010	2.274	15.32	0.66	7.38	4.86	0.43	54.43
合计	16.16	79.42			15.00	1.56	155.71
平均值	1.62	7.94					

注:本表尾数误差系计算机自动圆整所致,因而手算结果与机算会有误差。

(4)t 检验。

$$t_b = \frac{b}{S_b} = b\sqrt{\frac{\sum(x_i - \bar{x})^2}{\sum(y_i - y_i')^2/(n-2)}} = 9.85$$

在 $\alpha = 0.05$ 时,自由度$= n - 2 = 10 - 2 = 8$,查 t 检验表,得 $t(\alpha/2, n) = t(0.025 8, 8) = 2.306$

因 $t_b=9.85>2.306=t(0.025\ 8,\ 8)$。

故在 $\alpha=0.05$ 的显著性检验水平上，t 检验通过，说明第二产业产值与镀锌钢板需求量线性关系明显。

(5)需求预测。根据当地经济发展规划，2011—2015 年当地第二产业年增长速度为 12%，则 2015 年地区第二产业产值将达到：

$$x_{(2015)}=(1+r)^5 x_{(2010)}=(1+12\%)^2\times 2.274=4.008(千亿元)$$

于是，2015 年当地镀锌钢板需求点预测为：

$$y_{(2015)}=a+bx_{(2015)}=-7.55+9.590\times 4.008=30.88(万吨)$$

区间预测归：

$$S_0=S_y=\sqrt{1+\frac{1}{n}+\frac{(x_0-\bar{x})^2}{\sum(x_i-\bar{x})^2}}=2.656$$

于是，在 $\alpha=0.05$ 的显著性检验水平上，2015 年镀锌钢板需求量的置信区间为：

$$y_0'\pm t(\alpha/2,\ n-2)S_0=\pm 30.88\pm t(0.025,\ 8)S_0$$
$$=30.88\pm 2.306\times 2.656$$
$$=30.88\pm 6.13$$

即有 95% 的可能性在 (24.75, 37.01) 的区间内。

5. 弹性分析法

弹性分析法是一种简单易行的定量预测方法。弹性也称弹性系数，弹性是一个相对量，可衡量某一变量的改变所引起的另一变量的相对变化。弹性总是针对两个变量而言的。例如，需求的价格弹性系数所考察的两个变量是某一特定商品的价格和需求量；而能源弹性则是考查工农业总产值与能源消费量之间的关系。

弹性分析法可用来研究经济联系的性质和特点。例如，研究市场需求和消费的特点，研究能源消费的特点等。也可以用弹性分析方法来研究两个因素或变量之间关系的密切程度。一般来说，两个变量之间的关系越密切，相应的弹性值越大；两个变量越是不相关，相应的弹性值越小。

通过计算某一特定的弹性值，如不同时期的弹性值，或不同范围的弹性值，或不同衡量对象的弹性值等，可以直接用弹性分析方法得出各种各样的结论。用弹性分析方法处理经济问题的优点是简单易行，计算方便，成本低，需要的数据少，应用灵活广泛。但也存在某些缺点：一是其分析带有一定的局部性和片面性。计算弹性或作分析时，只能考虑两个变量之间的关系，而忽略了其他相关变量所能产生的影响；二是弹性分析的结果在许多情况下显得比较粗糙。弹性系数可能随着时间的推移而变化，以历史数据测算出的弹性系数来预测未来可能不准确，许多时候需要分析弹性系数的变动趋势，对弹性系数进行修正。

(1)收入弹性。收入弹性就是商品价格保持不变时，消费者收入的变化率与该商品购买量变化率之比。因此可以把收入弹性表示为：

$$收入弹性=购买量变化率/收入变化率$$

设 Q_1，Q_2，…，Q_n 为时期 1，2，…，n 的商品购买量；I_1，I_2，…，I_n 为时期 1，2，…，n 的收入水平；ΔQ 与 ΔI 分别为相应的改变量。则可按以下公式计算收入弹性 ε_1：

$$\varepsilon_1=(\Delta Q/Q)(\Delta I/I) \tag{2-20}$$

在计算收入弹性时，应根据所研究的问题来决定采用什么收入变量，收入水平的衡量既可以用国民收入，也可用人均收入或其他收入变量。一般来说，收入弹性为正数，即收入增加，需求量上升；收入减少，需求量下降。

【例2-2】　某地区2005—2010年照相机销售量和人均年收入见表2-3，预计2015年人均年收入较2010年增加86％，人口增长控制在0.4％。请用收入弹性法预测2015年照相机的需求量。

表2-3　某地区2005—2010年照相机消费量和人均年收入

年份/年	人均收入/(元·年⁻¹)	人口/万人	照相机销售量/万台
2005	2 820	680	3.22
2006	3 640	684	3.56
2007	4 640	688	3.99
2008	5 978	692	4.36
2009	7 585	696	4.81
2010	9 198	701	5.18

【解】　1)计算照相机收入弹性系数，见表2-4。

表2-4　某地区2005—2010年照相机消费收入弹性系数表

年份/年	较上年收入增长/％	每万人照相机消费/(台·万人⁻¹)	每万人照相机消费增长/％	收入弹性系数
2005	—	47.35		
2006	29.1	52.00	9.8	0.34
2007	27.5	58.00	11.5	0.42
2008	28.8	63.00	8.6	0.30
2009	26.9	69.00	9.5	0.35
2010	21.3	74.00	7.2	0.34

从表2-4可以看出，2005—2010年照相机消费收入弹性系数为0.30～0.42，平均为0.35。因此，取2015年的弹性系数为0.35。

2)计算2015年照相机的需求量增长率。以2010年为基数，2015年人均年收入增长86％；则每万人人均照相机消费增长为：

收入增长比例×收入弹性系数=86％×0.35=30.1％

3)计算2015年每万人照相机需求量。

2015年每万人照相机需求量=2010年万人照相机消费量×需求增长
=74×(1+30.1％)=96.27(台)

4)计算2015年当地人口量。

2015年当地人口=2010年人口数×(1+年人口增长速度)=715(万人)

5)计算2015年照相机需求量。

2015年当地照相机需求量=715×96.27=6.88(万台)

(2)价格弹性。价格弹性就是商品需求的价格弹性。某个商品需求的价格弹性是指当收入水平保持不变时，该商品购买量变化比例与价格变化比例之比。因此可以把价格弹性表示为：

$$价格弹性＝购买量变化比例/价格变化比例$$

设 P_1，P_2，$\cdots$，P_n 为时期 1，2，$\cdots$，n 的商品价格；ΔQ 与 ΔP 为相应的改变量；即可得出价格弹性 ε_P 的计算公式：

$$\varepsilon_P＝(\Delta Q/Q)(\Delta P/P) \qquad (2\text{-}21)$$

一般来说，价格弹性为负数。这反映了价格的变动方向与需求量变动方向的不一致性。价格上升，需求量就会下降；价格下降，需求量就会上升。

【例2-3】 2008—2014 年某地空调消费量和平均销售价格见表2-5，如果2015年空调价格下降到 2 000 元/台，请用价格弹性系数法预测2015年空调需求量。

表 2-5　某地区 2008—2014 年空调消费量与价格

年份/年	空调价格/(元·台$^{-1}$)	空调消费量/万台
2008	4 996	32
2009	4 547	35
2010	4 012	39
2011	3 580	44
2012	3 198	49
2013	2 820	54
2014	2 450	62

【解】　1)计算各年的空调价格弹性系数，见表2-6。

表 2-6　某地区 2008—2014 年空调价格弹性系数

年份/年	空调价格/(元·台$^{-1}$)	价格较上年增长/%	空调消费量/万台	空调消费较上年增长/%	价格弹性系数
2008	4 996	—	32	—	—
2009	4 547	−9.0	35	9.4	−1.04
2010	4 012	−11.8	39	11.4	−0.97
2011	3 580	−10.8	44	12.8	−1.19
2012	3 198	−10.7	49	11.4	−1.06
2013	2 820	−11.8	54	10.2	−0.86
2014	2 450	−13.1	62	14.8	−1.13

从表2-6可以看出，2008—2014 年该地区空调的价格弹性系数为−0.86～−1.19，取2008—2014 年价格弹性系数的平均值−1.04，作为 2011 年的价格弹性，即价格每降低10%，需求增长 10.4%。

2)计算 2015 年空调需求增长率。

如果2015年价格降低到 2 000 元/台，较2014年价格降低了18.4%，空调需求增长率为：

空调价格下降率×价格弹性系数=18.4%×1.04=19.1%

3)计算 2015 年空调需求量。

2015 年空调需求量＝2014 年空调消费量×2015 年需求增长率
$$＝62×(1＋19.1\%)＝74(万台)$$

（3）能源需求弹性。能源需求弹性可以反映许多经济指标与能源需求之间的关系。能源消费可以分解为电力、煤炭、石油、天然气等消费，反映国民经济的重要指标包括社会总产值、国内生产总值、工农业总产值、国民收入、主要产品产量等，因此，可按这些指标计算不同的能源弹性。能源的国内生产总值弹性，是指能源消费量变化比例与国内生产总值变化比例之比。可以表示为：

能源的国内生产总值弹性＝能源消费量变化比例/国内生产总值变化比例　　　（2-22）

如果设 E_1，E_2，$\cdots$，E_n 分别为时期 1，2，$\cdots$，n 的能源消费量；GDP_1，GDP_2，$\cdots$，GDP_n 分别为时期 1，2，$\cdots$，n 的国内生产总值；ΔGDP 为相应的变化量。则能源的国内生产总值弹性的计算公式为：

$$\varepsilon_i＝(\Delta E/E)(\Delta GDP/GDP) \qquad (2-23)$$

【例 2-4】　某市 2010 年 GDP 达到 17 884 亿元，当年电力消费量 269 万千瓦时。经分析，预计未来 10 年中前 5 年和后 5 年，GDP 将保持 9% 和 8% 的速度增长，同期的电力需求弹性系数分别为 0.66 和 0.59。请用弹性系数法预测 2015 年和 2020 年该市的电力需求量。

【解】　按照公式 $\varepsilon_i＝(\Delta E/E)/(\Delta GDP/GDP)$，2011—2015 年和 2016—2020 年电力弹性系数分别为 0.66 和 0.59，则 2011—2015 年和 2016—2020 年年均电力需求增长速度为：

2011—2015 年年均电力需求增长速度＝（2011—2015 年电力消费弹性系数）×（2011—2015 年 GDP 年增长速度）＝0.66×9%＝5.94%

2016—2020 年年均电力需求增长速度＝（2016—2020 年电功消费弹性系数）×（2016—2020 年 GDP 年增长速度）＝0.59×8%＝4.72%

于是，2015 年该市电力需求量＝2010 年电力消费量×[1＋（2011—2015 年电力需求年增长速度）]^5
$$＝269×(1＋5.94\%)^5$$
$$＝358.96(万千瓦时)$$

2020 年该市电力需求量＝2015 年电力需求量×[1＋（2016—2020 年年均电力需求增长速度）]^5
$$＝358.96×(1＋4.72\%)^5$$
$$＝452.06(万千瓦时)$$

6. 简单移动平均法

简单移动平均法是以过去某一段时期的数据平均值作为将来某时期预测值的一种方法。该方法按对过去若干历史数据求算术平均数，并把该数据作为以后时期的预测值。简单移动平均可以表述为：

$$F_{t+1}＝\frac{1}{n}\sum_{i=t-n+1}^{t} x_i \qquad (2-24)$$

式中　F_{t+1}——$t+1$ 时的预测数；

n——在计算移动平均值时所使用的历史数据的数目，即移动时段的长度。

为了进行预测，需要对每一个 t 计算出相应的 F_{t+1}，所有计算得出的数据形成一个新的数据序列。经过两三次同样的处理，历史数据序列的变化模式将会被揭示出来。这个变化趋势较原始数据变化幅度小，因此，移动平均法从方法论上分类属于平滑技术。

采用移动平均法进行预测，用来求平均数的时期数 n 的选择非常重要。这也是移动平均的难点。事实上，不同 n 的选择对所计算的平均数是有较大影响的。n 值越小，表明对近期观测值预测的作用越重视，预测值对数据变化的反应速度也越快，但预测的修匀程度较低，估计值的精度也可能降低。反之，n 值越大，预测值的修匀程度越高，但对数据变化的反映程度较慢。因此，n 值的选择无法二者兼顾，应视具体情况而定。

不存在一个确定时期 n 值的规则。n 一般为 3～200，视序列长度和预测目标情况而定。一般对水平型数据，n 值的选取较为随意；一般情况下，如果考虑到历史上序列中含有大量随机成分，或者序列的基本发展趋势变化不大，则 n 应取大一点。对于具有趋势性或阶跃型特点的数据，为提高预测值对数据变化的反应速度，减少预测误差，n 值取较小一些，以使移动平均值更能反映目前的发展变化趋势。

移动平均法只适用于短期预测，在大多数情况下只用于以月度或周为单位的近期预测。简单移动平均法的另外一个主要用途是对原始数据进行预处理，以消除数据中的异常因素或除去数据中的周期变动成分。

移动平均法的主要优点是简单易行，容易掌握。其缺点是：只是在处理水平型历史数据时才有效，每计算一次移动平均需要最近的 n 个观测值。而在现实经济生活中，历史数据的类型远比水平型复杂，使移动平均法的应用范围受到较大限制。

【例 2-5】 洗衣机销售量预测。某商场某年 1～12 月份洗衣机销售量，见表 2-7，请用简单移动平均法预测下一年第一季度该商场的洗衣机销售量($n=3$)。

表 2-7　移动平均法计算表

月份	序号	实际销售量 x_t/台	3 个月移动平均预测
1	1	53	—
2	2	46	—
3	3	28	—
4	4	35	42
5	5	48	36
6	6	50	37
7	7	38	44
8	8	34	45
9	9	58	41
10	10	64	43
11	11	45	52
12	12	42	56

【解】 采用 3 个月移动平均法，下一年 1 月份洗衣机销售量预测：

$$Q_1 = \frac{x_{10} + x_{11} + x_{12}}{3} = \frac{64 + 45 + 42}{3} = 50(台)$$

2月份洗衣机销售量预测：

$$Q_2 = \frac{x_{11} + x_{12} + Q_1}{3} = \frac{45 + 42 + 50}{3} = 46（台）$$

3月份洗衣机销售量预测：

$$Q_3 = \frac{x_{12} + Q_1 + Q_2}{3} = \frac{42 + 50 + 46}{3} = 46（台）$$

则下一年第一季度洗衣机销售量预测为：

$$Q = Q_1 + Q_2 + Q_3 = 50 + 46 + 46 = 142（台）$$

为了使预测更符合当前的发展趋势，可以采用加权移动平均法。即将不同时期的序列给予不同的权重。如对预测的前一期、前二期和前三期分别赋予3、2和1的权重。则：

1月份洗衣机销售量预测：

$$Q_1 = \frac{x_{10} + 2x_{11} + 3x_{12}}{6} = \frac{64 + 2 \times 45 + 3 \times 42}{6} = 47（台）$$

2月份洗衣机销售量预测：

$$Q_2 = \frac{x_{11} + 2x_{12} + 3Q_1}{6} = \frac{45 + 2 \times 42 + 3 \times 47}{6} = 45（台）$$

3月份洗衣机销售量预测：

$$Q_3 = \frac{x_{12} + 2Q_1 + 3Q_2}{6} = \frac{42 + 2 \times 47 + 3 \times 45}{6} = 45（台）$$

则下一年第一季度洗衣机销售量预测为：

$$Q = Q_1 + Q_2 + Q_3 = 47 + 45 + 45 = 137（台）$$

7. 指数平滑法

指数平滑法又称指数加权平均法，实际是加权的移动平均法，它是选取各时期权重数值为递减指数数列的均值方法。指数平滑法解决了移动平均法需要 n 个观测值和不考虑 $(t-n)$ 前时期数据的缺点，通过某种平均方式，消除历史统计序列中的随机波动，找出其中主要的发展趋势。

根据平滑次数的不同，指数平滑有一次指数平滑、二次指数平滑、三次指数平滑和高次指数平滑。

对时间序列 x_1、x_2、x_3、$\cdots$、x_t，一次平滑指数公式为：

$$F_{t+1} = \alpha X_t + (1-\alpha) F_t \tag{2-25}$$

式中　α——平滑系数；

　　　X_t——历史数据序列 X 在 t 时的观测值；

　　　F_t 和 F_{t+1}——t 时和 $t+1$ 时的预测值。

令 $F_1 = X_1$，α 设为 $0 \sim 1$ 的数据值，可以计算出 t 时的 F_{t+1}。

表达式(2-24)可以变换为以下形式：

$$F_{t+1} = F_t + \alpha(X_t - F_t) = F_t + \alpha e_t \tag{2-26}$$

式中　e_t——t 时的预测误差。

一次指数平滑法又称简单指数平滑，是一种较为灵活的时间序列预测方法，这种方法在计算预测值时对于历史数据的观测值给予不同的权重。这种方法与简单移动平均法相似，两者之间的区别在于简单指数平滑法对先前预测结果的误差进行了修正，因此，这种方法和简单移动平均法相同，都能够提供简单适时的预测。

一次指数平滑法适用于市场观测呈水平波动，无明显上升或下降趋势情况下的预测，它以本期指数平滑值作为下期的观测值，预测模型为：

$$x'_{t+1} = F_t \tag{2-27}$$

即

$$x'_{t+1} = \alpha x_t + (1-\alpha)x'_t \tag{2-28}$$

平滑系数 α 实际上是前一观测值和当前观测值之间的权重。当 α 接近于 1 时，新的预测值对前一个预测值的误差进行了较大的修正；当 $\alpha=1$ 时，$F_{t+1}=x_t$，即 t 期平滑值就等于 t 期观测值。而当 α 接近于 0 时，新预测值只包含较小的误差修正因素；当 $\alpha=0$ 时，$F_{t+1}=F_t$，即本期预测值就等于上期预测值。研究表明，较大的 α 值导致较小的平滑效果，而较小的 α 值会产生客观的平滑效果。因此，在简单指数平滑方法的应用过程中，α 值对预测结果所产生的影响不亚于简单移动平均法中 n 的影响。

一般情况下，观测值呈较稳定的水平发展，α 值取 $0.1 \sim 0.3$；观测值波动较大时，α 值取 $0.3 \sim 0.5$；观测值呈波动很大时，α 值取 $0.5 \sim 0.8$。

从指数平滑法的计算公式可以看出，指数平滑法是一个迭代计算过程，用该法进行预测，首先必须确定初始值 F_0 值，它实质上应该是序列起点 $t=0$ 以前所有历史数据的加权平均值。由于经过多期平滑，特别是观测期较长时，F_0 的影响作用就相当小，故在预测实践中，一般采用这样的方法处理：当时间序列期数在 20 个以上时，初始值对预测结果的影响很小，可用第一期的观测值代替，即 $F_0=x_1$；当时间序列期数在 20 个以下时，初始值对预测结果有一定影响，可取前 $3 \sim 5$ 个观测值的平均值代替，如：$F_0=(x_1+x_2+x_3)/3$。

【例 2-6】 2014 年 1～12 月份某地区煤炭消费量，见表 2-8。请用一次平滑指数法预测 2015 年 1 月份的煤炭需求量（α 值取 0.3）。

表 2-8 2014 年 1～12 月份某地区煤炭消费表

月份	t	月消费量 x_t/万吨	月份	t	月消费量 x_t/万吨
1	1	31.67	7	7	37.07
2	2	33.99	8	8	39.05
3	3	39.71	9	9	40.59
4	4	39.71	10	10	41.95
5	5	40.29	11	11	44.03
6	6	40.47	12	12	50.31

【解】 首先，计算初始平滑值：

$F_0=(x_1+x_2+x_3)/3=(31.67+33.99+39.71)/3=35.12$（万吨）

按照指数平滑法的计算公式，得出：

$F_1=\alpha x_1+(1-\alpha)F_0=0.3 \times 31.67+(1-0.3) \times 35.12=34.09$（万吨）

$F_2=\alpha x_2+(1-\alpha)F_1=0.3 \times 33.99+(1-0.3) \times 34.09=34.06$（万吨）

$F_3=\alpha x_3+(1-\alpha)F_2=0.3 \times 39.71+(1-0.3) \times 34.06=35.75$（万吨）

······

$F_{12}=43.92$ 万吨

于是，2015 年 1 月煤炭需求量 $x'_{13}=F_{12}=43.92$ 万吨，见表 2-9。

表 2-9 指数平滑表

月份	时序 t	月消费量 x_t/万吨	一次指数平滑值 F_t/万吨	预测值/万吨
0	35.12	—	—	—
1	1	31.67	34.09	35.12
2	2	33.99	34.06	34.09
3	3	39.71	35.75	34.06
4	4	39.71	36.94	35.75
5	5	40.29	37.94	36.94
6	6	40.47	38.70	37.94
7	7	37.07	38.21	38.70
8	8	39.05	38.46	38.21
9	9	40.59	39.10	38.46
10	10	41.95	39.95	39.10
11	11	44.03	41.18	39.95
12	12	50.31	43.92	41.18
2015 年 1 月份	13	—	—	43.92

8. 消费系数法

消费系数是指某种产品在各个行业(或部门、地区、人口、群体等)的单位消费量。采用消费系数法进行预测,是对某种产品在各个行业的消费数量进行分析,在了解各个行业规划产量的基础上,汇总各个行业的需求量,从而得出该产品的总需求量。

(1)分析产品 X 的所有消费部门或行业,包括现存的和潜在的市场。有时产品的消费部门众多,则需要筛选出主要的消费部门。

(2)分析产品 X 在各部门或行业的消费量 X_i 与各行业产品 Y_i 产量,确定在各部门或行业的消费系数。

$$某部门的消费系数 e_i = 某部门产品消费量 X_i / 该部门产量 Y_i \qquad (2-29)$$

(3)确定各部门或行业的规划产量,预测各部门或行业的消费需求量。

$$部门需求量 X_i' = 部门规划生产规模 Y_i' \times 该部门消费系数 e_i \qquad (2-30)$$

(4)汇总各部门的消费需求量。

$$产品总需求量 X' = \sum 各部门的需求量 X_i' \qquad (2-31)$$

【例 2-7】 2010 年某地区各类汽车消耗车用汽油 121.02 万吨。其具体消耗,见表 2-10,预计 2015 年当地各类车保有量分别是:私人轿车 20 万辆,出租车 5 万辆,商务用车 7 万辆,小型摩托车等 0.5 万辆,其他车 2 万辆。假定各类车辆年消耗汽油不变,请用消费系数法预测 2015 年车用汽油需求量。

表 2-10 2010 年某地区车用汽油消费量

项目	私人轿车	出租车	商务用车	小型摩托车等	其他车辆	合计
车辆保有量/万辆	6.21	3.34	5.73	0.24	1.22	16.74
年消耗汽油/万吨	19.62	29.66	64.86	0.03	6.85	121.02

【解】 1)首先计算各类车年汽油消耗量。

每辆私人轿车年汽油消耗量＝2010年私人轿车年汽油消耗量/私人轿车保有量

$$＝19.62/6.21＝3.16 吨/(辆·年)$$

类似，每辆出租车年汽油消耗量＝8.88 吨/(辆·年)

每辆商务车年汽油消耗量＝11.32 吨/(辆·年)

每辆小型摩托车年汽油消耗量＝0.11 吨/(辆·年)

每辆其他车年汽油消耗量＝5.6 吨/(辆·年)

2)计算各类车2015年年汽油消耗量。

私人轿车年汽油消耗量＝2015年私人轿车保有量×私人轿车年汽油消耗量

$$＝20×3.16＝63.2(万吨)$$

类似，2015年出租车年汽油消耗量＝44.4 万吨

2015年商务车年汽油消耗量＝79.24 万吨

2015年小型摩托车年汽油消耗量＝0.06 万吨

2015年其他车辆年汽油消耗量＝11.21 万吨

3)汇总各类车辆汽油需求量。

2015年车用汽油需求量＝63.2＋44.4＋79.24＋0.06＋11.21＝198.11(万吨)。

📺 项目小结

本项目主要介绍了市场调查、市场预测两部分内容。市场调查是对现在市场和潜在市场各个方面情况的研究和评价，其目的在于收集市场信息，了解市场动态，把握市场的现状和发展趋势，发现市场机会，为企业投资决策提供科学依据。市场预测是在市场调查取得一定资料的基础上，运用已有的知识、经验和科学方法，对市场未来的发展状态、行为、趋势进行分析并做出推测与判断，其中最为关键的是产品需求预测。

📁 思考与练习

一、填空题

1. 市场调查是对_____和_____各个方面情况的研究和评价。

2. 书面调查报告可分为两类，即_____和通俗性报告。

3. 制定一个收集所需信息的最有效的方式，需要确定的有_____、_____、调查工具、抽样计划等。

4. 根据市场调查目的、要求和调查对象的特点，采用直接接触调查对象的方法取得第一手资料的方法，称为_____。

5. 利用网络进行市场调查有_____、_____、真实性的优点。

6. 市场预测是在_____取得一定资料的基础上，运用已有的知识、经验和科学方法，对市场未来的发展状态、行为、趋势进行分析并做出推测与判断，其中最为关键的是_____。

7. 市场预测按预测期长短，可分为_____、_____和短期预测。

二、单项选择题

1. 下列不属于市场调查目的的是（   ）。
   A. 收集市场信息   B. 解决市场现存问题
   C. 了解市场动态   D. 把握市场的现状和发展趋势

2. （   ）是指对所面临的不同因素、不同方面现状的调查研究，其资料数据的采集和记录着重于客观事实的静态描述。
   A. 探索性调研   B. 描述性调研
   C. 因果性调研   D. 预测性调研

3. （   ）是对同类生产企业的生产技术水平高低、经营特点和生产规模、主要技术经济指标、市场占有率，以及市场集中度等市场竞争特征的调查。
   A. 市场需求调查   B. 市场供应调查
   C. 消费者调查   D. 竞争者调查

4. 为了帮助企业经营者不失时机地做出决策，要求市场预测快速提供必要的信息，过时的信息是毫无价值的，这符合市场预测的（   ）要求。
   A. 客观性   B. 全面性
   C. 及时性   D. 科学性

三、简答题

1. 市场调查的程序有哪些？
2. 市场调查包括哪些主要内容？
3. 市场调查有哪些方法？
4. 市场预测包括哪些程序？
5. 德尔菲法包括哪些程序？
6. 专家会议预测法包括哪些形式？
7. 什么是回归分析法？回归分析法怎样分类？

项目3 建设方案评估

知识目标

了解产品方案与产品组合，熟悉产品组合的类型，掌握产品方案评估应考虑的因素；了解建设规模的概念，熟悉建设规模的合理性分析，掌握建设规模确定时应考虑的因素；了解技术设备来源方案研究，熟悉高新技术工艺方案选择研究，掌握生产工艺技术选择、工艺技术转让；熟悉原材料与燃料供应分析，掌握主要原材料、燃料和动力供应方案比选；熟悉总图运输方案研究，掌握总图运输方案比选。

能力目标

通过学习产品方案和建设规模，能够评估产品的方案是否合理，能够评估建设规模是否合理；能够评估生产工艺技术方案是否是最优方案；能够评估场（厂）址选择是否最合理；能够评估原材料与燃料供应是否充足、合理；能够评估总图运输方案研究与比选是否在最优方式。

任务1 认知产品方案和建设规模

1.1 产品方案

1. 产品方案与产品组合

产品方案即拟建项目的主导产品、辅助产品或副产品及其生产能力的组合方案，包括产品品种、产量、规格、质量标准、工艺技术、材质、性能、用途、价格、内外销比例等。

产品方案需要在产品组合研究的基础上形成。有的项目只有一种产品。有的项目生产多种产品，其中一种或几种产品为主导产品。首先需要确定项目的主要产品、辅助产品、副产品的种类及其生产能力的合理组合，使它与技术、设备、原材料燃料供应等方案协调一致。

产品组合是指项目的各种不同产品的划分及其比例，含产品种类、品种的结构和相互间的数量关系。产品组合的深度，即产品品种的数量。产品组合的广度，即产品线的数量。

产品组合深度与广度的关联性，表现为产品线之间的相关程度。需要根据市场需求及项目的资源、设备、资金、技术力量等内部条件，选择项目的产品组合策略。扩大产品组合的广度可以分散项目投资的风险，尽量利用项目的潜力。挖掘产品组合的深度可以占有更多的细分市场，提高用户或消费者的满足程度以扩大经营。加强产品组合的关联性，则可以提高企业的知名度，增强企业的竞争地位。

2. 产品组合的类型

(1)全线全面型。其主要特征是：尽量向所有的用户或消费者提供所需要的产品。为此，要求不断地扩大产品组合的广度和挖掘产品组合的深度。它力求某一产品线的产品品种覆盖各个细分市场。它按整体市场对不同种类产品的需求增加产品线的数量，而对产品线之间的关联性没有严格的限制。

(2)市场专业型。项目专向某一市场提供其需要的各种产品，即以专业市场的不同需求为引线确定产品线的设置并不强调其关联性。

(3)产品线专业型。项目只生产同一类型的不同品种产品来满足市场需求。

(4)有限产品线专业型。项目只生产某一产品线中一个或少数几个品种的产品来满足市场的需求。

(5)特殊产品专业型。根据用户或消费者的特殊需要而专门生产特殊的产品。

3. 产品方案评估应考虑的因素

(1)市场需求。应从市场需求导向和目标市场来确定产品品种、产量、质量标准，项目产品方案应能适应市场多变的要求。产品市场的界定应具有战略价值。

(2)国家产业政策和企业发展战略。项目产品方案应符合国家发布的产品目录，符合企业发展战略，使产品具有先进性或高附加值，有利于提高产品在国内外市场的竞争力。

(3)专业化协作。应从社会和区域的角度考察项目产品方案是否符合专业化协作以及上下游产品链衔接的要求。

(4)资源综合利用。对共生型资源开发或者在生产过程中有副产品的项目，在确定产品方案时，应考虑资源的综合利用，提出主导产品和副产品的组合方案。

(5)环境制约条件。应根据当地环境的要求和可能提供的环境容量来确定项目产品方案。

(6)原材料、燃料供应。应遵循行业对原材料、燃料供应的相关规定、规范，根据项目所采用的原材料、燃料的可得性及其数量、品质、供应的稳定性来确定项目产品方案。

(7)技术设备条件。项目产品方案应与可能获得的技术装备水平相适应。

(8)生产、运输、包装、储存条件。对生产、运输、包装、储存有特殊要求的项目，确定产品方案时，应考虑满足这些要求的可能性。

4. 产品方案的比选

考虑上述因素，进行产品方案比选后提出推荐方案，说明推荐方案的产品、副产品、中间产品的名称、数量、规格、形态、质量和主要去向，以及依据的产品标准。推荐产品方案可以列表说明，其具体格式见表 3-1。

表 3-1 产品方案表

序号	装置名称及规模	主要产品(含副产品、中间产品)	年产量	年商品量	规格	年操作时数	备注
1							
2							
3							

1.2 建设规模

1. 建设规模的概念

建设规模也称生产规模，是指项目在正常生产年份可能达到的生产能力或使用效益。对未来供需情况的预测，既是判断扩建或新建项目是否可行的依据，又是确定一个工程项目生产规模的依据。

划分建设规模的标准因行业不同而异。通常，工业企业规模的划分标准一般有三类，第一类是生产能力标准，它是划分企业规模的主要标准，通常用在一定生产技术条件下，在某一时间内的产品产量来反映；第二类是职工人数标准，但我国的工业界基本不采用此类标准；第三类是辅助标准，包括固定资产总值、产品产值、投资总额、销售收入等。需要指出的是，划分生产规模的标准是相对的，在不同的历史时期，对于不同的国家，由于科学技术和管理水平不同，划分规模的标准也就不同。而且，每一种划分标准只能代表某一方面的特点，且这些标准之间有可能发生矛盾。例如，有的企业设备先进，固定资产投资多，生产能力也大，但职工人数并不多；而有的企业则因技术装备水平低，生产能力虽不大，但职工人数却较多。由此可见，固定资产原值的多少、职工人数的多少、销售收入的高低与生产能力并没有固定的比例关系。固定资产原值和职工人数一般由技术装备的水平和行业的特点所决定，而销售收入则受价格水平的影响较大。

2. 建设规模确定时应考虑的因素

(1)市场需求。市场对拟建项目的产品品种、规格和数量的需求，从产出方向上规定了项目拟建规模。因此，首先应根据市场调查和预测得出的有关市场容量、目标市场、可能占有的市场份额等结论，考虑拟建项目的建设规模。当产品的市场需求变化快，品种规格多时，应采用中、小规模战略。当产品适应性强，市场需求量大，品种规格变化较小时，可以采用大、中规模战略。

(2)自然资源、原材料、能源供应及其他外部建设条件。土地、生物、水、矿产和人力等资源，各类原材料、零部件、燃料、电力，以及交通运输、通信、建筑材料、施工能力等，都可能对考虑项目的建设规模问题构成影响。

(3)生产技术和设备的先进性及其来源。生产技术决定着主导设备的技术经济参数，并往往与设备的标准化、系列化相关联。研究生产规模时，应将拟选技术对应的标准规模、主导设备和装置制造商的水平等因素综合考虑。

(4)资金的可供应量。必须结合资金的可获得性，量力而行考虑建设规模。

(5)环境容量。按照可获得的自然环境条件考虑建设规模。

(6)国家或行业制定的生产经济规模标准。应尽可能使项目达到或接近经济规模，以提高项目的市场竞争能力。为了防止投资项目效率低下和资源浪费，国家或行业制定了某些重要产品的生产经济规模标准，应予以遵循。同时，应该注意到随着经济发展中出现的新情况，包括技术装备水平和市场需求的变化，经济规模标准会适时得以修订。

(7)社会因素和政策法规。产业政策、投资政策、民族关系、军事国防等，都是考虑项目规模的重要因素。

(8)行业因素。不同行业的项目，在确定建设规模时应考虑以下行业因素。

1)煤炭、金属与非金属矿山、石油、天然气等矿产资源开发项目，应考虑资源合理开发利用要求和资源可采储量、赋存条件等。

2)水利水电项目，应考虑水资源量、可开发利用量、地质条件、建设条件、库区生态影响、占用土地以及移民安置条件等。

3)铁路、公路项目，应根据拟建项目影响区域内一定时期运输量的需求预测，以及该项目在综合运输系统和本运输系统中的作用确定线路等级、线路长度和运输能力。

(9)改、扩建与技术改造项目。依托老企业进行改、扩建与技术改造的项目应充分研究拟建项目生产规模与企业现有生产规模的关系，拟建生产规模属于外延型还是外延内涵复合型，以及利用现有场地、公用工程和辅助设施的可能性等因素，确定建设规模。

3. 建设规模的合理性分析

评估项目建设规模时，应对其进行合理性分析，主要应分析以下几个方面。

(1)产业政策和行业特点的符合性。项目建设规模设计是否符合国家和行业的产业政策，以及是否考虑其合理性的首要因素。为了使国民经济有序发展，节约有限的资源，国家和行业制定了某些重要产品的生产经济规模标准，以及鼓励发展、限制发展和禁止发展产业(含规模)目录。项目建设规模的确定应符合国家和行业的产业政策的要求。

(2)收益的合理性。建设规模的变动会引起收益的变动，适当的经营规模可节约费用，提高竞争力，得到经济效益，所以必须确定合理的建设规模。

项目规模的经济性问题，是建设方案总体设计时需要考虑的重要问题。不同产业规模的经济效益可能不同，并不是所有项目都是越大经济效益越显著。对规模效益显著的产业，规模扩大在一定限度内，达到规模效益递增即项目收益增加的幅度大于规模扩大的幅度。规模效益递增到一定限度后，收益增加幅度会和规模增加幅度相等，进而收益增量有可能与规模增量成反比。因此，要着重研究规模效益显著的产业的规模经济性，选择能够实现规模效益递增的经济规模。在确定建设规模时，理论上应追求最优经济规模。但现实中由于各种因素的制约，往往难以达到理论上最优经济规模，一般来说，寻求的是合理的经济规模。

(3)资源利用的合理性。资源利用的合理性分析是建设规模合理性分析的重要内容。这里的资源是广义的，包括物质资源、人力资源和资金。资源利用的合理性应考虑以下几个方面。

1)资源利用的可靠性。建设规模必须以资源的可靠来源为前提。

2)资源利用的有效性。有效利用资源可以节约资源、降低成本、提高效益。资源利用的有效性来自技术的先进性和合理的建设规模。

3)资源利用的经济性。资源利用的经济性，一方面可以更加有效地利用资源；另一方面有利于合理组合，综合利用资源，达到节能、降耗的效果，降低成本、提高效益，实现经济性。

(4)外部条件的适应性和匹配性。外部条件泛指项目之外的所有方面，包括市场、原材料供应和其他外部建设条件(包括物资条件、交通条件、自然环境和社会环境等)。分析建设规模的合理性，必须考虑外部条件的适应性与匹配性。适应性与匹配性应包括以下几个方面。

1)项目的建设规模应与市场需求相适应。

2)投入物资供应能满足建设规模的要求，并且稳定可靠、价格合理。

3)其他外部建设条件与建设规模相互适应和匹配。

(5)技术改造项目的特殊问题。依托老企业进行技术改造的项目，除上述方面外，其建设规模的合理性还有可能会受到老装置现状的影响。建设规模的确定是否能与现装置有效结合和匹配也是建设规模的合理性分析应考虑的因素。可以辅以生产能力平衡法来确定合理生产规模。最大工序生产能力平衡法是以现有最大生产能力的工序为标准，逐步填平补齐，成功配套，使之满足最大生产能力的设备要求。最小公倍数法是以项目各工序生产能力或现有标准设备的生产能力为基础，并以各工序生产能力的最小公倍数为准，通过填平补齐，成功配套，形成最佳的生产规模。

任务 2　选择生产工艺技术方案评估

2.1　生产工艺技术选择

1. 生产工艺技术选择的原则

(1)先进性和前瞻性。技术的先进性主要体现在产品质量和性能好、工艺水平高、装备自动控制程度和可靠性高。

(2)适用性。适用性主要体现在与项目的生产规模相匹配，与原材料路线、辅助材料和燃料相匹配，与设备(包括国内和国外供应设备，主要设备和辅助设备)相匹配，与资源条件、环保要求、经济发展水平、员工素质和管理水平相适应，与项目的建设规模相适应。

(3)可靠性。可靠性是指生产工艺技术成熟。可靠性体现在能生产出合格的产品，实现建设项目目标。对尚在试验阶段的新技术、新工艺、新设备、新材料，应采取积极和慎重的态度。未经生产实践或有遗留技术难题的新技术不能盲目采用。

(4)安全性。项目所采用的技术，在正常使用中应确保安全生产运行。核电站、产生有毒有害和易燃易爆物质的项目，以及地下矿开采、水利水电枢纽项目等，尤其应注重技术的安全性研究。

(5)经济合理性。经济合理性体现在工艺技术流程短、设备配置合理、自动化程度高，工序紧凑、均衡、协调，物流输送距离短，投资小、成本低、利润高。

(6)技术来源可靠性。技术来源可靠体现在技术持有者信誉好，并愿意转让技术，转让条件合理，知识产权经过确认。

(7)符合清洁生产要求。清洁生产体现了集约型的增长方式和发展循环经济的要求。

2. 生产工艺技术方案研究的内容

生产工艺技术方案研究就是通过调查研究、专家论证、方案比较、初步技术交流和询价，确定拟建项目所使用的生产技术、工艺流程、生产配方及生产方法、生产过程控制程序、操作规程及程序数据等，以确保生产过程合理、通畅、有序地进行。

(1)生产工艺技术方案比选的主要内容。在研究生产工艺技术方案时，主要包括：对各技术方案的先进性、适用性、可靠性、可得性、安全环保性和经济合理性等进行论证。

选择生产工艺技术应在遵循上述原则的前提下通过多方案比选来完成，其具体内容与行业特点有关。一般情况下包括技术特点、原料适应性、工艺流程、关键设备结构及性能、产品物耗和能耗、控制水平、操作弹性、操作稳定性、本质安全和环保、配套条件、建设费用和运营费用、效益等诸多方面。要突出创新性，重视对专利、专有技术的分析。要突出技术特点，具有针对性。

生产工艺技术往往与主要设备（专利设备）相关联，因此，生产工艺技术方案比选也可能包括关键的主要设备比选。

（2）生产工艺技术方案比选方法。一般采用定性分析和定量分析相结合的方法。

1）需要对比的技术指标有原材料和辅助材料的物耗指标，能源消耗指标，产品收率，原材料损失率，产品质量（包括高附加值产品产率等）。

2）需要对比的综合指标有占地面积、定员等。

3）工艺技术的风险因素分析，包括影响技术先进性、适用性和可靠性的因素，未来被其他新技术替代、淘汰的可能性，国家产业发展和环境保护政策等的影响。

4）需要对比的经济指标有单位产品成本，单位产品投资，技术使用权费用等。

5）全厂性的项目（或联合项目）要进行全厂总工艺流程方案、生产单元及规模、生产单元组成布置、全厂物料平衡对比。

6）选用国内外开发的新技术，应有符合正式审批程序的工业化技术鉴定和相应的技术许可证。

7）从与建设规模相适应的程度，主要设备之间、主要设备与辅助设备之间能力的相互配套性，以及设备质量、性能等方面，总结各设备配置方案的优缺点。

8）选用技术设备，应掌握国内外同类技术设备的成交价格；要进行设备软件和硬件在内的专有技术和专利技术比较，重视设备结构和材质的创新。

9）对利用和改造原有设备的技术改造项目，提出各种对原有设备的改造方案，并分析各方案的效果。

10）对国内外新开发的，并尚未实现工业化的技术和设备，应着重论证其工业化的可行性，并保证其投资估算误差在合理范围内。

11）各设备配置方案的风险分析应从各方案关键设备的制造、运输、安装和项目建设进度的匹配，以及运行中的可靠性和耐用度、安全和环保等方面进行对比。

12）自动化方案应说明自控水平的选择理由和原则，说明控制系统各类输入输出点数；对于新控制方案，应与常用的控制方案进行对比。

13）推荐方案的工艺流程应标明主要设备名称和主要物料、燃料流量及流向。项目属一次规划，分期建设、分期投产的，应有分期流程的说明和流程图。

（3）推荐生产工艺技术方案。比选后提出推荐方案。对所推荐的工艺技术和设备方案要详细说明理由，包括对产品质量、销售与竞争的影响，对项目效益的影响等。技术改造项目技术方案的比选论证还要和企业原有的技术进行比较。应绘制主要工艺流程图，编制主要物料平衡表，车间（或者装置）组成表，主要原材料、辅助材料及水、电、气等公用工程的消耗定额表。

2.2 技术设备来源方案研究

1. 技术来源方案

（1）凡国内有工业化业绩，技术先进、可靠、成熟的，采用国内成套技术建设，即生产工艺技术全部国产化。

（2）采用合作开发技术，其工艺技术由国内外合作开发，且有生产业绩，即生产工艺技术部分国产化。

（3）国内外都有成熟技术，但技术路线不同，或国内尚无大规模运行业绩，可以采用国内外招标，择优选择。

（4）引进国外先进技术，但仅限于工艺包范围。基础设计、详细设计、设备采购由国内工程公司完成，实现工程技术国产化。

（5）技术特别复杂、国内为第一套的建设项目，其工艺技术、工艺包、基础设计由国外工程公司完成，详细设计、部分设备采购由国内工程公司完成。

2. 设备来源方案

一般来讲，在工业项目建设中，设备投资在项目总投资中占有相当大的比重。利用国产化设备可以大大降低投资，如某石化企业裂解气压缩机组的国产化可以节约设备投资 3 300 万元。在研究设备来源时，要按照技术先进、成熟可靠的原则来确定。确定设备来源方案需对建设项目需要的所有设备进行细分，如石油化工项目，设备细分为主机（如乙烯装置中的"三机"）、静设备（反应器、换热器、容器、塔类等）、动设备（泵、风机、压缩机等）、阀门、挤压造粒机等；按照细分后的设备清单，根据国内设备制造厂家的业绩、研发能力确定设备来源方案。通常设备来源方案有两种：一是国内有成熟制造经验，且有应用业绩的由国内制造；二是国内尚无业绩，可以利用国内外市场资源，通过技贸合作制造。但对国内尚无制造业绩的某些关键设备，在确定由国内制造时，需在行业主管部门与有关制造方的协调下进行技术论证，优化并落实制造方案，同时研究分析设备国产化带来的风险，提出规避措施。如某 PTA 项目，可行性研究阶段提出的主要设备采购方案为：

（1）国内有制造能力且有制造业绩的设备，国内采购。

（2）已经市场化、国内有制造能力的设备，采用公开招标方式国内外采购，同等条件国内优先。

（3）国内无制造经验的关键设备采用引进技术、合作制造方式。

（4）尚无制造业绩的新设备，通过招标确定开发研究企业。

【例 3-1】 以某热电站除尘器选择为例，说明设备的比选方法。备选方案：静电式除尘器和布袋式除尘器。

【解】 除尘器设备比选见表 3-2。

表 3-2 除尘器选择比较表

序号	比较项目	静电式除尘器	布袋式除尘器
1	除尘效率	三电场 99.5%～99.99%	
2	除尘效率满足新排放标准	不能满足	可满足
3	设备阻力 100～200 Pa	800～1 000 Pa	
4	占地面积	大	小
5	适应性	对煤种变化比较敏感	适应力强
6	结构	复杂	简单
7	技术	成熟	成熟
8	运行经验	多	国内实用较少
9	检修	停炉检修	可不停炉检修
10	运行费用	需要高压直流电，运行费用较高	引风机电功率大
11	设备价格	410 万元	510 万元

通过以上比较，布袋式除尘器虽然价格较高，但从满足环境保护要求、占地面积、运行费用等方面比静电式除尘器具有较大的优越性，推荐采用布袋式除尘器。

2.3　工艺技术转让

引进技术要坚持"引进—改造—发展"的方针，走"吸收、综合、创新"的道路。在技术贸易中要注意调查研究，确定适当的技术引进方式。

技术贸易与商品贸易相比有其特殊性。技术贸易对于一个工程建设项目来讲，是通过初步询价、询价、技术谈判、商务谈判、合同签订等程序来完成的，有一个较漫长的过程。技术贸易有其固有的特点，这是工艺技术转让过程中要特别注意的环节。

1. 技术贸易的特点

技术本身并无物质的外形，不易辨认；技术可以向多家转让，造成同行业竞争加剧；技术可以再完善、发展、进步和再创新，使其增值；现代技术更替速度加快，生命周期变短；购买技术方不经授权不能再转让；技术转让和购买受国家法规和政策的干预或限制。

2. 影响技术转让的因素

影响技术转让的因素主要有：技术评审，转让方式，政府干预，合作年限和范围，法律、合同等。

3. 技术转让类型

技术转让类型包括单纯的软技术转让，或通过贸易和投资转让。单纯的软技术转让只是通过技术许可证转让完成，技术许可证内容包括：专利许可证，商标许可证，版权许可证，商业秘密许可证，技术服务和咨询合同。技术许可证转让，一是要研究具有转让意愿的、有竞争力和成熟专利技术(或专有技术)的专利商(或技术持有方)；二是研究技术引进范围、合作方式；三是初步确定设备引进范围、合作方式；四是通过技术经济比较来确定。

2.4　高新技术工艺方案选择研究

高新技术项目可以有明显的社会经济效益，主要表现在：有助于解决资源短缺、环境恶化等问题，有利于加速技术更新，有利于促进经济增长，可以提高国家的综合国力。

采用高新技术应符合先进性、创新性、成熟性和实用性的要求。先进性就是要保证技术新颖，国内或国际领先，产品科技含量高；产品填补市场空白，市场发展潜力大。创新性表现在设计构思、结构、材质、工艺等方面为国内首创或国际首创，工艺技术具有独特性。成熟性体现在项目发展前景明确，产品的市场潜力大，容易实现规模化生产(或规模化前景较好)。实用性体现在项目技术是同类行业的关键技术；所提供的设备、零部件或原材料能带动行业技术升级或产品更新换代，或对相关产业的技术进步有积极影响；有望形成新兴产业，或者对改造传统产业有辐射作用。

高新技术项目的技术工艺方案研究，要重点突出"高"和"新"。"高"是高效益、高智力、高投入、高竞争、高风险；"新"是在技术创新上要积极培育原始创新，重点突出集成创新，全面提升引进消化吸收再创新。同时，要对高新技术产业投资的风险予以高度的重视。

任务 3　选择项目场(厂)址

3.1　影响项目选址的区域因素

影响项目选址的主要区域因素有六项,其影响随项目性质可能不同,因此不同工程选址有不同侧重。

1. 自然因素

自然因素包括自然资源条件和自然条件。自然资源条件包括矿产资源、水资源、土地资源、能源、海洋资源、环境资源、人力资源、社会资源等;自然条件包括气象条件、地形地貌、工程地质、水文地质等。

2. 交通运输因素

交通运输因素是指供应和销售过程中用车、船、飞机以及管道、传送带等对物资的运输。包括当地的铁路、公路、水路、空运、管道等运输设施及能力。

3. 市场因素

市场因素包括产品销售市场、原材料市场、动力供应市场,场(厂)址距市场的远近,不仅直接影响项目的效益,也涉及产品或原料的可运性,在一定程度上会影响产品或原料种类选择。

4. 劳动力因素

劳动力因素包括劳动力市场与分布、劳动力资源、劳动力素质、劳动力费用等。劳动力因素与生产成本、劳动效率、产品质量密切相关,会影响项目高新技术的应用和投资者的信心。

5. 社会和政策因素

社会因素包括地区分类和市县等,经济社会发展的总体战略布局,少数民族地区经济发展政策,西部开发、中部崛起、振兴东北老工业基地政策,发展区域特色经济政策,国家级及地方经济技术开发区政策,东部沿海经济发达地区政策,国防安全等因素;建设项目对公众生存环境、生活质量、安全健康带来的影响及公众对建设项目的支持或反对态度,都影响着项目的场(厂)址选择。

6. 集聚因素(工业园区或工业集中区)

拟选地区产业的集中布局与分散,反映了拟选地区的经济实力、行业集聚、市场竞争力、发展水平、协作条件、基础设施、技术水平等。集中布局能带来集聚效应,实现物质流和能量流综合利用,能有效地减少产品成本、降低费用。集中布置使得大型"公用工程岛"的建设成为可能,能最大限度地降低水、电、气成本,有利于"三废"的综合治理,提高环境友好水平等。集聚效应会带来大型化、集约化和资源共享,节约建设投资,减少建设周期。

3.2　项目选址的原则及注意事项

1. 选址的基本原则和要求

(1)符合国家和地区规划要求。要妥善处理全局与局部的关系,不造成新的布局不合理和新的发展不平衡，做到全面考虑，统筹安排。

(2)符合城市(乡、镇)总体规划、土地利用总体规划的要求。重视节约用地和合理用地，充分利用荒地、劣地。

(3)有可供选择利用的固体废弃物的存放场地、污水排放口及纳污水体，有省市规定的危险废弃物处置场所。

(4)有丰富可靠(或靠近)的原料供应市场和产品销售市场(或靠近)，减少运输环节；有充足的水源和电源。

(5)有便利的外部交通运输条件。例如，外向型企业应考虑靠近港口。

(6)有利于生产协作和上下游加工一体化，有利于原料资源的合理利用，防止资源浪费。

(7)场(厂)址地形地貌要适合项目特点。对适合多层标准厂房生产的工业项目，应进入当地多层标准厂房，一般情况下不宜另选场(厂)址。

(8)有良好的社会经济环境、可依托的基础设施和方便的生活服务设施。

(9)有良好的工程地质、水文地质、气象、防洪防涝、防潮、防台风、防地质灾害、防震等条件。

(10)环境条件良好，有一定的环境容量和纳污能力。工程建设和生产运营不会对公众利益造成损害。

2. 选址的注意事项

(1)要贯彻执行国家的方针政策、遵守有关法律和规定。避开国防军事禁区、空港控制范围区、泄洪区或洪水淹没区、地下可能有文物存在的地区。

(2)要听取当地政府主管部门如规划、建设、安全消防、土地管理、环境保护、交通、地质、气象、水利、电力、文物管理等部门的意见。

(3)要充分考虑项目法人对场(厂)址的意见。

(4)在工程地质条件方面，尽可能避开存在不良地质现象且对场地稳定性有直接危害，或潜在威胁的区域，地基土性质严重不良的区域，地下有未开采的有价值矿藏或未稳定的地下采空区及泥石流多发区等。

(5)避开对工厂环境、劳动安全卫生有威胁的区域，如有严重放射性物质或大量有害气体的地域，传染病和地方病流行区域，有爆破作业的危险区等。

3.3 场(厂)址比选的内容

1. 场(厂)址选择的范围

场(厂)址选择是一项政策性、科学性强、涉及面广的综合性的技术经济工作。场(厂)址选择应进行多方案比较，要依据地区规划与产业布局，结合建设项目近期目标和长远利益综合分析，从中选择符合国家政策，投资省、建设快、运营费低，经济效益和环境效益好的场(厂)址。不同行业项目场(厂)址选择需要研究的具体内容、方法和遵循的规程、规范不同，其称谓也不同。例如，工业项目称厂址选择，水利水电项目称场址选择，铁路、公路、城市轨道交通项目称线路选择，输油气管道、输电和通信线路项目称路径选择等。

场(厂)址比较的主要内容包括建设条件比较、投资费用(建设费用)比较、运营费用比较、运输条件和运输费用比较(一般含在建设条件、运营费用比较中)、环境保护条件比较和安全条件比较等。但项目不同，所选的比较内容和侧重点也应有所不同。

2. 建设条件的比较

场(厂)址的建设条件包括地理位置、土地资源、地势条件、工程地质条件、土石方工程量条件、动力供应条件、资源及燃料供应条件、交通运输条件、生活设施及协作条件等。建设条件的比较，见表3-3。

表3-3　建设条件比较表

序号	比较内容	场(厂)址			备注
		方案1	方案2	方案3	
一	场(厂)址位置				
1	与土地利用总体规划的关系				
2	与城市总体规划的关系				
3	拆迁工程量				
二	土地资源				
1	用地总规模(公顷)				
1.1	其中：基本农田				
1.2	基本农田以外耕地				
1.3	其他土地				
2	发展条件				
三	厂区地势				
1	地势走向				
2	地势高差/m				
四	地质条件				
1	土壤种类				
2	地基承载力/kPa				
3	地下水深度/m				
4	区域稳定情况及地震烈度				
五	土石方(填、挖)工程量/(万 m³)				
1	挖方工程量/(万 m³)				
2	填方工程量/(万 m³)				
六	动力供应条件				
1	水源及供水条件				
1.1	自来水				

序号	比较内容	场（厂）址			备注
		方案1	方案2	方案3	
1.2	地表水				
1.3	地下水（含矿井水）				
2	排水条件				
2.1	地区污水处理厂				
2.2	纳污水体（自建蒸发塘）				
2.3	距排污口（自建蒸发塘）距离/km				
3	电力				
3.1	电源点规模				
3.2	电源点至场（厂）址距离				
4	供热				
4.1	地区热源厂及至场（厂）址距离				
4.2	燃料种类				
4.3	燃料供应点至场（厂）址距离				
5	消防站点至场（厂）址距离				
七	交通运输条件				
1	铁路				主要是有无铁路专用线的建设、接轨条件
1.1	接轨条件				
1.2	专用线长度/km				
2	公路				指是否可以衔接现有高速、国道、省道进入国家公路路网
2.1	连接条件				
2.2	连接路线长度/km				
3	水运				
4	航空				
5	管道				
八	施工条件				
九	生活条件				

3. 投资费用的比较

投资费用包括场地开拓工程、基础工程、运输工程、动力供应及其他工程等费用。投资费用的比较，见表3-4。

表 3-4 场(厂)址方案投资费用比较表   万元

序号	比较内容	建设投资			备注
		方案 1	方案 2	方案 3	
一	场地开拓工程				
1	建设用地费用				
1.1	土地补偿费				
1.2	居民搬迁安置补偿费				
1.3	地上附着物和青苗补偿费				
1.4	征地动迁费				
1.5	其他税费				
2	土地出让(转让)金				
3	租地费用以及临时用地补偿费				
4	场地平整费				
4.1	土石方挖方费				
4.2	土石方填方费				
5	场地防洪排涝				
5.1	防潮防浪工程				
5.2	防洪工程				
5.3	排涝工程				
二	基础工程				
1	基础处理费				
2	抗震措施费				
三	运输工程				
1	铁路专用线及工厂编组站				
2	公路				
3	码头				
4	管道				
5	其他运输方式				
四	给水排水工程				
1	取水及净化工程				含海水淡化或海水冷却
2	给水管(渠)等				
3	排水工程				含厂外蒸发塘、事故水池或污水缓冲池等
五	供电工程				
1	变电所				含电源边站改造
2	输电线路				

序号	比较内容	建设投资			备注
		方案 1	方案 2	方案 3	
六	供热工程				
1	地区(或工业园区)热电站扩建分摊费用				
2	供热管网				
3	自建供热设施				
七	其他				
1	消防设施				
2	环境保护投资				
3	其他保护性工程				
4	临时建筑设施费用				
	合计				

4. 运营费用的比较

运营费用比较主要包括不同场(厂)址带来的原材料、燃料运输费、产品运输费、动力费、排污费和其他运营费用方面的差别。如不同场(厂)址的原料、产品的运输方案带来的运输费用差别,不同场(厂)址所在地公用工程的供应方式和价格不同带来的运营费用的差别等,见表3-5。

表 3-5　场(厂)址方案运营费用比较表　　　　　　　万元

序号	比较内容	运营费用			备注
		方案 1	方案 2	方案 3	
一	运输及装卸				
1	原材料				
2	燃料				
3	辅助材料				
4	产品				
二	动力供应				
1	给水(含工业水和饮用水)				
2	排水(含合格污水、清净下水排放)				
3	供电				
4	供热				
5	其他(如工业气体等)				
三	环境总量控制指标交易(或拟选地区减污分摊费用)				
	合计				

5. 环境保护条件的比较

环境保护条件包括场（厂）址位置与城镇规划关系、与风向关系、与公众利益关系等。环境保护条件比较，见表3-6。

表3-6　环境保护条件比较表

序号	比较内容	场（厂）址			备注
		方案1	方案2	方案3	
一	城市规划				
1	与城（镇）总体规划的符合性				
2	与工业园区总体规划、产业定位的符合性				
3	与土地利用总体规划的符合性				
4	与环境保护规划的符合性				
二	场（厂）址地理位置与环境敏感区（注）				
1	场（厂）址是否属于特殊保护地区/与保护地区距离				
2	场（厂）址是否属于生态敏感与脆弱区/与生态敏感与脆弱区距离				
3	场（厂）址是否属于文物古迹保护区或保护单位/与文物古迹保护区距离				
4	场（厂）址是否属于社会关注区/与社会关注区距离				
5	场（厂）址是否为环境质量已达不到环境功能区划要求的地区				
三	土地				
1	场地是否已被污染				
2	场（厂）址周边地区是否被污染				
四	环境条件				
1	大气环境质量（功能区分类和质量标准分级）				
2	水环境质量				
2.1	地下水环境质量（质量分类类别）				
2.2	地表水环境质量（水域功能及标准分类）				
3	声环境质量（功能分类）				
4	固体废弃物处置场（容积/与居民区距离）				
5	危险废弃物贮存设施（容积/与居民区距离）				
6	危险废弃物填埋场（容积/与居民区距离）				
7	环境容量（特征污染物）				
8	环境总量控制指标来源				
五	气象				
1	风向与场（厂）址、居民区的关系				
2	不良气象影响				
六	公众利益				
1	公众意见调查				
2	公众影响				
3	公众支持度				

6. 场(厂)址的安全条件论证比较

生产、储存有危险化学品的项目，按照《危险化学品生产储存建设项目安全审查办法》的规定，建设场(厂)址应位于"直辖市及设区的市、地区、盟、自治州人民政府批准的规划区域内"，应当对拟建场(厂)址进行安全条件论证；安全条件论证在场(厂)址选择阶段，可以以比较表的形式进行初步论证，在可行性研究阶段应形成"安全条件论证报告"。比较内容，见表3-7。

表 3-7　危险化学品项目安全条件比较表

序号	比较内容	场(厂)址			备注
		方案 1	方案 2	方案 3	
一	场(厂)址地理位置(注)				
1	是否在直辖市及设区的市、地区、盟、自治州人民政府批准的规划区域内建设				
2	场(厂)址边界距城镇规划边界距离				是否符合国家规定或规范要求
3	与村庄、居民集中区等距离				
4	与食品、医药等企业距离				
5	与主要交通干线(铁路、公路、主航道)距离				
6	与高压线路/通信线路距离				
7	与相邻企业距离(同类企业/其他企业)				
二	对周边环境的影响				
1	对居民区、商业中心、公园等人口密集区域的影响				
2	对学校、医院、影剧院、体育场(馆)等公共设施的影响				
3	对供水水源、水厂及水源保护区的影响				
4	对车站、码头(按照国家规定，经批准，专门从事危险化学品装卸作业的除外)、机场以及公路、铁路、水路交通干线、地铁风亭及出入口的影响				
5	对基本农田保护区、畜牧区、渔业水域和种子、种畜、水产苗种生产基地的影响				
6	对河流、湖泊、风景名胜区和自然保护区的影响				
7	对军事禁区、军事管理区的影响				
8	对法律、行政法规规定予以保护的其他区域其影响				

序号	比较内容	场（厂）址			备注
		方案1	方案2	方案3	
三	周边环境对建设项目的影响				
1	居民区、商业中心、公园等人口密集区域对其影响				
2	学校、医院、影剧院、体育场（馆）等公共设施对其影响				
3	供水水源、水厂及水源保护区对其影响				
4	车站、码头（按照国家规定，经批准，专门从事危险化学品装卸作业的除外）、机场以及公路、铁路、水路交通干线、地铁风亭及出入口对其影响				
5	基本农田保护区、畜牧区、渔业水域和种子、种畜、水产苗种生产基地对其影响				
6	河流、湖泊、风景名胜区和自然保护区对其影响				
7	军事禁区、军事管理区对其影响				
8	法律、行政法规规定予以保护的其他区域对其影响				
四	建设条件对建设项目影响				
1	不良地质现象（如崩塌、岩堆移动、滑坡、泥石流、岩溶等）				
2	地震（设防烈度或者设计地震动参数、地震地质灾害影响）				
3	地质灾害（如山体崩塌、滑坡、泥石流、地面塌陷、地裂缝、地面沉降等）				
4	恶劣气象条件（风灾、沙尘暴、雪害、雷电、大雾、暴雨等）				
5	台风				
6	潮浪				
7	洪水				

3.4 地质灾害危险性评估

根据《地质灾害防治管理办法》《地质灾害防治条例》的要求，有可能导致地质灾害（主要包括崩塌、滑坡、泥石流、地面塌陷、地裂缝、地面沉降等）发生的工程项目建设和在地质灾害易发区内进行工程建设，在申请建设用地之前必须进行地质灾害危险性评估。编制和实施水利、铁路、交通、能源等重大建设工程项目时，应当充分考虑地质灾害防治要求，避免和减轻地质灾害造成的损失。在地质灾害易发区内进行工程建设，应当在项目决策分析与评价阶段进行地质灾害危险性评估，并将评估结果作为可行性研究报告的组成部分。

国家对从事地质灾害危险性评估的单位实行资质管理制度。

对经评估认为可能引发地质灾害或者可能遭受地质灾害危害的建设工程，报告编制和评估单位有责任提出应当配套建设地质灾害治理工程。地质灾害治理工程的设计、施工和验收应当与主体工程的设计、施工、验收同时进行。地质灾害危险性评估包括的内容有：工程建设可能诱发、加剧地质灾害的可能性，工程建设本身可能遭受地质灾害危害的危险性，拟采取的防治措施等。

任务 4　认知原材料与燃料供应

4.1　原材料供应分析

原料，是指耗费了人类劳动而开采出来的劳动对象，如采掘工业和农业的产品是加工工业的原料。材料是指经过工业进一步加工过的原料。原料和材料一般统称为原材料。原材料按其在生产过程中所起的作用，可分为主要原材料和辅助材料。凡是在生产过程中构成产品主要实体的原材料称为主要原材料；凡是参加生产过程，但不构成产品主要实体的，则称为辅助材料。燃料也是一种辅助材料，但由于它的消耗量大、影响大，在实际工作中将其单独列出。

在项目评估中，对拟建项目所需要的原材料情况必须进行详细的调查分析，否则项目一旦建成而没有足够数量且符合质量要求的原材料，生产就不能顺利进行，投资的效益就不能正常实现。对原材料的供应分析，应着重注意以下几个方面。

（1）原材料的品种、质量、性能分析。原材料是项目建成后生产运营所需的主要投入物。应根据产品方案和工艺技术方案，研究确定所需原材料的品种、质量、性能(含物理性能和化学成分)。

（2）原材料需求量。根据项目产品方案提出的产品的品种、规格，以及建设规模和物料消耗定额，分析计算各种物料的年消耗量。根据生产周期、生产批量、采购运输条件等，计算各种物料的经常储备量、保险储备量、季节储备量和物料总储备量，作为生产物流方案(含运输、仓库等)研究的依据。

（3）原材料供应多种方案比较。外购原料的项目应对原料供应和价格进行预测，分析供应商的概况、供应周期、供应方案、数量的稳定性与可靠性等情况。内供原材料的项目，应计算说明有关生产单位之间的物料平衡，并提出优选方案。矿产开采项目和以矿产资源为原料的项目，其资源储量、品位及开采厚度、利用条件等，须经国土资源部评审备案。

（4）对于稀缺的原料还应分析其来源的风险和安全性，包括原料质量和数量的变化，市场价格的变化，以及运输安全便捷性与经济合理性分析。

（5）涉及原料进口的项目，若存在进口配额、贸易权限等法律规定，应当说明与分析。

4.2　燃料供应分析

项目所需的燃料包括生产工艺、公用和辅助设施、其他设施所用燃料。燃料供应方面应分析以下内容。

(1)根据项目所在地区的燃料构成和项目对燃料类别的特殊需求，进行经济、技术比较，确定燃料类别和质量指标，计算所需燃料数量。

(2)根据燃料类别、质量、数量、供应的稳定性和可靠性，研究燃料来源、价格、运输条件(含距离、接卸方式、运输设备和运输价格等)，进行方案比选。对大宗燃料，应与拟选供应商、运输公司签订供应意向书和承运意向书。需要特殊运输方式和特殊保护措施的辅助材料供应方案，须重点说明。

(3)研究所选辅助材料和燃料被替代的可能性与经济性。对于工艺有特殊要求的辅助材料及燃料应分析其品种、质量、性能能否满足工艺和生产要求。

4.3　主要原材料、燃料和动力供应方案比选

1. 供应方案比选的原则

国家发改委规定，在可行性研究中，必须对原材料、燃料供应条件进行专门的分析研究，其中必须遵循的以下几项基本原则。

(1)在质量、品种、规格方面要能满足拟建项目的工艺技术要求。具体来说，一是对形状、块度、密度、浓度、溶点、硬度、弹性、导电性和抗磁性等物理性能上的要求；二是对其成分组成、有益有害组分含量、反应活性等化学性能方面的要求。如对入炉矿石在块度、机械强度和成分组成方面的要求。

(2)供应的数量必须能满足拟建项目生产能力的需要，且需同时考虑分期分批的数量与运输方式等。

(3)在供应地点上，坚持就近供应的原则与先国内后国外的原则，就近供应是为了缩短运输距离、减少运输损失、节省运输费用，同时，就近供应还可更有利于加强供需双方联系，确保供应及时可靠等；先国内后国外，则有利于避开国际市场风险、节省外汇、降低货价及运费等。

(4)在满足产品质量和功能要求的前提下，尽可能选用价廉物美的代用品，这样，既有利于降低成本，又拓宽了原材料来源，提高了原材料供应的可靠性。

2. 供应方案比选的内容

主要原材料燃料供应方案应进行多方案比选。比选的主要内容有以下几个方面。

(1)满足生产要求的程度，即原材料、燃料在品种、质量、性能、数量上能否满足项目建设规模、生产工艺的要求。

(2)采购来源的可靠程度，包括原材料、燃料供应的稳定程度(包括数量、质量)和大宗原材料、燃料运输的保证程度。

(3)价格和运输费用是否经济合理。

价格比选一般采用定性比较，必要时可采用定量分析，如单位产品边际利润法、盈亏平衡法和原材料最低成本法。运输费用，主要比选运输方式和单位运量的费用(如吨·公里运费)。经过比选，择优提出推荐方案，并分别编制主要原材料年需要量表(表3-8)和燃料

年需要量表(表 3-9)。包括原材料和燃料的名称、技术条件、计量单位、年需要量、预测价格和供应来源。

表 3-8 主要原材料年需要量表

序号	原材料名称	技术条件	计量单位	年需要量	预测价格	供应来源

表 3-9 主要燃料年需要量表

序号	燃料名称	技术条件	计量单位	年需要量	预测价格	供应来源

任务5 明确总图运输方案研究与比选

5.1 总图运输方案研究

1. 总图运输方案研究的依据

总图运输方案研究主要是依据确定的项目建设规模,结合场地、物流、环境、安全、美学等条件和要求对工程总体空间和设施进行合理布置。项目性质不同,总图运输方案考虑的侧重点也不同,要根据项目特点,考虑其特定因素。

2. 总体布置与厂区总平面布置

(1)总体布置要求。对大型钢铁联合项目、炼化一体化项目、黑色和有色金属共伴生矿产资源综合利用项目、煤电/化/建材一体化项目、大型煤基烯烃项目、大型装备制造基地项目、造纸/化工一体化项目等应进行总体布置研究。

总体布置是对厂区(功能区)、居住区、相邻企业、水源、电源、热源、渣场、运输、平面竖向、防洪排水、外部管线及机械化运输走廊、发展预留用地、施工用地等进行全面规划。总体布置应符合城镇总体规划、工业园区布局规划,结合工业企业所在区域的自然条件等进行。要满足生产、运输、防震、防洪、防火、安全、卫生、环境保护和职工生活设施的需要，经多方案技术经济比较后择优确定。分期建设时，要正确处理近期和远期的关系。近期集中布置，远期预留发展，分期征地，严禁先征待用。不同类型的装置应按生产性质、相互关系、协作条件等因素分区集中布置。对产生有害气体、烟、雾、粉尘等有害物质的工厂，必须采取治理措施，其有害物质排放的浓度必须符合现行国家标准《工业企业设计卫生标准》(GBZ 1—2010)的规定。在山区或丘陵地区，石油化工企业的生产区应避免布置在窝风地带。石油化工企业与相邻工厂或设施的防火间距应符合现行国家标准《石油化工企业设计防火规范》(GB 50160—2008)的规定。

(2)厂区总平面布置要求。厂区总平面布置是在总体布置的基础上，根据工厂的性质、规模、生产流程、交通运输、环境保护、防火、防爆、安全、卫生、施工、检修、生产、经营管理、厂容厂貌及发展等要求，结合当地自然条件、场外设施分布、远期发展等因素，紧凑、合理地布置，经方案比较后择优确定。一般来说，工厂总平面布置应符合下列条件。

1)在符合生产流程、操作要求和使用功能的前提下，建筑物、构筑物等设施应联合多层布置；对于石油化工装置，符合联合布置条件(其开工或停工检修等均同步进行)的装置应采取联合布置的形式集中紧凑布置。

2)厂区总平面应根据工厂的生产流程及各组成部分的生产特点和火灾危险性，结合地形、风向等条件，按功能分区集中布置。可以把生产性质功能相近、火灾危险等级相近、环境要求相近及联系紧密的装置(车间)集中在一个分区，如石化企业的工艺装置区、储运区、公用工程设施区、辅助生产区、管理区，钢铁企业的原燃料准备、烧结(球团)、焦化、活性石灰、炼铁、炼钢、轧钢、动力、仓库、运输、管理等，能合并的应尽量合并。

3)分期建设的工业企业，近远期工程应统一规划。近期工程应集中、紧凑、合理布置，并应与远期工程合理衔接。远期工程用地宜预留在厂区外，只有当近、远期工程建设施工期间隔很短，或远期工程和近期工程在生产工艺、运输要求等方面密切联系不宜分开时，方可预留在厂区内。其预留发展用地内，不得修建永久性建筑物、构筑物等设施。避免过多过早占用土地，避免多征少用，早征迟用。

4)充分利用地形、地势、工程地质及水文地质条件，合理地布置建筑物、构筑物和有关设施，减少土(石)方工程量和基础工程费用。应结合当地气象条件，使建筑物具有良好的朝向、采光和自然通风条件。有洁净要求的生产装置和辅助设施，如空气分离装置应布置在空气清洁地段，并宜位于散发乙炔及其他可燃气体、粉尘等场所的全年主导风向的上风侧。可能散发可燃气体的工艺装置、罐组、装卸区或全厂性污水处理场等设施宜布置在人员集中场所及明火或散发火花地点的全年主导风向的下风侧。

5)总平面布置要与厂外铁路、道路衔接点、码头的位置相适应；与水源给水管道、排水管道去向、其他运输设施(如胶带输送机等)方位、电源线路等相适应，减少转角，做到运距短、线路直，满足人行便捷、货流畅通、内外联系方便要求。

6)合理确定厂区通道宽度。通道宽度应满足道路、人行道、铁路、地下管线和地上管廊占地、排水沟，以及消防、绿化、采光、通风等要求。通道宽度应依据企业规模、通道性质确定，并符合现行国家和行业规范要求[如现行《工业企业总平面设计规范》(GB 50187—2012)、《建筑设计防火规范》(GB 50016—2014)、《石油化工企业设计防火规范》(GB 50160—2008)、《石油库设计规范》(GB 50074—2014)、《化工企业总图运输设计规定》(GB 50489—2009)、《石油天然气工程总图设计规范》(SY/T 0048—2009)、《液化天然气码头设计规范》(JTS 165-5—2009)、《有色金属企业总图运输设计规范》(GB 50544—2009)、《钢铁企业总图运输设计规范》(GB 50603—2010)、《海港总体设计规范》(JTS 165—2013)、《火力发电厂总图运输设计技术规程》(DL/T 5032—2005)等]。

7)公路和地区架空电力线路、油/气输送管道、区域排洪沟通过厂区时，应严格执行现行国家和行业规范[如现行国家标准《石油化工企业设计防火规范》(GB 50160—2008)等]。

8)改扩建项目要充分利用现有空地、现有建(构)筑物、现有仓储运输设施，调整理顺现有总图布置，使之符合新老产品流程要求。

3. 竖向布置

厂区竖向布置主要是根据工厂的生产工艺要求、运输要求、场地排水以及厂区地形、工程地质、水文地质等条件，确定建设场地上的高程(标高)关系，合理组织场地排水。竖向布置有以下要求。

(1)竖向布置应与总体布置和总平面布置相协调，并充分利用和合理改造厂区自然地形，为全厂各区提供合理高程的用地。

(2)满足生产工艺、场内外运输装卸、管道敷设对坡向、坡度、高程的要求。

(3)充分利用地形，选择相适应的竖向布置形式，合理确定建筑物、构筑物和铁路、道路的标高，避免深挖高填，力求减少土石方工程量，保证物流，人流的良好运输与通行。

(4)保证场地排水通畅，不受潮水、内涝、洪水的威胁。

4. 运输

企业物流系统由原料供应物流、生产物流和销售物流组成。运输是物流活动的核心。运输活动包括供应和销售过程中用车、船、空运及管道、传送带方式对物资的输送。可行性研究阶段要确定原料供应物流和销售物流的运输方案(即厂外运输方案)，同时，确定生产物流的运输方案(即厂内运输方案)。

(1)厂外运输方案。根据厂外运进、厂内运出的实物量、物态特性、包装方式、产地、运距、可能运输方式，通过经济技术比较，确定并推荐运输方式，编制厂外运输量统计表，见表3-10。对大宗货物的铁路、水路运输，要分析铁路、航道的运输能力，并附承运部门同意运输的"承运意见函"。

表 3-10 厂外运输量统计表

序号	货物名称	货运量(t/a)	起点	终点	运距/km	运输方式	备注
一	厂外运人						
1							
2							
	合计						
二	厂内运出						
1							
2							
	合计						
	总计						

厂外运输方案的技术经济比较随项目而异。仅有一种运输方式时，可不做比较。可能

有公路运输、铁路运输、水运、管道运输、皮带运输等多种方式时，要通过技术经济比较确定较优的运输方式。技术经济比较选择的比较因素一般包括：运输距离、包装方式、线路能力、运费、运输工具来源、运力、运输可靠程度、安全程度、承运公司资质等。运力研究非常重要，如某西部项目在可行性研究、工程设计阶段，数十万吨产品均按照80％铁路运输、20％公路运输至目标市场(华北或华东地区)。但实际运营中，由于铁路运输紧张，不得不全部改为公路运输，使运输成本大大增加。

(2)厂内运输方案。根据项目生产的特点和生产规模，货物运输的要求，运输距离的长短等，经技术经济比选来确定厂内运输方式。

1)标准轨距铁路运输主要用于原材料和成品大批量运输的企业，只有当年运输量达到一定规模或有特殊要求时，车间之间采用铁路运输才比较合理。

2)无轨运输具有方便灵活的特点，是广泛采用的运输方式。无轨运输种类较多，一般的厂内运输都以汽车运输为主。

3)短运距的厂内运输采用电瓶车和内燃搬运车、叉车运输最为适宜。

4)带式输送机适用于经常的、大量的松散物料运输。如将煤从受料装置输送到煤仓，从煤仓输送到锅炉房等。

5. 厂区道路

(1)道路布置的要求。

1)道路布置应符合有关规范，满足生产(包括安装、检修)、运输和消防的要求，使厂内外货物运输顺畅、人行方便，合理分散物流和人流，尽量避免或减少与铁路的交叉，使主要人流、物流路线短捷，运输安全，工程量小。

2)要求与厂外道路衔接顺畅，便于直接进入国家公路网。

3)应与厂区的总平面布置、竖向布置、铁路、管线、绿化等布置相协调。

4)应尽可能与主要建筑物平行布置。一般采用正交和环形式布置，对于运输量少的地区或边缘地带可采用尽头式道路。当采用尽头式布置时，应在道路尽头处设置回车场。

5)道路等级及其主要技术指标的选用，应根据生产规模、企业类型、道路类别、使用要求、交通量等综合考虑确定。

6)当人流集中，采用混合交通会影响行人安全时，应设置人行道。人行道一般应结合人流路线和厂区道路统一考虑进行布置，尽量使人行方便。

(2)道路方案设计的内容。可行性研究阶段的厂区道路方案设计的内容包括道路形式、路面宽度、纵坡及道路净空的确定，以及路面结构的选择。其深度需满足总平面布置、土石方量计算和投资估算的要求。

6. 绿化

厂区绿化布置是总平面布置的内容之一，也是环境保护的重要措施之一。工业项目绿化应按照国土资源部现行《工业项目建设用地控制指标》(国土资发〔2008〕24号)的规定，严格控制厂区绿化率，用地范围内不得建造"花园式工厂"，同时，工厂的绿地率应符合有关标准和规范。厂区绿化系数计算公式为：

$$厂区绿化系数=厂区绿化用地计算面积÷厂区占地面积×100\% \tag{3-1}$$

7. 总图技术经济指标

厂区总平面布置的技术经济指标应执行国土资源部现行《工业项目建设用地控制指标》

的规定。工业项目建设用地控制指标包括：投资强度、容积率、建筑系数和行政办公及生活服务设施用地所占比重。严禁在工业项目用地范围内建造成套住宅、专家楼、宾馆、招待所和培训中心等非生产性配套设施，工业企业内部一般不得安排绿地。但因生产工艺等特殊要求需要安排一定比例绿地的，绿地率不得超过 20％。这些技术经济指标是贯彻国家供地政策，集约用地、节约用地及对土地资源合理利用的需要，是土地预审报告、项目申请报告中的主要内容之一。

总图技术经济指标可用于多方案比较或与国内外同类先进工厂的指标对比，以及进行企业改、扩建时与现有企业指标对比，可以用于衡量设计方案的经济性、合理性和技术水平。项目用地指标应符合国家、行业和各省、市、自治区颁布的建设用地指标。

(1)工业项目建设用地控制指标计算。按照《工业项目建设用地控制指标》的规定，用地控制指标的含义和计算公式如下。

1)投资强度计算。投资强度是指项目用地范围内单位面积的固定资产投资额。

$$投资强度＝项目固定资产总投资÷项目总用地面积 \tag{3-2}$$

其中，项目固定资产总投资包括厂房、设备和地价款、相关税费，按万元计。项目总用地面积按公顷(万 m^2)计。

2)建筑系数及场地利用系数的计算。

①建筑系数计算。建筑系数是指项目用地范围内各种建筑物、构筑物、堆场占地面积总和占总用地面积的比例。即：

$$建筑系数＝(建筑物占地面积＋构筑物占地面积＋堆场用地面积)÷项目总用地面积×100％ \tag{3-3}$$

②场地利用系数计算。即：

$$\begin{aligned}场地利用系数＝建筑系数＋(道路、广场及人行道占地面积＋铁路占地面积＋\\管线及管廊占地面积)÷项目总用地面积×100％\end{aligned} \tag{3-4}$$

场地利用系数虽然不在国土资源部现行《工业项目建设用地控制指标》之内，但它和建筑系数同样都是衡量项目总平面布置水平的重要指标，因此，在此一并说明。

由于各行业生产性质和条件的不同，建筑系数和场地利用系数的大小必然有所差异，就一般工业项目而言，其建筑系数应不低于 30％。

3)容积率计算。容积率是指项目用地范围内总建筑面积与项目总用地面积的比值。即：

$$容积率＝总建筑面积÷总用地面积 \tag{3-5}$$

当建筑物层高超过 8 m，在计算容积率时该层建筑面积加倍计算。

4)行政办公及生活服务设施用地所占比重。行政办公及生活服务设施用地所占比重是指项目用地范围内行政办公、生活服务设施占用土地面积(或分摊土地面积)占总用地面积的比例。其计算公式为：

$$\begin{aligned}行政办公及生活服务设施用地所占比重＝行政办公、生活服务设施占用土地面积÷\\项目总用地面积×100％\end{aligned} \tag{3-6}$$

当无法单独计算行政办公和生活服务设施占用土地面积时，可以采用行政办公和生活服务设施建筑面积占总建筑面积的比重计算得出的分摊土地面积代替。

工业项目所需行政办公及生活服务设施用地面积不得超过工业项目总用地面积的 7％。

(2)国家和行业颁布的建设用地控制指标。国家和行业颁布的建设用地控制指标可查以下规定：《机械工业工程项目建设用地指标》《原油及天然气工程建设用地指标》《建材工业工程项目建设用地指标》《林产工业工程项目建设用地指标》《工矿企业生活区建设用地指标》《核工业工程项目建设用地指标》《兵器工业工程项目建设用地指标》《电子工程项目建设用地指标》《地面防空雷达站建设用地指标》《通信工程项目建设用地指标》《化学工业工程项目建设用地指标》《公路建设项目用地指标》《新建铁路工程项目建设用地指标》《民用航空运输机场工程项目建设用地指标》《电力工程项目建设用地指标(火电厂、核电厂、变电站和换流站)》《煤炭工业工程项目建设用地指标》《广播电视工程项目建设用地指标》《有色金属工业工程项目建设用地指标》《轻工业工程项目建设用地指标》《林业局工程项目建设用地指标》《林区电力、木材运输、护林防火机场工程项目建设用地指标》《区、乡(镇)林业工作站工程项目建设用地指标》等。

5.2 总图运输方案比选

1. 技术指标比选

总图布置方案技术指标比较,见表 3-11。

表 3-11 总图布置方案技术指标比较表

序号	技术指标	单位	方案一	方案二	方案三
1	厂区占地面积	万 m²			
2	建筑物、构筑物占地面积	万 m²			
3	道路和广场占地面积	万 m²			
4	露天堆场占地面积	万 m²			
5	铁路占地面积	万 m²			
6	绿化面积	万 m²			
7	投资强度	万元/万 m²			
8	建筑系数	%			
9	容积率				
10	行政办公及生活服务设施用地所占比重	%			
11	绿化系数	%			
12	场地利用系数	%			
13	土石方挖填工程量	m³			
14	地上、地下管线工程量	m			
15	防洪措施工程量	m³			
16	不良地质处理工程量	m³			

2. 总图布置费用的比选

总图布置费用的比较,见表 3-12。

表 3-12　总图布置费用比较表　　　　　　　　　万元

序号	指标	方案一	方案二	方案三
1	土石方费用			
2	地基处理费用			
3	地下管线费用			
4	防洪抗震设施费用			

3. 其他比选内容

(1)功能比选。主要比选生产流程的短捷、流畅、连续程度，项目内部运输的便捷程度以及安全生产满足程度等。

(2)拆迁方案比选。对拟建项目占用土地内的原有建筑物、构筑物的数量、面积、类型、可利用的面积、需拆迁部分的面积、拆迁后原有人员及设施的去向、项目需支付的补偿费用等进行不同拆迁方案的比选。

(3)运输方案的比选。运输方案主要是在满足生产功能条件的前提下，进行技术经济比选。

【例 3-2】　某城市供电紧张，市政府招商准备建设一座 5 万千瓦燃油发电厂，作为城市补充电源。当时提供选址的用地经过比较只有靠近市区边缘的一处准备搬迁的工厂，但是该工厂周边是职工宿舍区，如果发电厂建设上马，势必会给临近的居住小区造成严重污染。为此，市政府召开多次会议，各方各执己见，最后决定暂缓发电厂建设。经过两年以后，省电网为该市提供了足够的电量，彻底解决该市长期电力不足的困难。

【解】

(1)对于该项目选址，市政府考虑到城市长期发展的需要，判断有严重污染的项目，即使近期有实施的必要，也还需要重点考虑项目的环境保护措施。如果措施不当，或措施不配套，污染项目将会给城市带来长期、严重的危害。

(2)在项目选址上，首先，应严格按照城市总体规划统一安排；其次，应处理好近期利益与城市可持续发展的关系。只有多方面比较，经过合法程序，采用科学方法，项目选址才会合理可靠。上述例子中，由于市政府采纳了专家的意见，采用了暂缓建设的计划，从而避免了拆迁和今后的重复建设。

➤ 项目小结

本项目主要介绍了产品方案和建设规模、生产工艺技术方案评估、场(厂)址选择、原材料与燃料供应、总图运输方案研究与比选等内容。产品方案即拟建项目的主导产品、辅助产品或副产品及其生产能力的组合方案。建设规模也称生产规模，是指项目在正常生产年份可能达到的生产能力或使用效益。生产工艺技术方案研究就是通过调查研究、专家论证、方案比较、初步技术交流和询价，确定拟建项目所使用的生产技术、工艺流程、生产配方及生产方法、生产过程控制程序、操作规程及程序数据等，以确保生产过程合理、通畅、有序地进行。场(厂)址选择是一项政策性、科学性强，涉及面广的综合性的技术经济工作。总图运输方案研究主要是依据确定的项目建设规模，结合场地、物流、环境、安全、美学等条件和要求对工程总体空间和设施进行合理布置。项目性质不同，总图运输方案考虑的侧重点也不同，要根据项目特点，考虑其特定因素。

思考与练习

一、填空题

1. 拟建项目的主导产品、辅助产品或副产品及其生产能力的组合方案，称为_____。

2. 项目在正常生产年份可能达到的生产能力或使用效益，称为_____。

3. 影响技术转让的因素主要有：_____、_____、政府干预、合作年限和范围，法律、合同等。

4. 原材料按其在生产过程中所起的作用，可分为_____和辅助材料。

5. 项目所需的燃料包括_____、_____和辅助设施、其他设施所用燃料。

6. 总图运输方案研究主要是依据确定的项目_____，结合场地、物流、环境、安全、美学等条件和要求对_____和设施进行合理布置。

7. 运输方案主要是在满足生产功能条件的前提下，进行_____。

二、单项选择题

1. 下列不属于建设规模确定时应考虑的因素是(   )。

   A. 市场调查

   B. 自然资源、原材料、能源供应及其他外部建设条件

   C. 生产技术和设备的先进性及其来源

   D. 资金的可供应量

2. 下列不属于资源利用的合理性应考虑的方面是(   )。

   A. 资源利用的可靠性   B. 资源利用的有效性

   C. 资源利用的经济性   D. 资源利用的及时性

3. 关于产品质量和性能好、工艺水平高、装备自动控制程度和可靠性高，主要体现了技术的(   )。

   A. 先进性   B. 适用性

   C. 可靠性   D. 经济合理性

4. 下列不属于影响项目选址的主要区域因素的是(   )。

   A. 自然因素   B. 交通运输因素

   C. 市场因素   D. 建设规模因素

三、简答题

1. 产品组合有哪些类型？

2. 产品方案评估应考虑哪些因素？

3. 技术来源方案包括哪些内容？

4. 项目选址应注意哪些事项？

5. 对原材料的供应分析，应着重哪些方面？

6. 原材料、燃料和动力供应方案比选有哪些原则？

项目4　分析与评价建设项目资源

知识目标

掌握土地资源调查与评估的内容；了解矿产资源的分类、种类，熟悉矿产资源开发利用评估，掌握矿产资源优化配置的重要性；了解能源资源优化配置的分类、原则，掌握能源的节能评估的内容；熟悉能源资源优化配置的分类与原则，掌握节能评估；熟悉水资源合理配置和高效利用，掌握水资源论证与节约用水。

能力目标

能够理解土地资源调查及土地资源论证内容；能够对矿产资源开发项目的资源条件进行评价；能够对矿产资源的开发进行合理性分析；能够对能源资源进行优化配置与合理性分析；能够对水资源进行优化配置与合理性分析。

任务1　土地资源优化配置与合理性分析

1.1　土地资源调查

项目土地资源调查的内容包括：拟选场(厂)址地区的分类和市县等级，城市总体规划中的土地功能划分，土地利用总体规划中农用地、建设用地和未利用地规划，调查并踏勘建设用地和未利用地的位置分布、规模数量、周边环境、土地的所有制及其权属等，便于分析判断项目立项中土地资源利用的可得性、合理性。

1.2　土地资源评估

1. 项目土地资源论证的目的

项目土地资源论证主要包括论证项目用地是否符合城市总体规划，土地功能是否符合土地利用总体规划中的土地功能划分，项目用地是否符合国家规定的供地政策等。

2. 土地论证报告

(1)总论。

1)编制土地资源论证报告的目的。

2)编制依据。

3)项目选址情况。

4)项目建议书提出的场(厂)址位置及主管部门审查意见等。

(2)建设项目概况。

1）建设项目名称、项目行业代码。

2）建设地点地区分类和市县等别。

3）占地面积和土地利用情况，包括用地规模、土地权属、土地利用状况。

4）建设规模及分期实施意见，职工人数与生活区建设。

5）主要产品及生产工艺。

6）建设项目固体废弃物排放总量、储存场设置情况。

（3）建设项目占用土地资源论证。

1）所选场地是否属于土地利用总体规划中的建设用地和未利用地。

2）预选的建设用地和未利用场地，其位置分布、规模数量、周边环境、土地的所有制及其权属、土地资源的配置和土地使用权取得的方式等能否满足建设项目需求。

3）分析不同场（厂）址位置对周边土地资源及其他土地用户的影响。

4）论证场（厂）址位置设置是否合理。

（4）建设项目用地合理性分析。

1）建设项目功能分类及土地功能规划分析。

2）土地利用的适宜性分析。以特定土地利用为目的，针对特定利用是否适宜及适宜程度进行评价。

3）土地利用的合法性分析。分析项目用地是否符合土地权属流转和土地资源配置等相关法律、法规要求。

4）土地权益补偿方案。主要研究制定保障失地农民的合法权益以及长远生计的保障措施。《国务院关于深化改革严格土地管理的决定》规定："要采取切实措施，使被征地农民生活水平不因征地而降低"。"要保证依法足额和及时支付土地补偿费、安置补助费以及地上附着物和青苗补偿费"。

5）土地利用的社会影响分析。调查当地民众、特别是移民对征地拆迁及安置的意见，分析土地利用后对失地农民生活和社会稳定性的影响。《国务院关于深化改革严格土地管理的决定》规定："要制定具体办法，使被征地农民的长远生计有保障。对有稳定收益的项目，农民可以经依法批准的建设用地土地使用权入股。在城市规划区内，当地人民政府应当将因征地而导致无地的农民，纳入城镇就业体系，并建立社会保障制度；在城市规划区外，征收农民集体所有土地时，当地人民政府要在本行政区域内为被征地农民留有必要的耕作土地或安排相应的工作岗位；对不具备基本生产生活条件的无地农民，应当异地移民安置。"

6）耕地占补平衡分析。《国务院关于深化改革严格土地管理的决定》规定："各类非农业建设经批准占用耕地的，建设单位必须补充数量、质量相当的耕地，补充耕地的数量、质量实行按等级折算，防止占多补少、占优补劣。不能自行补充的，必须按照各省、自治区、直辖市的规定缴纳耕地开垦费。耕地开垦费要列入专户管理，不得减免和挪作他用。"《全国主体功能区规划》要求严格控制各类建设占用耕地。各类开发建设活动都要严格贯彻尽量不占或少占耕地的原则，确需占用耕地的，要在依法报批用地前，补充数量相等、质量相同的耕地。耕地占补平衡考核应按照《耕地占补平衡考核办法》的要求进行。

（5）节约用地措施。根据项目特点，提出生产装置集中布置、联合布置的方式，公用工程设施集中建设，水、电、汽、气集中供应等方式，以减少公用工程和辅助设施占地，实现节约用地。

（6）土地资源论证结论。包括项目建设用地的合理性结论，国土资源行政主管部门对项目用地的预审意见等。

案例分析

××县 2014 年度第一批次建设用地土地利用论证报告

一、概述

（一）项目概况

1. 项目名称、主管单位

项目名称：××县 2014 年度第一批次建设用地

呈报单位：××县国土资源局

主管单位：××县人民政府

2. 开发利用地点、规模及规划用途

地点：××区××村、××村、××村。

规模：总用地面积 667 873 m²。农用地 657 203 m²、建设用地 2 604 m²、未利用地 8 066 m²，其中国有建设用地 837 m²，国有农用地 36 112 m²。

规划用途：工业园区基础设施建设及部分利用本县资源的厂矿建设面积 328 691 m²，占申请用地总面积的 49.21%；城区内原有加油站搬迁用地面积 8 594 m²，占申请用地总面积的 1.3%；车辆检测站用地面积 0.389 9 m²，占申请用地总面积的 0.6%；县城第二实验小学用地面积 17 203 m²，占申请用地总面积的 2.6%；汽车二级站、烟叶储备仓库道路建设等项目用地 309 486 m²，占申请用地总面积的 46.29%。

3. 投资估算及资金筹措

（1）本批次用地估算总投资 11 248.4 万元，其中征地补偿费 2 443.1 万元，报批的各项费用 4 485.636 4 万元，三通一平费用 3 205 万元，其他费用 1 200 万元。

（2）资金筹措方式：县财政垫付资金 2 000 万元，农业发展银行短期借款 7 000 万元，其他途径筹集资金 791.5 万元。本批次用地共筹集资金 9 791.5 万元。

4. 收益

预计土地收购储备投资净收益 2 800 万元，预计土地收购储备投资收益率为 28%。

（二）论证范围及依据

1. 论证范围

为积极实施国家西部开发和湘西开发战略，推进××县城镇发展进程，为工业园扩容提质提供有力保证，对××县 2010 年第一批次用地建设发展前景、用地可行性、必要性、经济效益的可靠性、用地需求及土地综合开发利用方面进行论证。

2. 论证依据

《中华人民共和国土地管理法》《××县土地用地利用总体规划》及国家相关标准、规范、规程和省、州、县等相关政策。

二、土地开发背景

××县城所在地××镇，人口不到 7 万人，属于小城镇，城镇功能极不完善，对周边小城镇辐射、影响力小。为加快县域经济发展、促进县城扩容提质，把县城所在地××镇尽快建设成为一个拥有 9 万~12 万人口、基础设施较为完善的较大城镇。

三、供地论证

(一)规划选址

本批次选址地点位于××县××镇及××镇××村一小部分,符合《××县城市建设总体规划》,土地四至清楚、权属无争议;符合有关城乡规划的法律法规、规范和标准;符合经批准的《××县土地利用总体规划》和相关专业专项规定;能满足环保、通信、能源、安全和综合防汛要求。

(二)供地规模确定

供地总规模:总用地面积 667 873 m²。

(三)供地方案

(1)三通一平工作完成后,选择具有土地估价资质的专业评估机构,对拟公开出让的宗地进行估价并出具评估报告。以评估报告为基础,结合基准地价,参考房地产市场价格,制定出挂牌低价。

(2)出让方式:采取公开挂牌竞价方式出让,竞价高者得到土地使用权。

(3)签订土地成交确认书,交齐土地出让金及相关税费后,签订土地出让合同,办理国有土地使用权证。

四、土地开发可行性分析

(一)土地初级开发投资估算

土地初级开发投资估算为 11 248.4 万元。

(1)征地补偿费用 2 443.1 万元。

(2)土地报批费用合计 4 485.636 4 万元。

1)耕地开垦费 772.765 2 万元。

2)耕地占用税 1 341.861 8 万元。

3)新增建设用地土地有偿使用费 931.292 6 万元。

4)防洪保安资金 80.144 8 万元。

5)失地农民社会保障基金 1 261.848 万元。

6)用地管理费 97.724 万元。

(3)三通一平费用 3 205 万元。

1)基础设施费用 2 564 万元。

2)场地平整费用 641 万元。

(二)土地开发收益

(1)土地出让收入。

1)工业园基础设施的工业用地,项目用地 328 691 m²,预计土地出让价格约 180 元/平方米,土地出让收入 5 916.4 万元。

2)商服用地供地约 58 667 m²,预计土地出让价格约 600 元/平方米,土地出让收入 3 520 万元。

3)办公、城镇道路、经济适用房、汽车站、烟草储备库等用地 5 208 元/平方米,土地出让收入 3 525.95 万元。

4)加油站搬迁用地及车辆检测站用地约 12 493 m²,预计土地出让价格约 450 元/平方米,土地出让收入 562.2 万元。

5)第二实验小学及其他用地约 36 425 m²,预计土地出让价格约 150 元/平方米,土地出让收入 546.38 万元。

合计土地出让收入 14 070.93 万元。

(2)土地出让相关费用 348 万元。

1)土地估价费用 200 万元。

2)土地权属调查及工本费 40 万元。

3)土地出让交易服务费 108 万元。

(3)土地报批成本 4 485.636 4 万元。

(4)商业银行贷款利息 420 万元。

五、土地开发和环境保护

(一)环境保护采用标准

(1)污水排放：执行《皂素工业水污染物排放标准》(GB 20425—2006)和《煤炭工业污染物排放标准》(GB 20426—2006)等相关国家标准。

(2)噪声：执行国家标准《建筑施工场界环境噪声排放标准》(GB 12523—2011)。

(二)治理措施

生活污水采用埋地式无动力处理装置进行处理，达到污水排放标准后排入××县城镇污水收集主干管，经污水干管汇集至××县污水处理厂进行处理。

施工阶段噪声主要来自桩基础处理，严格按照国家规范施工，禁止在夜间施工扰民。

(三)土地开发运作模式

1. 基础设施

基础设施中的道路系统、给水排水系统、强弱电管线工程由××县人民政府投资建设。

2. 场地平整

场地平整项目由××县土地整理储备中心实施，严格按照《中华人民共和国招标投标法》选择施工和监理单位。

3. 土地出让

按土地公开出让程序和要求，对该地块实施招、拍、挂进行出让。

4. 项目建设

各单位完成土地购置后，按照城市规划要求，按照国家建设程序进行建设，发挥投资效益。

六、结论及建议

(一)结论

项目符合土地利用总体规划和城市总体规划，符合国家土地供应政策。通过土地储备，既能增强县土地整理储备中心实际运作储备土地的能力，也能加强本县政府土地供应的宏观调控能力。

(二)建议

在供地环节，注重宣传策划，进行投入产出分析，选择适宜时机进行公开挂牌出让，使土地成交价位处在一个理想价位区间；在促进当地经济发展的基础上，实现理想的土地储备投资收益；不断增强县土地整理储备中心实际运作储备土地的能力，以及本县政府土地供应的宏观调控能力。

任务 2 矿产资源优化配置与合理性分析

2.1 矿产资源的概念与种类

1. 矿产资源的概念

矿产资源是自然界中所有埋藏在地下或者分布在地表的、有利用价值并且在开采技术上可行的矿物和岩石资源的统称。矿产资源以化合物形态产出，用于加工成各种产品。矿产资源在漫长的地质作用过程中产生，属于不可再生资源。矿产资源可分为可枯竭资源和不可枯竭资源。

2. 矿产资源的种类

目前人类开发利用的矿产资源大约有 1 100 种，按照矿产所含的可用成分和用途，可以分为金属矿产、非金属矿产和有机矿产三类。

(1)金属矿产。金属矿产通常可分为黑色金属矿产、有色金属矿产、贵金属矿产、稀有金属矿产、放射性金属矿产五类。黑色金属矿产指可提炼铁、锰、铬、钒、钴、钛、钨、镍等钢铁工业原料矿产资源，有色金属矿产指可提炼铜、锌、铅、铝、锡等金属的矿产资源，贵金属矿产指能提取金、银、铂、钯、铑、锇、铱、钌等贵重金属的矿产资源，稀有金属矿产指可提取锂、铯、钽等稀有元素的矿产资源，放射性金属矿产指能提炼铀、镭等放射性金属元素的矿产资源。

(2)非金属矿产。可提取非金属元素及其化合物，或可以直接利用的非金属矿产。只有少数非金属矿产资源用于提取某种非金属单质，如硅、磷、硫等；绝大多数非金属矿产资源直接利用其化合态矿物，如石棉、金刚石、石墨、云母、石膏等矿产资源。

(3)有机矿产。属于能源矿产资源的范畴，用于燃烧提供能源，如煤、石油和天然气等。俗称"可燃冰"的天然气水合物、油页岩、泥炭等也属于可燃有机矿产。上述矿产多数与生物活动有关，在地质历史时期被固定下来，一般称为"化石燃料"。

2.2 矿产资源优化配置的重要性

1. 矿产资源优化配置的意义

(1)矿产资源优化配置是缓解资源瓶颈制约，解决经济社会面临的资源约束和环境压力，促使国民经济持续健康发展的重要手段。

(2)可以促进并加快产业结构、产品结构和资源消费结构的调整，提高资源利用整体水平。

(3)通过科学规划、合理开发、因地制宜、统筹安排、优化配置，以循环经济模式合理确定产业链。使分布不平衡的资源得到有效的利用，保持国民经济可持续发展，实现经济效益、社会效益和环境效益的统一。

(4)按照中国国情对资源进行功能定位、优化组合，有利于保障国家的经济安全。

(5)提供严格控制资源开发强度，逐步解决由于开发过度引起的环境问题、交通拥挤、地面沉降、绿色生态空间锐减等问题的基础。

2. 矿产资源开发的合理性分析

矿产资源开发的合理性分析是项目决策分析与评价阶段的一个重要任务，从资源利用的科学性、经济发展成本和环境成本、经济性等方面分析论证。矿产资源优化配置要坚持循环经济理念，把经济活动组织成一个"资源—产品—再生资源"的反馈式流程，使所有物质在不断进行经济循环中得到合理和持久的利用，最大限度地利用资源，实现资源利用的良性循环。

2.3 矿产资源开发利用评估

1. 矿产资源开发的基本要求

矿产资源开发型项目，包括煤矿、石油、天然气、金属矿和非金属矿等矿产资源的开发项目(也适用于水利能源资源项目、森林资源采伐项目)，资源开发利用应达到以下基本要求。

(1)符合资源总体开发规划的要求。为了合理开发利用资源和实现可持续发展目标，国家对重要资源的开发利用均制定总体开发规划。每个资源开发项目在决策阶段都应分析是否符合资源总体开发规划的要求。如煤炭开采项目应符合煤田区域开发规划，油气田开采项目应符合油气田区域开发规划，水利水电项目应符合流域综合开发规划和国土整治规划等的要求。

(2)符合准入条件的要求。近年来，国家有关部门密集出台了一系列矿山、冶炼、再生利用项目的准入条件。要求新建或者改、扩建的矿山、冶炼、再生利用项目必须符合国家产业政策和规划要求，符合土地利用总体规划、土地供应政策和土地使用标准的规定。必须依法严格执行环境影响评价和"三同时"验收制度。这些文件已经成为矿产资源开发项目的指导文件，应该严格执行。

(3)符合资源综合利用的要求。资源综合利用是解决我国资源相对紧缺问题的一项重要政策，它不仅应体现在资源的具体利用项目中，还应从源头开始就加以考虑，即在资源开发项目的方案设计中就充分考虑这一问题。在安排主矿产资源开发利用的同时，要对共生矿、伴生矿和伴生气等的开发利用方案同时加以设计，提出合理的、多目标的综合开发利用方案，做到物尽其用，使资源利用更趋于高效。

(4)符合可持续发展的要求。资源开发项目应符合可持续发展的要求。在研究动用资源规模和开采强度时，应处理好近期利益和长远利益的关系，不影响国家整体可持续发展目标的实现。对不可再生资源应在符合规划的前提下，实行有序开采，避免开采过度；对可再生资源如森林资源，应按其生长规律合理安排采伐进度。

(5)符合区域主体功能定位的要求。能源和矿产资源富集的地区，往往生态系统比较脆弱或生态功能比较重要。能源和矿产资源开发往往只是"点"的开发。应按照该区域的主体功能定位实行"点上开发、面上保护"。要根据区域的资源环境承载能力、现有开发密度和发展潜力，按照《全国主体功能区规划》确定的主体功能定位，明确开发方向，控制开发强度，规范开发秩序。

(6)符合对资源储量和品质勘探深度的要求。资源储量和品质的勘探深度应确保资源开发项目设定的规模和开采年限得以实现。矿产开采项目的可行性研究报告应附有具备资格的矿产资源储量评审机构的评审意见和国土资源部门的审批文件。

2. 矿产资源开发型项目的资源条件评价

(1)资源条件评价的目的。资源开发型项目的物质基础是各种矿产资源、水利水能资源和森林资源，直接关系到该类建设项目的建设规模和开发方案的确定。由于自然资源的分布具有不均衡性，不同地区的同种资源在可得性、可靠性、可用性和可获得效益方面都会有所不同。在资源开发项目的决策分析与评价阶段，应首先对资源条件做出评价，为项目建设规模、开发方案的设计和效益评价奠定基础。

(2)资源条件评价应关注的方面。资源开发型项目资源条件评价主要包括资源开发的合理性、可利用量、自然品质、赋存条件、开发价值等方面。

1)资源开发的合理性。资源开发的合理性主要分析资源开发利用项目是否符合资源总体开发规划、资源综合利用和可持续发展的要求；是否处理好企业、地方与国家整体利益的关系、近期与远期开发的关系；资源开发利用与资源保护和储备的关系；是否制定了合理的资源综合开采利用方案。

2)资源可利用量。资源的可利用量分析主要针对拟建项目性质，研究矿产资源的可采储量，水利水能的蕴藏量或森林资源的蓄积量等，提出合理的开发规模和开发年限。矿产资源开发项目应根据批准的储量报告，在进一步勘探核查的基础上，提出矿产可采储量、含矿(或油气)面积、项目动用储量等级、可靠程度。水利水能资源开发项目应根据流域开发总体规划，分析研究项目河段内的年径流量、水位落差等，提出水利水能资源的合理开发利用量；森林采伐项目应根据森林资源的蓄积量调研资料，以及有关部门批准的采伐与迹地恢复规划，研究提出项目的原木等森林资源的可采伐量等。

3)资源自然品质。资源开发项目应根据项目特点分析研究资源品质，为制定项目技术方案提供依据。金属矿和非金属矿开采项目应分析研究矿石品位、物理性能和化学组分、洗选难易程度，煤炭开采项目应分析研究煤炭的热值、灰分、硫分、结焦性能等，石油天然气开采项目应分析油气的化学组分、物理性能等，水利水能资源开发项目应分析研究河床稳定性、泥沙含量、有机物含量、水体形态等。

4)资源赋存条件。对资源赋存条件进行评价，主要分析研究资源的地质构造和开采难易程度，以便确定开采方式和设备方案。固体矿产资源开发项目应分析地质构造、岩体性质、矿体结构、矿层厚度、倾斜度、埋藏深度、灾害因素、涌水量等，石油天然气开采项目应分析研究油气田面积、油气田构造、地层、沉积相、储层岩性、物性、电性、含油性关系、流体分布及性质和油藏类型等，水利水能开发项目应分析研究拟建项目河段内地质构造、地震活动以及水能梯度分布情况等。

5)资源开发价值。对资源开发价值的评价，主要应分析研究在现有技术、经济条件下，资源是否值得开发利用，为预测项目效益奠定基础。矿产开采项目应分析单位矿产品生产能力投资、单位矿产品开采成本、露天矿的采剥比、地下矿井的采掘比、油气田的采收率等指标，森林采伐项目应分析单位原木生产能力投资，在对资源开发价值进行评价时应充分考虑资源综合利用因素。

(3)资源条件评价的分析研究工作内容。矿产资源开发项目的资源条件评价包括矿产储量和矿床地质条件、矿产地质特征、地矿工作、矿产储量计算等分析研究。

1)矿产储量和矿床地质条件分析研究是可行性研究的基础，是决定生产规模的依据。

2)矿产地质特征分析研究包括矿体外部特征要素和矿体内部结构要素以及其他标志变化规律分析。

3)地矿工作分析研究包括勘探方法、勘探手段、勘探工程量、矿体控制程度的分析研究。

4)矿产储量计算分析研究包括矿体圈定原则、圈定方法、储量计算参数的确定和储量计算方法等的分析研究。

另外，矿山供水、供电、自然经济条件研究及建设项目地区资源运输瓶颈制约分析是矿山开发建设的必要条件。

案例分析

矿产资源开发利用方案编写范例

一、概述

1. 基本情况概述

矿区位置、隶属关系和企业性质。如为改、扩建矿山，应说明矿山现状、特点及存在的主要问题。

2. 编制依据

(1)简述项目前期工作进展情况及有关方面对项目的意向性协议情况。

(2)列出开发利用方案编制所依据的主要基础性资料的名称，如经储量管理部门认定的矿区地质勘探报告、选矿试验报告、加工利用试验报告、工程地质初评资料、矿区水文资料和供水资料等。对改建、扩建矿山应有生产实际资料，如矿山总平面现状图、矿床开拓系统图、采场现状图和主要采选设备清单等。

二、矿产品需求现状和预测

1. 矿产的国内外需求情况和市场供应情况

(1)矿产品现状及加工利用趋向。

(2)国内外近期、远期的需求量及主要销向预测。

2. 产品价格分析

(1)国内外矿产品价格现状。

(2)矿产品价格稳定性及变化趋势。

三、矿产资源概况

1. 矿区总体概况

(1)矿区总体规划情况。

(2)矿区矿产资源概况。

(3)该设计与矿区总体开发的关系。

2. 该设计项目的资源概况

(1)矿床地质及构造特征。

(2)矿床开采技术条件及水文地质条件。

(3)设计利用矿产资源储量。

(4)对地质勘探报告的评述。

四、主要建设方案的确定

1. 开采方案

(1)建设规模及产品方案。包括可能的建设规模(两个以上方案比较)、推荐规模方案的简要论证、可供选择的产品方案、推荐产品方案简要论证。

（2）确定开采储量。采矿权人在登记管理机关划定的矿区范围内，根据矿床赋存条件、勘探程度，并考虑产品方案及建设规模的要求，结合矿石品位变化，对开采品位进行技术、经济论证，确定开采矿体的最低品位，在此基础上，圈定矿体，并确定开采对象。有共、伴生矿产的，必须体现综合开采、综合利用的原则。

（3）矿床的开采方式。根据矿体赋存情况及开采技术条件等因素，对矿床的开采方式进行分析研究。对于采用露天开采或地下开采优势不明显的矿床，应进行开采方式的技术经济比较，确定最佳方案。当采用露天和地下联合开采时，应确定二者的合理分布界限并阐明其在时间和空间上的相互关系。

（4）开拓运输方案及厂址选择。根据地形、矿床赋存条件、备选厂址工程地质条件及环保要求，对各种可供比较选择的开拓运输系统及厂址配套方案，进行技术经济论证，提出推荐方案。

2. 防治水方案

当矿床水文地质条件复杂或有径流大量渗漏时，需采取地下和地表的防治水措施，以确保安全生产，应进行全面防治水方案的综合比较，并提出推荐方案。

五、矿床开采

1. 露天开采

（1）露天开采境界：阐明圈定露天开采境界的原则、方法及所采用的经济合理剥采化。

（2）确定露天采场最终边坡要素。

（3）工作面阶段回采率。

（4）圈定露天开采境界，应进行不同境界方案比较，确定最优境界。

2. 地下开采

（1）确定矿区开采总顺序并阐明首采地段选择的原则和依据。

（2）推荐的生产能力及生产能力验证。

（3）利用远景储量扩大生产能力或延长矿山生产年限的可能性。

（4）开采崩落范围的确定。

（5）简述开采技术条件和水文地质条件对采矿方法选择的影响。

（6）采矿方法选择和比较，论证推荐采矿方法对资源充分利用的合理性。

（7）矿块的结构参数及矿井、采区、矿块(工作面)的采矿回采率。

六、选矿及尾矿设施

1. 选矿方案

（1）选矿试验研究及评价。进行选矿试验研究，并对其做出技术、经济评价，指出存在的问题及今后工作意见；大、中型矿山应进行工业或半工业试验，应有加工评价试验结论。

（2）根据选矿试验研究结果及评价资料提出推荐的选矿方案。

（3）对难选矿种，根据已掌握的技术确定是否需建中间试验厂，并提出拟建规模、工艺流程和主要设备选择。

2. 尾矿设施

（1）初步确定尾矿量并简述尾矿品位及其他特性。对于目前因技术或市场原因暂不能利用的矿产，应有保护的措施。

（2）尾矿库址选择(应具有库址选择阶段的工程地质资料)。

(3)尾矿综合利用设想。

(4)尾矿水的处理利用。

七、环境保护

1. 矿山地质环境报告

(1)对采矿引起的地质灾害，如崩塌、滑坡、泥石流、尾矿垮坝等应做出评价，并提出切实可行的监测预防措施。

(2)对采矿引起的区域地质条件做出影响评价。

(3)露天开采的，应作边坡稳定性评价；坑采的，应作采空塌陷范围预测。

(4)矿山闭坑时对造成的地质灾害提出处理措施。

2. 矿山环境影响报告、水土保持和土地复垦方案

矿山环境影响报告书、水土保持和土地复垦方案应按国家有关规定编写相应的内容。

八、开发方案简要结论

(1)设计利用矿产资源储量和根据矿床规模确定的设计生产规模及矿山服务年限。

(2)产品方案。

(3)厂址及开拓运输方案。

(4)采、选工艺方案。

(5)综合回收、综合利用方案。

(6)对工程项目扼要综合评价。

(7)存在的主要问题及建议。

附表：综合技术经济指标表。

九、附图

(1)开拓系统纵投影图。

(2)带有矿区范围、崩落范围的地形地质图。

(3)矿区总平面图。

(4)露天采矿最终境界图。

(5)采矿方法标准图。

任务3　能源资源优化配置与合理性分析

3.1　能源资源优化配置的分类与原则

1. 能源的分类

(1)不可再生能源。如煤、石油、天然气、核燃料等。

(2)可再生能源。如风能、太阳能、水能、生物质能、地热能、海洋能等非化石能源。

2. 能源资源开发利用的原则和要求

(1)能源资源开采要符合规划，根据能源资源禀赋条件确定适度开采规模。

(2)利用先进的采掘技术，提高能源开发深度，提高回采率，力争能源资源开发利用的经济效益、社会效益和环境效益最大化。

（3）符合国家可持续发展的要求，不仅要考虑当前利益，还要考虑长远利益。

（4）从全球化角度出发，应充分利用国外相对丰富的资源条件。

（5）根据当前科学技术发展水平，按照循环经济的原则，提高能源资源综合利用能力。

（6）要与当地生态环境相协调。能源资源的开发利用不能对土地、草原、水体、森林、大气等环境造成破坏，不损害公众利益。

（7）调整能源结构。在做好生态保护和移民安置的基础上发展水电，在确保安全的基础上发展核电，加快发展天然气，因地制宜大力发展风能、太阳能、生物质能、地热能等可再生能源。

（8）实施节能重点工程。实施锅炉窑炉改造、电机系统节能、能量系统优化、余热余压利用、节约替代石油、建筑节能、绿色照明等节能改造工程，以及节能技术产业化示范工程、节能产品惠民工程、合同能源管理推广工程和节能能力建设工程。

3. 能源资源开发利用的合理性分析

要从能源资源的战略性地位考虑，坚持资源开发与节约并重，把节约放在首位的方针，要紧紧围绕实现经济增长方式的根本性转变，以提高资源利用效率为核心，以节能为重点，分析项目所用能源资源的来源、数量和满足长期需求的可能性，提出能源合理利用的优化方案，列出提高能源资源利用率的具体措施，明确能源资源利用要达到的水平。

3.2 节能评估

当今能源建设已成为世界性的重大问题之一，各国对能源问题都给予了极大的关注，合理利用能源、降低能耗被列为经济发展的重大课题。

能源一般分为一次能源和二次能源。煤、石油、天然气等，没有经过加工或转换，称为一次能源；煤气、电力、汽油、煤油、焦炭等，是在一次能源基础上经过加工转换而来的，称为二次能源。所谓节约能源，是指通过技术进步、合理利用、科学管理和经济结果合理化等，以最小的能源消耗取得最大的经济效益。节能的环节和表现尽管各不相同，但都以一次能源节约为最终目的。节能量一般以标准煤吨为计算单位。

1. 节能的原则与要求

我国解决能源问题的方针是开发与节约并重，把节约放在首位。节能工作是一种特定形式的能源开发，是我国解决能源供应问题、保护能源资源、保护环境的有效途径。我国目前的能源利用水平远低于经济发达国家，我国节能工作基础还很薄弱，节能工作潜力很大。

（1）项目的建设方案设计要体现合理利用和节约能源的方针。节能是我国发展经济的一项长远战略方针。1997年公布施行的《中华人民共和国节约能源法》（以下简称《节约能源法》）是我国关于节能能源的基本大法。该法明确要求："国务院和省、自治区、直辖市人民政府，应当在基本建设、技术改造资金中安排节能资金，用于支持能源的合理利用以及新能源和可再生资源的开发""固定资产投资项目的可行性研究报告，应当包括合理用能的专题论证。固定资产投资项目的设计和建设，应当遵守合理用能标准和节能设计规范""达不到合理用能标准和节能设计规范要求的项目，依法审批机关不得批准建设；项目建成后，达不到合理用能标准和节能设计规范要求的，不予验收""禁止新建技术落后、耗能过高、严重浪费能源的工业项目，对落后的耗能过高的用能产品、设备实行淘汰制度"。2007年

10月，第十届全国人民代表大会常务委员会第三十次会议审议通过了修订后的《节约能源法》，于2008年4月1日起正式施行。修订后的《节约能源法》与原《节约能源法》相比，进一步完善了促进节能的经济政策。

(2)可行性研究报告要求单列"节能篇(章)"。早在1992年，原国家计委、原国务院经贸办、原建设部(现住房和城乡建设部)就规定基本建设和技术改造工程项目的可行性研究报告要增列"节能篇(章)"。1997，原国家计委、原国家经贸委、原建设部重新发布了《关于固定资产投资工程项目可行性研究报告"节能篇(章)"编制及评估的规定》，规定固定资产投资工程项目可行性研究报告必须包括"节能篇(章)"。"节能篇(章)"应经具有资格的咨询机构评估。凡无"节能篇(章)"的可行性研究报告或未经评估，建设项目的主管部门不予受理。

(3)"节能篇(章)"的内容应符合有关规定。《关于固定资产投资工程项目可行性研究报告"节能篇(章)"编制及评估的规定》对"节能篇(章)"的内容和深度做出了明确的规定。规定"节能篇(章)"在对节能措施进行综述的同时，应分析建设项目的建筑、设备、工艺的能耗水平和其生产的用能产品的效率或能耗指标。

(4)节能方案的技术要求。节能方案应符合相关建设标准、技术标准和《中国节能技术政策大纲》中的节能要求。单位建筑面积能耗指标、工艺和设备的合理用能、主要产品能源单耗指标要以国内先进能耗水平或参照国际先进水平作为设计依据。

2. 项目节能评价

项目节能评价主要是评价项目产品生产工艺技术、工艺流程等的能源利用是否科学合理，所采用的提高能源回收率、提高能源效率等节能技术的水平以及节能措施。编制项目可行性研究节能专篇主要内容包括以下几项。

(1)项目概况。

1)建设单位基本情况。建设单位名称、性质、单位地址、邮政编码、法人代表、项目联系人、联系电话及传真等。

2)项目基本情况。项目名称，建设地点，项目性质，项目类型，建设规模及内容，项目总投资，主要经济技术指标，项目进度计划等；改建、扩建项目原有生产工艺、主要设备和建筑物情况。

3)项目建设方案。项目工艺、技术的选择，厂区布局和车间工艺平面布置基本情况，主要功能系统与设备的初步选择，能源消耗种类、数量及能源使用分布情况(包括原有及新增)。

(2)项目所在地能源供应条件。

1)项目使用能源品种的选用原则。

2)项目所在地能源供应条件。

(3)用能标准和节能设计规范。

1)相关法律、法规、规划和产业政策。

2)工业类相关标准及规范。包括管理及设计方面的标准和规范，产品能耗定(限)额方面的标准，合理用能方面的标准，工业设备能效方面的标准。

3)建筑类相关标准及规范。

4)交通类相关标准及规范。

5)相关终端用能产品能效标准。

6)同行业国内先进水平以及国际先进水平。

(4)项目能源消耗种类、数量及能源使用分布情况。

1)项目能源消耗种类、来源及年总消耗量。

2)单项工程能源消耗种类、来源及年消耗量。

3)对改建、扩建项目原有生产工艺、设备和建筑物的能耗分析，年耗能种类和数量，用能存在的主要问题。

4)能源加工、转换、贮存和利用情况(可以用能源网络图或能源平衡表)。

(5)项目节能措施及效果分析。

1)节能措施。节能措施包括节能新技术、新工艺、新产品选择，余热、余压、放散可燃气体回收利用情况，建筑围护结构类型，保温绝热措施，资源综合利用情况，新能源和可再生能源的利用，能源计量、检测设备、器具的配备，能源管理机构及人员设置。相关专业的节能措施。包括工艺、建筑、结构、电气、给水排水、暖通与空调、动力、贮运等专业的节能措施。

2)能耗指标。包括综合能耗总量、单位产品分品种能源消耗；单位产品综合能耗、可比能耗，主要工序(艺)单耗；项目产值综合能耗(标煤/万元产值)；单位建筑面积分品种实物能耗和综合能耗；单位投资能耗(标煤/万元)。

3)效果分析。分析单位产品(建筑面积)能耗、主要工序(艺)能耗指标、单位投资能耗等，与国际国内进行对比分析，说明设计指标是否达到同行业国内先进水平或国际先进水平。

3. 项目节能评估

节能评估是指根据节能法规、标准，对固定资产投资项目的能源利用是否科学合理进行分析评估，并编制节能评估报告书、节能评估报告表(统称节能评估文件)或填写节能登记表的行为。

(1)项目节能评估的分类管理。项目节能评估按照项目建成投产后年能源消费量，实行分类管理。

1)年综合能源消费量3 000吨标准煤以上(含3 000吨标准煤，电力折算系数按当量值，下同)，或年电力消费量500万千瓦时以上，或年石油消费量1 000吨以上，或年天然气消费量100万立方米以上的固定资产投资项目，应单独编制节能评估报告书。

2)年综合能源消费量1 000～3 000吨标准煤(不含3 000吨.下同)，或年电力消费量200万～500万千瓦时，或年石油消费量500～1 000吨，或年天然气消费量50万～100万立方米的固定资产投资项目，应单独编制节能评估报告表。

上述以外的项目，应填写节能登记表。

(2)项目节能评估报告书的内容。

1)评估依据。主要包括相关法律、法规、规划、行业准入条件、产业政策，相关标准及规范，节能技术、产品推荐目录，国家明令淘汰的用能产品、设备、生产工艺等目录，以及相关工程资料和技术合同等。

2)项目概况。建设单位基本情况包括建设单位名称、性质、地址、邮政编码、法人代表、项目联系人及联系方式，企业运营总体情况。项目基本情况包括项目名称、建设地点、项目性质、建设规模及内容、项目工艺方案、总平面布置、主要经济技术指标、项目进度计划等。项目用能概况主要供、用能系统与设备的初步选择，能源消耗种类、数量及能源使用分布情况(改建、扩建项目需对项目原用能情况及存在的问题进行说明)。

3)能源供应情况分析评估。项目所在地能源供应条件及消费情况。项目能源消费对当地能源消费的影响。

4)项目建设方案节能评估。项目选址、总平面布置对能源消费的影响。项目工艺流程、技术方案对能源消费的影响。主要用能工艺和工序，及其能耗指标和能效水平。主要耗能设备，以及其能耗指标和能效水平。辅助生产和附属生产设施及其能源指标和能效水平。

5)项目能源消耗及能效水平评估。项目能源消费种类、来源及消费量分析评估。能源加工、转换、利用情况(可采用能量平衡表)分析评估。能效水平分析评估包括单位产品(产值)综合能耗、可比能耗，主要工序(艺)单耗，单位建筑面积分品种实物能源和综合能耗，单位投资能耗等。

6)节能措施评估。

①节能措施。节能措施包括两个方面：一是节能技术措施。生产工艺、动力、建筑、给水排水、暖通与空调、照明、控制、电气等方面的节能技术措施，包括节能新技术、新工艺、新设备应用，余热、余压、可燃气体回收利用，建筑围护结构及保温隔热措施，资源综合利用，新能源和可再生能源利用等；二是节能管理措施，包括节能管理制度和措施，能源管理机构及人员配备，能源统计、监测及计量仪器仪表配置等。

②单项节能工程。包括未纳入建设项目主导工艺流量和拟分期建设的节能工程，详细论述工艺流程、设备选型、单项工程节能量计算、单位节能量投资、投资估算及投资回收期等。

③节能措施效果评估。包括节能措施节能量测算，单位产品(建筑面积)能耗、主要工序(艺)能耗、单位投资能耗等指标国际国内对比分析，设计指标是否达到同行业国内先进水平或国际先进水平。

④节能措施经济性评估。包括节能技术和管理措施的成本及经济效益测算和评估。

7)存在的问题及建议。

8)结论。

9)附图、附表。包括场(厂)区总平面图、车间工艺平面布置图，主要耗能设备一览表，主要能源和耗能工质品种及年需求量表，能量平衡表等。

项目建设单位应委托有相应资质和能力的机构编制节能评估文件。项目建设单位可自行填写节能登记表。项目节能评估文件的编制费用执行国家有关规定，列入项目概预算。

4. 项目节能审查

节能审查是指根据节能法规、标准，对项目节能评估文件进行审查并形成审查意见，或对节能登记表进行登记备案的行为。

(1)项目节能审查的分级管理。项目节能审查按照项目管理权限实行分级管理。由国家发展改革委核报国务院审批或核准的项目以及由国家发展改革委审批或核准的项目，其节能审查由国家发展改革委负责；由地方人民政府发展改革部门审批、核准、备案或核报本级人民政府审批、核准的项目，其节能审查由地方人民政府发展改革部门负责。

实行审批或核准制的投资项目，建设单位应在报送可行性研究报告或项目申请报告时，一同报送节能评估文件提请审查或报送节能登记表进行登记备案。

按照省级人民政府有关规定实行备案制的投资项目，按照项目所在地省级人民政府有关规定进行节能评估和审查。

(2)项目节能审查的条件。

1)节能评估依据的法律、法规、标准、规范、政策等准确适用。

2)节能评估文件的内容深度符合要求。

3)项目用能分析客观准确，评估方法科学，评估结论正确。

4)节能评估文件提出的措施建议合理可行。

（3）项目节能评审。节能审查机关收到项目节能评估文件后，要委托有关机构进行评审，形成评审意见，作为节能审查的重要依据。

接受委托的评审机构应在节能审查机关审查规定的时间内提出评审意见。评审机构在进行评审时，可以要求项目建设单位就有关问题进行说明或补充材料。

项目节能评估文件评审费用应由节能审查机关的同级财政安排，标准按照国家有关规定执行。

项目节能审查意见与项目审批或核准文件一同印发。

项目如申请重新审批、核准或申请核准文件延期，应一同重新进行节能审查或节能审查意见延期审核。

案例分析

××小区节能评估报告内容

一、项目概况及建设单位

1. 项目的名称

2. 建设项目的性质

3. 建设单位

4. 建设规模与目标

5. 建设单位概况

二、建设背景

1. ××小区经济发展概况

（1）人口概况。

（2）经济发展概况。

（3）农业发展概况。

（4）工业发展概况。

（5）建设环保发展概况。

（6）交通邮电发展概况。

（7）贸易旅游发展概况。

（8）教科文卫体发展概况。

（9）社会生活发展概况。

（10）新农村建设发展概况。

2. 项目提出的背景

（1）家居理念的变化。

（2）家庭模式和结构的变化。

（3）商品房价值观的变化。

（4）开发商建设理念的变化。

3. 项目建设实施的有利条件

（1）××小区房地产市场现状。

(2)住房与人民生活紧密相关，是群众基本的生活需求。

三、项目基本情况

1. 建设地点

2. 主要建筑概况

四、主要能源消耗和来源条件

1. 给水

(1)水源。

(2)用水量。

(3)给水系统。

2. 供电

(1)供电电源。

(2)负荷估算。

(3)供配电系统及电压。

(4)照明。

3. 采暖通风

(1)热源。

(2)热负荷的估算。

(3)供热系统。

4. 燃气

(1)供气源。

(2)用气量的估算。

(3)燃气供气系统。

五、节能措施及能耗分析

1. 项目节能评价依据

2. 项目用能特点及节能原则

(1)设计节能措施方案。

(2)建筑节能措施。

六、综合评估意见

任务4 水资源优化配置与合理性分析

4.1 水资源优化配置和高效利用

目前我国正常年份年缺水量达 500 多亿立方米，近 2/3 的城市不同程度缺水；城乡水源工程建设滞后，尤其是西南等地区工程性缺水、西北等地区资源性缺水问题突出；水资源配置体系尚不健全，难以满足水资源统筹调配需求；城乡供水应急备用水源缺乏、保障程度不高，特别是在应对连续干旱和特重干旱时更显得能力不足。根据加快水利改革的决定，在实行最严格的水资源管理制度、全面加强节约用水措施的前提下，通过着力建设水资源配置工程，提高水资源在时间和空间上的调配能力，不断完善我国水资源的合理配置和高效利用体系。为此，当前应重点做好以下工作。

（1）完善优化水资源战略配置格局，在保护生态前提下，尽快建设一批骨干水源工程和河湖水系连通工程。

（2）加快推进南水北调东中线一期工程及配套工程建设，尽快形成南北调配、东西互济的水资源调配格局。

（3）积极推进一批跨流域、跨区域的调水工程建设，统筹推进中小微型水源工程建设。

（4）推动解决西南等地区工程性缺水和西北等地资源性缺水问题。

（5）大力推进污水处理回用，积极开展海水淡化和综合利用，高度重视雨水、微咸水利用。同时，还要着力保障城乡居民饮水安全，不断提高城乡供水保障能力。

在项目决策分析与评价阶段，应按照国家相关要求研究优化用水方案，采取有效措施节约用水，并按规定做好项目水资源论证工作。

4.2 水资源论证

由于建设项目规模不同，取水水源类型不同，水资源论证的内容也有所区别。可根据项目及取水水源类型，选择相应内容开展论证工作。项目水资源论证报告主要包括以下内容。

（1）总论。包括编制论证报告书的目的，编制依据，项目选址情况，有关部门审查意见，项目建议书中提出的取水水源与取水地点，论证委托书或合同，委托单位与承担单位。

（2）建设项目概况。包括建设项目名称、项目性质；建设地点，占地面积和土地利用情况；建设规模及分期实施意见；职工人数与生活区建设；主要产品及用水工艺；建设项目用水保证率及水位、水量、水质、水温等要求，取水地点，水源类型，取水口设置情况；建设项目废污水浓度、排放方式、排放总量、排污口设置情况。

（3）建设项目所在流域或区域水资源开发利用现状。包括水文及水文地质条件，地表水、地下水及水资源总量时空分布特征；地表、地下水质概述；现状供水工程系统，现状供用水情况及开发利用程度；水资源开发利用中存在的主要问题。

（4）建设项目取水水源论证。

1)地表水源论证。地表水源论证必须依据实测水文资料，分析不同保证率的来水量、可供水量及取水可靠程度；分析不同时段取水对周边水资源状况及其他取水户的影响；论证地表水源取水口的设置是否合理。提出地表水资源合理利用方案，列出主要节水措施，并简要叙述这些措施实施后的效果。

2)地下水源论证。地下水源论证必须在区域水资源评价和水文地质详查的基础上进行；中型以上的地下水源论证必须进行水文地质勘查工作；分析区域水文地质条件，含水层特征，地下水补给、径流、排泄条件；分析地下水资源量、可开采量及取水的可靠性；分析取水量及取水层位对周边水资源状况、环境地质的影响；论证取水井布设是否合理，可能受到的影响。提出地下水源合理利用方案，列出主要节水措施并简要说明效果。

3)其他水资源论证。其他水资源论证包括城市污水处理厂的中水回用和采煤、采油、采矿等矿井水资源化利用以及海水淡化等非常规水资源利用。应论证城市污水处理厂的建设规模，城市污水构成，污水处理工艺是否具备深加工的条件，还有深加工工艺、中水水质、全年平均污水处理量、最小污水处理量。对矿井水，包括矿井水的水质，矿井水富存量的分析，最小流量论证，矿井水利用工艺等。推广矿井水作为矿区工业用水和生活用水、农田用水等替代水源。在沿海缺水地区工业企业考虑发展海水直接利用和海水淡化等非常规水资源利用的可能，也是水资源论证的一部分。

（5）项目用水合理性分析。

1）建设项目用水过程及水平衡分析，产品用水定额、生活区生活用水定额及用水水平分析，节水措施与节水潜力分析。

2）建设项目退（排）水情况及其对水环境的影响分析。包括退（排）水系统及其组成概况，污染物排放浓度、总量及达标情况，污染物排放时间变化情况，对附近河段环境的影响，论证排污口设置是否合理。

3）对水资源状况及其他取水户的影响分析。包括建设项目开发利用水资源对区域水资源状况的影响，建设项目开发利用水资源对其他用水户的影响。

（6）水资源保护措施。根据水资源保护规划提出水资源量、水质保护措施。

（7）影响其他用水户权益的补偿方案。说明周边地区及有关单位对建设项目取水和退水的意见，对其他用水户影响的补偿方案。

（8）水资源论证结论。包括建设项目取水的合理性，取水水源量、质的可靠性，有关部门允许取水量的意见，退水情况及水资源保护措施。确定水资源利用方案及主要节水措施。

4.3　节约用水

我国人均水资源量低，水资源利用率也低。目前我国万元工业增加值取水量是发达国家的 5～10 倍，我国灌溉水利用率仅为 40％～50％。项目建设必须贯彻节约用水、高效用水，实现水资源永续利用的原则。

1. 节约用水的原则和要求

（1）节水工作要实现工程措施与非工程措施相结合，先进技术与常规技术相结合，强制节水与效益引导相结合的"三个相结合"原则。

（2）大力推行节约用水措施，推广节约用水新技术、新工艺，发展节水型工业、农业和服务业，建立节水型社会。

（3）加强用水管理，采取技术上可行、经济上合理、符合环保要求的节约和替代措施，减少和避免生产及辅助生产过程中水的损失和浪费，高效、合理地利用水资源。

（4）坚持开源节流并重，把节水放在突出位置的方针，提高水的重复利用率，扩大海水、苦咸水、再生水等非传统水资源在工业中的利用，创建节水型工业。

（5）新建、改建和扩建项目在实行"三同时、四到位"制度（即节水设施必须与主体工程同时设计、同时施工、同时投入运行。用水单位要做到用水计划到位、节水目标到位、节水措施到位、管水制度到位）的过程中，应积极采用《中国节水技术政策大纲》推荐的节水技术。

（6）采取分质用水，一水多用，提高水的重复利用率，减少取水量和废水排放量，杜绝"跑、冒、滴、漏"。加强节水基础管理，制订节水计划和规章制度。

（7）优先选用列入国家鼓励发展的节水技术、工艺和设备目录中的设备。

2. 节约用水的措施

节约用水的措施包括工业用水重复利用技术；发展循环用水系统、串联用水系统和回用水系统，推进企业用水网络集成技术的开发与应用，优化企业用水网络系统；发展和推广蒸汽冷凝水回收再利用技术；发展外排废水回用和"零排放"技术，发展高效冷却节水技术，发展空气冷却技术；在加热炉等高温设备上推广应用汽化冷却技术，洗涤节水技术，非常规水资源利用技术；发展采煤、采油、采矿等矿井水的资源化利用技术；工业用水计量管理技术；重点节水工艺等。

3. 节约用水的水平评价

(1)水耗指标分析。采用节水措施后，对拟建项目的水资源消耗量进行分析。计算单位产品的耗水量，对水耗指标和水的重复利用率分析对比。水耗指标一般应达到国内外同行业的先进水平，水的重复利用率应达到当地政府规定的指标。

应编制单位产品的水消耗表，见表4-1。

表 4-1　单位产品水耗表

序号	水源名称	计算单位	产品年产量	年消耗水量	单位产品消耗水量	综合水平比较		
						国内先进水平	国际水平	企业原有水平

(2)节水水平评价。2005年4月国家发展改革委、科技部、水利部、建设部、农业部等五部委联合发布了《中国节水技术政策大纲》，在农业节水、工业节水、城市生活节水等重点领域阐明了我国节水技术的选择原则、实施途径、发展方向和鼓励政策，为指导节水技术开发应用，推动节水技术进步，提高用水效率和效益，促进水资源的可持续利用和实现节水目标提供了技术政策支持。节水水平评价要分析项目节水工艺是否贯彻了《中国节水技术政策大纲》规定的节水技术；采用的节水技术、节水工艺是否是国内或国际先进水平；水耗指标是否达到国内外同行业的先进水平，水的重复利用率和新水利用所占比率是否满足要求等。

```
📺 ➤ 项目小结
```

本项目主要介绍了土地资源优化配置与合理性分析、矿产资源优化配置与合理性分析、能源资源优化配置与合理性分析、水资源优化配置与合理性分析四部分内容。项目土地资源论证主要包括论证项目用地是否符合城市总体规划，土地功能是否符合土地利用总体规划中的土地功能划分，项目用地是否符合国家规定的供地政策等。矿产资源开发的合理性分析是项目决策分析与评价阶段的一个重要任务，从资源利用的科学性、经济发展成本和环境成本、经济性等方面分析论证。当今能源建设已成为世界性的重大问题之一，各国对能源问题都给予了极大的关注，合理利用能源、降低能耗被列为经济发展的重大课题。由于建设项目规模不同，取水水源类型不同，水资源论证的内容也有所区别。可根据项目及取水水源类型，选择相应内容开展论证工作。

思考与练习

一、填空题

1. _____是自然界中所有埋藏在地下或者分布在地表的、有利用价值并且在开采技术上可行的矿物和岩石资源的统称。

2. 能源分为_____和可再生能源。

3. 通过技术进步、合理利用、科学管理和经济结果合理化等，以最小的能源消耗取得最大的经济效益，称为_____。

4. 项目节能评价主要是评价项目产品生产_____、_____等的能源利用是否科学合理。

5. 为了合理开发利用资源和实现可持续发展目标，国家对重要资源的开发利用均制定了_____。

6. 在资源开发项目的决策分析与评价阶段，应首先对_____做出评价，为项目建设规模、开发方案的设计和效益评价奠定基础。

二、单项选择题

1. 下列不属于资源开发型项目资源条件评价的是(　　　)。
   A. 资源开发的合理性　　　　　　B. 资源开发的已使用量
   C. 资源开发的自然品质　　　　　D. 资源开发的赋存条件

2. 下列不属于一次能源的是(　　　)。
   A. 电力　　　　　B. 煤　　　　　C. 石油　　　　　D. 天然气

3. 下列不属于项目节能评估报告书内容的是(　　　)。
   A. 评估依据　　　　　　　　　　B. 项目概况
   C. 能源供应情况分析评估　　　　D. 项目建设方案节能措施

三、简答题

1. 项目土地资源调查包括哪些内容？
2. 矿产资源开发的合理性分析包括哪些内容？
3. 资源开发利用应达到哪些要求？
4. 项目节能审查需要哪些条件？
5. 项目水资源论证报告主要包括哪些内容？

项目 5　建设项目环境影响评价

了解环境影响评价的概念、意义，熟悉环境影响评价的要求，掌握环境影响评价的程序与评价报告；了解规划环境影响评价的范围、要求，掌握规划环境影响评价的内容；了解环境影响的经济损益分析的概念、影响，掌握环境影响的经济损益分析的步骤与内容，掌握环境经济评价方法。

通过本项目学习，能够编制建设项目环境影响评价报告，能够掌握规划环境影响评价的内容，能够对环境影响的经济损益进行合理性分析。

任务 1　认知环境影响评价

1.1　环境影响评价的概念与意义

1. 环境影响评价的概念

《中华人民共和国环境影响评价法》第二条规定："本法所称环境影响评价，是指对规划和建设项目实施后可能造成的环境影响进行分析、预测和评估，提出预防或者减轻不良环境影响的对策和措施，进行跟踪监测的方法与制度。"

《中华人民共和国环境保护法》和其他相关法律还规定，建设项目防治污染的设施，必须与主体工程同时设计，同时施工，同时投产使用，简称"三同时"。防治污染的设施必须经原审批环境影响报告书的环境保护行政主管部门验收合格后，该建设项目方可投入生产或者使用。"三同时"制度和建设项目竣工环境保护验收是对环境影响评价的延续，从广义上讲，也属于环境影响评价范畴。

2. 环境影响评价的意义

环境影响评价作为一种环境管理制度，是解决发展中的环境问题，促进经济发展和环境保护相协调，实现经济、环境、社会可持续发展的重要手段，是推动循环经济的发展、落实科学发展观、建设资源节约型和环境友好型社会的关键环节。环境影响评价是环境保护"防患于未然"政策的具体体现，主要有三个层次，即项目环境影响评价层次、区域环境影响评价层次、规划环境影响评价层次。

1.2 环境影响评价的分类管理与内容

1. 环境影响评价的分类管理

(1)建设项目环境影响评价的原则规定。建设项目对环境的影响千差万别，不仅不同的行业、产品、规模、工艺、原材料生产的污染物种类和数量不同，对环境的影响不同，而且即使是相同的企业处于不同的地点、区域，对环境的影响也不尽相同。国家根据建设项目对环境的影响程度，对建设项目的环境影响评价实行分类管理。建设单位应当按照下列规定组织编制环境影响报告书、环境影响报告表或者填报环境影响登记表(以下统称为环境影响评价文件)。

1)可能造成重大环境影响的，应当编制环境影响报告书，对产生的环境影响进行全面评价。

2)可能造成轻度环境影响的，应当编制环境影响报告表，对产生的环境影响进行分析或者专项评价。

3)对环境影响很小，不需要进行环境影响评价的，应当填报环境影响登记表。

《建设项目环境影响评价分类管理名录》由国务院环境保护行政主管部门制定并公布，该名录由国务院环境保护行政主管部门负责解释，并适时修订公布。

(2)环境敏感区的界定。建设项目所处环境的敏感性质和敏感程度是确定建设项目环境影响评价类别的重要依据。环境影响评价文件应当就该项目对环境敏感区的影响作重点分析。

环境敏感区，是指依法设立的各级各类自然、文化保护地，以及对建设项目的某类污染因子或者生态影响因子特别敏感的区域，主要包括以下几项内容。

1)自然保护区、风景名胜区、世界文化和自然遗产地、饮用水水源保护区。

2)基本农田保护区、基本草原、森林公园、地质公园、重要湿地、天然林、珍稀濒危野生动植物天然集中分布区、重要水生生物的自然产卵场及索饵场、越冬场和洄游通道、天然渔场、资源性缺水地区、水土流失重点防治区、沙化土地封禁保护区、封闭及半封闭海域、富营养化水域。

3)以居住、医疗卫生、文化教育、科研、行政办公等为主要功能的区域，文物保护单位，具有特殊历史、文化、科学、民族意义的保护地。

2. 环境影响评价的内容

根据建设项目环境影响评价分类管理要求，建设项目环境影响评价文件可分为环境影响报告书、环境影响报告表和环境影响登记表。

(1)环境影响报告书的内容。

1)建设项目概况。

2)建设项目周围环境现状。

3)建设项目对环境可能造成影响的分析、预测和评估。

4)建设项目环境保护措施及其技术、经济论证。

5)建设项目对环境影响的经济损益分析。

6)对建设项目实施环境监测的建议。

7)环境影响评价的结论。

根据《环境影响评价技术导则总纲》(HJ 2.1—2011)规定，环境影响报告书应根据环境和工程的特点及评价工作等级，具体选择全部或部分内容进行编制，见表5-1。

表 5-1　《环境影响评价技术导则》(HJ 2.1—2011)中规定的环境影响报告书内容

章节	内　容
总则	(1)结合评价项目的特点阐述编制环境影响报告书的目的。 (2)编制依据： 　1)项目建议书； 　2)评价大纲及其审查意见； 　3)评价委托书(合同)或任务书； 　4)建设项目可行性研究报告等。 (3)采用标准：包括国家标准、地方标准或拟参照的国外有关标准(参照的国外标准应按国家环境保护局规定的程序报有关部门批准)。 (4)控制污染与保护环境的目标
建设项目概况	(1)建设项目的名称、地点及建设性质。 (2)建设规模(扩建项目应说明原有规模)、占地面积及厂区平面布置(应附平面图)。 (3)土地利用情况和发展规划。 (4)产品方案和主要工艺方法。 (5)职工人数和生活区布局
工程分析	(1)主要原料、燃料及其来源和储运，物料平衡，水的用量与平衡，水的回用情况。 (2)工艺过程(附工艺流程图)。 (3)废水、废气、废渣、放射性废物等的种类、排放量和排放方式，以及其中所含污染物种类、性质、排放浓度；产生的噪声、振动的特性及数值等。 (4)废弃物的回收利用、综合利用和处理、处置方案。 (5)交通运输情况及厂地的开发利用
建设项目周围地区的环境现状	(1)地理位置(应附平面图)。 (2)地质、地形、地貌和土壤情况，河流、湖泊(水库)、海湾的水文情况，气候与气象情况。 (3)大气、地面水、地下水和土壤的环境质量状况。 (4)矿藏、森林、草原、水产和野生动物、野生植物、农作物等情况。 (5)自然保护区、风景游览区、名胜古迹、温泉、疗养区以及重要的政治文化设施情况。 (6)社会经济情况，包括：现有工矿企业和生活居住区的分布情况，人口密度，农业概况，土地利用情况，交通运输情况及其他社会经济活动情况。 (7)人群健康状况和地方病情况。 (8)其他环境污染、环境破坏的现状资料
环境影响预测	(1)预测环境影响的时段。 (2)预测范围。 (3)预测内容及预测方法。 (4)预测结果及其分析和说明
评价建设项目的环境影响	(1)建设项目环境影响的特征。 (2)建设项目环境影响的范围、程度和性质。 (3)如要进行多个场(厂)址的优选时，应综合评价每个场(厂)址的环境影响并进行比较和分析
环境保护措施	
环境影响经济损益分析	
环境监测制度及环境管理、环境规划的建议	
环境影响评价结论	

随着环境管理的发展和对环境影响评价要求的提高，除上述评价内容外，环境影响报告书中还应包括表 5-2 中全部或部分内容。

表 5-2 根据新要求环境影响报告书应补充的内容

章节	内　　容
风险评价	《关于加强环境影响评价管理防范环境风险的通知》(环发〔2005〕152 号)，《关于检查化工石化等新建项目环境风险的通知》(环办〔2006〕4 号)等，对涉及有毒有害物质、存在环境风险的建设项目，提出了严格审批、编制环境风险评价专章的要求
公众参与	《中华人民共和国环境影响评价法》(2003 年施行)第二十一条规定了公众参与的要求，《环境影响评价公众参与暂行办法》(环发〔2006〕28 号)对公众参与的适用范围、一般要求、组织形式等作了具体规定。因此环境影响报告书中应有公众参与专章
总量控制	依据国家对主要污染物排放总量控制的有关要求和地方环保部门要实施的具体指标，分析是否满足要求和提出控制建议，并纳入总量控制计划
清洁生产和循环经济	《中华人民共和国清洁生产促进法》(2003 年 1 月 1 日起施行)规定："新建、改建和扩建项目应当进行环境影响评价，对原料使用、资源消耗、资源综合利用以及污染物产生与处置等进行分析论证，优先采用资源利用率高以及污染物产生量少的清洁生产技术、工艺和设备"；《中华人民共和国循环经济促进法》(2009 年 1 月 1 日起施行)规定：提高资源利用效率，保护和改善环境，实现可持续发展；环境影响报告书应包括促进清洁生产和循环经济分析的内容
水土保持	《中华人民共和国水土保持法》(2011 年 3 月 1 日起施行)规定："在山区、丘陵区、风沙区以及水土保持规划确定的容易发生水土流失的其他区域开办可能造成水土流失的生产建设项目，生产建设单位应当编制水土保持方案"；《中华人民共和国环境影响评价法》规定："涉及水土保持的建设项目，还必须有经水行政主管部门审查同意的水土保持方案"；故涉及水土保持的建设项目，环境影响报告书中应有水土保持方案的专章
社会环境影响评价	包括征地拆迁、移民安置、人文景观、人群健康、文物古迹、基础设施(如交通、水利、通信)等方面的影响评价

(2)环境影响报告表的内容。《建设项目环境影响报告表(试行)》必须由具有环评资质的环评机构填写。其填报内容主要有：建设项目基本情况、建设项目所在地自然环境社会环境简况、环境质量状况、主要环境保护目标、评价适用标准、工程内容及规模、与本项目有关的原有污染情况及主要环境问题、建设项目工程分析、项目主要污染物产生及预计排放情况、环境影响分析、建设项目拟采取的防治措施及预期治理效果、结论与建议等。需要注意，环境影响报告表如不能说明项目产生的污染及对环境造成的影响，应根据建设项目的特点和当地环境特征，选择 1～2 项进行专项评价，专项评价按照环境影响评价技术导则中有关要求进行。

(3)环境影响登记表的内容。《建设项目环境影响登记表(试行)》一般由建设单位自行填写，不要求具备环评资质。其填报内容包括四个表：表一为项目基本情况；表二为项目地理位置示意图和平面布置示意图；表三为周围环境概况和工艺流程与污染流程；表四为项目排污情况及环境措施简述。

1.3 环境影响评价的程序与评价报告的编写提纲

1. 环境影响评价的程序

建设项目的环境影响评价工作必须在项目建设前期工作的项目论证阶段进行。而在建设项目的实施过程中,配套的环境防护和治理设施也必须同项目的总体工程同时设计、同时施工、同时验收并投入运行。建设项目环境影响评价的工作程序,大体可以划分为以下四个阶段。

(1)准备阶段。本阶段的主要工作是:研究有关文件,进行初步的工程分析和环境现状调查,筛选重点评价项目,确定各单位环境影响评价的工作等级,编制评价工作大纲。

(2)评价工作阶段。本阶段的主要工作是:进一步做好工程分析和环境现状的调查研究工作,并进行环境影响的预测和评价环境影响。

(3)报告书编写阶段。本阶段的主要工作是:汇总、分析第二阶段工作所得到的各种资料、数据,给出评价结论,完成环境影响报告书的编制。

(4)运行效果的检测、检验和评估阶段。本阶段的主要工作是:伴随着项目的建设、投产和运行,开展项目环境影响结果的检测和检验,对运行效果进行评估,并开展项目环境影响的后评价工作。

2. 环境影响评价报告的编写提纲

(1)总论。结合建设项目的特点,阐述编制《建设项目环境影响报告书》的目的和依据,采用的标准和控制与保护的目标。

(2)介绍建设项目概况。

1)建设项目名称、建设性质。

2)建设地点。

3)建设规模。

4)产品方案及主要工艺方法。

5)主要原料、燃料、水的用量及来源。

6)废水、废气、废渣、粉尘、放射性废物等的种类、排放量和排放方式,噪声、振动数值。

7)废物回收利用、综合利用,污染物处理方案、设施和主要工艺原则。

8)职工人数和生活区布局。

9)占地面积和土地利用情况。

10)发展规划。

(3)建设项目周围地区的环境状况调查。

1)地理位置。

2)地形、地貌、土壤和地质情况,江、河、湖、海、水库和水文地质情况、气象情况。

3)矿藏、森林、草原、水产和野生动物、野生植物、农作物情况。

4)自然保护区、风景游览区、名胜古迹、温泉、疗养区以及重要政治文化设施情况。

5)现有工矿企业分布情况。

6)生活居住区分布情况和人口密度、健康状况、地方病等情况。

7)大气、地表水、地下水的环境质量状况。

8)交通运输情况。

9)其他社会、经济活动污染、破坏环境状况资料。

(4)分析和预测建设项目对周围地区及环境的近期和远期影响。

1)对周围地区地质、水文地质、气象可能产生的影响，防范和减少这种影响的措施。

2)对周围地区自然资源可能产生的影响，防范和减少这种影响的措施。

3)对周围地区自然保护区、风景游览区、名胜古迹、疗养区等可能产生的影响，防范和减少这种影响的措施。

4)各种污染物最终排放量，对周围大气、水、土壤、环境质量及居民生活区的影响范围和程度。

5)噪声、振动、电磁波等对周围居民生活区的影响范围和程度，以及采取的防范措施。

6)绿化措施。包括防护地带的防护林和建设区域的绿化。

7)环保措施的投资估算。

(5)环境监测的建议与对策。

1)监测布点原则。

2)监测机构的设置、人员、设备等。

3)监测项目的确定。

(6)环境影响的经济损益分析。

1)设置经济损益分析评价指标体系。

2)环境影响因素的经济量化。

3)建立经济评价模型。

4)分析计算结果。

(7)结论。

1)环境质量影响。

2)项目建设规模、性质、选址是否合理，是否符合环保要求。

3)所采取的防治措施在技术上是否可行，在经济上是否合理。

4)是否需要再做进一步的评价和论证。

任务 2　规划环境影响评价

2.1　规划环境影响评价的概念、范围和要求

1. 规划环境影响评价的概念

《中华人民共和国环境影响评价法》将环境影响评价从建设项目拓展到规划领域，规划有关环境的篇章或说明，应该作为规划草案的组成部分一并报送规划审批机关；从决策源头上防治环境污染和生态破坏，全面实施可持续发展战略。

规划环境影响评价是对规划实施可能造成的环境影响进行分析、预测和评价，并提出预防或者减轻不良环境影响的对策和措施的过程，应在规划编制阶段进行。

规划环境影响评价文件包括环境影响报告书、环境影响篇章或说明。

2. 规划环境影响评价的范围

(1)国务院有关部门、设区的市级以上地方人民政府及其有关部门。其组织编制的以下两大类的规划应进行规划环境影响评价。

1)土地利用的有关规划。区域、流域、海域的建设、开发利用规划，应当在规划编制过程中组织进行环境影响评价，编写该规划有关环境影响的篇章或说明，并作为规划草案的组成部分一并报送规划审批机关。

2)专项规划。如工业、农业、畜牧业、林业、能源、水利、交通、城市建设、旅游、自然资源开发的有关专项规划，应在专项规划草案上报审批前组织进行环境影响评价，并向审批该专项规划的机关提交环境影响报告书。

(2)省、自治区、直辖市人民政府。可根据本地实际情况，要求对本辖区县级人民政府编制的规划进行环境影响评价。

3. 规划环境影响评价的要求

(1)对规划有关环境影响的篇章或者说明的要求。

1)对规划实施后可能造成的环境影响做出分析、预测和评估。

2)提出预防或减轻不良环境影响的对策和措施。

3)作为规划草案的组成部分一并报送规划审批机关。

(2)对规划进行环境影响评价，应当分析、预测和评估以下内容。

1)规划实施可能对相关区域、流域、海域生态系统产生的整体影响。

2)规划实施可能对环境和人群健康产生的长远影响。

3)规划实施的经济效益、社会效益与环境效益之间，以及当前利益与长远利益之间的关系。

2.2 规划环境影响评价的内容和审查

1. 规划环境影响评价的内容

(1)规划环境影响评价的分析、预测和评估内容。

1)规划实施可能对相关区域、流域、海域生态系统产生的整体影响。

2)规划实施可能对环境和人群健康产生的长远影响。

3)规划实施的经济效益、社会效益与环境效益之间以及当前利益与长远利益之间的关系。

(2)综合规划环境影响篇章或者说明的内容。

1)规划实施对环境可能造成影响的分析、预测和评估。主要包括资源环境承载能力分析、不良环境影响的分析和预测以及与相关规划的环境协调性分析。

2)预防或者减轻不良环境影响的对策和措施。主要包括预防或者减轻不良环境影响的政策、管理或者技术等措施。

(3)专项规划环境影响报告书的内容。除包括上述内容外，还应当包括环境影响评价结论。主要包括规划草案的环境合理性和可行性，预防或者减轻不良环境影响的对策和措施的合理性与有效性，以及规划草案的调整建议。

2. 规划环境影响评价的审查

(1)规划环境影响评价文件的报审。规划编制单位在报送审批综合性规划草案和专项规划中的指导性规划草案时，应当将环境影响篇章或者说明作为规划草案的组成部分一并报送规划审批机关。未编写环境影响篇章或者说明的，规划审批机关应当要求其补充；未补充的，规划审批机关不予审批。

规划编制单位在报送审批专项规划草案时，应当将环境影响报告书一并附送规划审批机关审查；未附送环境影响报告书的，规划审批机关应当要求其补充；未补充的，规划审批机关不予审批。

(2)规划环境影响报告书的审查内容。

1)基础资料、数据的真实性。

2)评价方法的适当性。

3)环境影响分析、预测和评估的可靠性。

4)预防或者减轻不良环境影响的对策和措施的合理性和有效性。

5)公众意见采纳与不采纳情况及其理由的说明的合理性。

6)环境影响评价结论的科学性。

发现规划存在重大环境问题的，审查时应当提出不予通过环境影响报告书的意见；发现规划环境影响报告书质量存在重大问题的，审查时应当提出对环境影响报告书进行修改并重新审查的意见。

(3)规划环境影响报告书的审查效力。规划审批机关在审批专项规划草案时，应当将环境影响报告书结论以及审查意见作为决策的重要依据。规划审批机关对环境影响报告书结论以及审查意见不予采纳的，应当逐项就不予采纳的理由做出书面说明，并存档备查。有关单位、专家和公众可以申请查阅；但是，依法需要保密的除外。

已经进行环境影响评价的规划包含具体建设项目的，规划的环境影响评价结论应当作为建设项目环境影响评价的重要依据，建设项目环境影响评价的内容可以根据规划环境影响评价的分析论证情况予以简化。

任务3 环境影响经济损益分析

3.1 环境影响经济损益分析的概念与影响

1. 环境影响经济损益分析的概念

环境影响经济损益分析，又称环境影响经济评价，是对环境影响的一种经济分析，对负面的环境影响，估算出的是环境成本；对正面的环境影响，估算出的是环境效益。它是在费用效益分析方法中体现出环境影响的作用，即先把环境受到的损害货币化后计入费用，把得到的环境效果货币化后计入效益，然后再进行费用效益分析。

建设项目环境影响经济损益分析包括建设项目环境影响经济评价和环境保护措施的经济损益评价。后者是环境保护措施的经济论证，要估算环境保护措施的投资费用、运行费用、取得的效益，用于多种环境保护措施的比较，选择费用比较低的环境保护措施。环境保护措施的经济论证不能代替建设项目环境影响的经济损益分析。

2. 建设项目类型划分及对环境的影响

我国每年的投资建设项目很多，这些建设项目的类型是多种多样的，不同类型的建设项目，由于其建设规模不同，地域范围不同，对环境的作用方式不同，从而对环境的影响程度也不同。这就要求必须针对不同类型建设项目的特点，采用不同的评价方法和步骤，以保证评价过程的可操作性和评价结果的准确性。据此，从建设项目环境影响经济评价的角度出发，将建设项目划分为以下四种类型。

(1)面状开发工程。这类工程项目规模大，包含多种开发工程，往往是对一定范围内环境资源的全面成片开发。如城市迁建工程、城乡移民工程等。这类工程的实施，常常伴随着大量移民生产、生活设施的建设，大批工厂企业的新建、大片土地的开垦、大量矿产资源的开发、大量工业和生活"三废"的排放等。因而，这类工程活动对生态环境作用的强度大、方式多、范围广，对环境的影响程度也大。进行环境影响的经济评价，客观上必须从工程实施前后环境质量水平变化的比较结果来全面衡量。

(2)网状开发工程。这类开发工程有代表性的就是区域交通工程建设。如长江三峡工程库区移民区交通建设工程，即原有交通线路的复建及新规划线路建设，包括公路、铁路、水运、航空等不同类型的交通工程，以及港口、码头、客站、机场及车船维修点等配套设施建设。这些不同类型的交通建设工程，形成了一个遍及整个区域的交通网络。这类工程活动虽然在区域内的分布密度不大，但影响范围较广，涉及评价区域的各个单元。

(3)线状开发工程。线状工程项目主要表现为交通干线及其沿线建设，如：京九铁路、南昆铁路、青藏铁路等。这类工程项目建设对环境影响程度的大小，取决于工程项目的规模、线路经过地区的自然地理特征及环境质量状况。由于其线路比较长，穿越不同类型的环境单元，因而存在不同路段对环境影响程度的空间差异性。

(4)点状开发工程。这类工程项目较常见，如某个工厂的新建、单个矿山的开采等。这类工程项目影响范围较小，作用方式较少，对环境的干扰程度较低，评价也相对较容易一些。但如果是同一区域内多个矿山的成片开发，以及同一流域范围内多个水电站的梯级开发，则应根据项目的具体情况，应视为面状或线状开发工程来进行评价。

3.2　环境影响经济损益分析的步骤与内容

1. 环境影响经济损益分析的步骤

(1)筛选环境影响。环境影响被筛选为三大类：第一类是被剔除、不再作任何评价分析的影响，如内部的、小的以及能被控制的影响；第二类是需要作定性说明的影响，如那些大的但可能很不确定的影响；第三类是需要并且能够量化和货币化的影响。

(2)量化环境影响后果。通过确定环境受影响程度与环境功能损害后果之间的关系，即剂量—反应关系，将前一阶段已经预测的环境影响程度转化为易于下一步进行价值评估的量化的环境功能损害后果，如将污染物浓度转化为发病率、死亡率的增加值。

(3)评估环境影响价值。采用环境经济学的环境经济损益分析方法，对量化后的环境功能损害后果进行货币化估价，即对建设项目的环境费用或环境效益进行估价。

(4)将环境影响价值纳入项目的经济分析。将货币化的环境影响价值纳入经济费用效益流量表，通过贴现，计算出费用效益经济净现值和经济内部收益率这两个重要的项目可行性指标，以判断是否改变和多大程度上改变了原有的可行性评价指标，从而判断项目的环境影响在多大程度上影响了项目的可行性。

2. 环境影响的经济损益分析的内容

(1)环境保护措施技术和经济可行性论证。根据建设项目产生的污染物的特点，调查同类企业现有环境保护处理方案的技术、经济运行指标，按照技术先进、可靠、可达和经济合理的原则，对建设项目可行性研究阶段所提出的环境保护措施进行多方案比选，推荐最佳方案。若所提措施不能满足环境保护要求，则需提出切实可行的改进完善建议，包括替代方案。

(2)污染处理工艺达标排放可靠性。对于建设项目的关键性环境保护措施，应调查国内外同类措施实际运行的技术和经济指标，结合建设项目排放污染物的基本建设特点，分析、论证建设项目环境保护设施运行参数是否合理，有无承受冲击负荷能力，能否稳定运行，确保污染物排放达标的可靠性，并提出进一步的改进意见。

(3)环境保护投资估算。按工程实施不同时段，分别列出其环境保护投资额，分析其合理性。计算环境保护投资占工程总投资的比例，给出各项措施及投资估算一览表。

(4)依托设施的可行性分析。对改建项目，原有工程的环境保护设施有相当一部分是可以利用的，如现有污水处理厂、固体废弃物填埋厂、焚烧炉等。原有环境保护设施是否能满足改扩建后的要求，需要认真核实，分析依托的可靠性。

随着经济的发展，依托公用环境保护设施已经成为区域环境污染防治的重要组成部分。对于项目依托的公用环境保护设施，也应分析其工艺合理性、接纳可行性等。

3.3 环境价值评价的方法

1. 环境价值的概念

环境的总价值包括环境的使用价值和非使用价值。

(1)环境的使用价值。环境的使用价值(UV)又称有用性价值，是指环境资源被生产者或消费者使用时，满足人们某种需要或偏好所表现出的价值，又分为直接使用价值、间接使用价值和选择价值。

1)直接使用价值。直接使用价值(DUV)是由环境资源对目前的生产或消费的直接贡献来决定的。以森林为例，木材、药品、休闲娱乐、植物基因、教育、人类居住区等都是森林的直接使用价值。直接使用价值在概念上是易于理解的，但这并不意味着在经济上易于衡量。森林产品的产量可以根据市场或调查数据进行估算，但是药用植物的价值却难以衡量。

2)间接使用价值。间接使用价值(IUV)包括从环境所提供的用来支持目前的生产和消费活动的各种功能中间接获得的效益。间接使用价值类似于生态学中的生态服务功能。仍以森林为例，营养循环、水域保护、减少空气污染、小气候调节等都属于间接使用价值的范畴。它们虽然不直接进入生产和消费过程，但却为生产和消费的正常进行提供了必要条件。

3)选择价值。选择价值(OV)又称期权价值。在利用环境资源时，并不希望它的功能很快消耗殆尽，也许会设想未来该资源的使用价值会更大。因此，可能会具有保护环境资源的愿望。选择价值同人们愿意为保护环境资源以备未来之用的支付意愿的数值有关，包括未来的直接和间接使用价值(生物多样性、被保护的栖息地等)。选择价值相当于消费者为一个未利用的资产所愿意支付的保险金，仅仅是为了避免在将来失去它的风险。

(2)环境的非使用价值。环境的非使用价值(NUV)又称内在价值，相当于生态学家所认为的某种物品的内在属性，它与人们是否使用没有关系。

2. 环境价值的组成

可以用下式表示环境总经济价值的组成：

$$环境总经济价值＝环境使用价值＋环境非使用价值$$

$$＝环境直接使用价值＋环境间接使用价值＋$$

$$环境选择价值＋环境非使用价值 \tag{5-1}$$

即：

$$TEV＝UV＋NUV＝DUV＋IUV＋OV＋NUV \tag{5-2}$$

3. 环境价值的度量

环境价值的恰当度量是人们的最大支付意愿，即一个人为获得某件环境物品（服务）而愿意付出的最大货币量。影响支付意愿的因素有：收入、替代品价格、年龄、教育、个人独特偏好以及对该环境物品的了解程度等。

市场价格在有些情况下（如对市场物品）可以近似地衡量物品的价值，但不能准确度量一个物品的价值。市场价格是由物品的总供给和总需求决定的，它通常低于消费者的最大支付意愿，二者之差是消费者剩余。三者的关系为：

$$价值＝支付意愿＝市场价格×消费量＋消费者剩余 \tag{5-3}$$

由于市场往往不能准确反映环境物品或服务的公共物品的市场价值，导致环境物品或服务在市场上的低价甚至是无价的状况。人们在消费许多环境服务或环境物品时，常常没有支付价格，那么这些环境物品或服务的价值就等于人们享受这些环境物品或服务时所获得的消费者剩余。有些环境价值评估技术就是通过测量这一消费者剩余来评估环境的价值。

4. 环境价值的评估方法

（1）直接市场评估法。直接市场评估法又称常规市场法、物理影响的市场评价法。它是根据生产率的变动情况来评估环境质量变动所带来影响的方法。直接市场评估法把环境质量看作是一个生产要素，正如劳动、土地资本等生产要素一样。环境质量的变动导致生产率和生产成本的变化，进而导致产品价格和产出水平的变化，这种变化是可以从直接受影响的市场价格观察并测量的。直接市场评估法利用市场价格，赋予环境损害或环境效益以价值。

（2）间接市场评估法。间接市场评估法又称揭示偏好法，是通过考察人们与市场相关的行为，特别是在与环境联系紧密的市场中所支付的价格或他们获得的利益，间接推断出人们对环境质量变化的估价，即环境质量变化的经济价值。

（3）意愿调查评估法。意愿调查评估法（简称 CV 法）是指通过调查等方法，让消费者直接表述出他们对环境物品或服务的支付意愿（或接受赔偿意愿），或者对其价值进行判断。在很多情形下，它是唯一可用的方法。如用于评价环境资源的选择价值和存在价值。

在意愿调查评估法中有两个广泛应用的概念，即对某一环境改善效益的支付意愿和对环境质量损失的接受赔偿意愿。意愿调查评估通常将一些家庭或个人作为样本，询问他们对于一项环境改善措施或一项防止环境恶化措施的支付愿望，或者要求住户或个人给出一个对忍受环境恶化而接受赔偿的愿望。与直接市场评估法和揭示偏好法不同，意愿调查法不是基于可观察到的或间接的市场行为，而是基于调查对象的回答。他们的回答告诉我们在假设的情况下，他们将采取什么行为。调查过程一般通过问卷或面对面询问的方式进行。直接询问调查对象的支付意愿或接受赔偿意愿是意愿调查法的特点。

📺 ➤ 项目小结

本项目主要介绍了环境影响评价、规划环境影响评价和环境影响经济损益分析等三部分内容。环境影响评价，是指对规划和建设项目实施后可能造成的环境影响进行分析、预测和评估，提出预防或者减轻不良环境影响的对策和措施，进行跟踪监测的方法与制度。规划环境影响评价是对规划实施可能造成的环境影响进行分析、预测和评价，并提出预防或者减轻不良环境影响的对策和措施的过程，应在规划编制阶段进行。环境影响的经济损益分析，又称环境影响经济评价，是对环境影响的一种经济分析，对负面的环境影响，估算出的是环境成本；对正面的环境影响，估算出的是环境效益。

📁 ➤ 思考与练习

一、填空题

1. 对规划和建设项目实施后可能造成的环境影响进行分析、预测和评估，提出预防或者减轻不良环境影响的对策和措施，进行跟踪监测的方法与制度，称为_____。

2. 可能造成重大环境影响的，应当编制_____，对产生的环境影响进行全面评价。

3. 建设项目所处环境的_____和_____是确定建设项目环境影响评价类别的重要依据。

4. 建设项目的环境影响评价工作必须在_____进行。

5. 规划环境影响评价文件包括_____、环境影响篇章或说明。

6. 环境的总价值包括环境的_____和非使用价值。

二、单项选择题

1. 下列不属于规划有关环境影响的篇章或者说明要求的是(　　)。

   A. 对规划实施后可能造成的环境影响做出分析、预测和评估

   B. 提出预防或减轻不良环境影响的对策和措施

   C. 作为规划草案的组成部分一并报送规划审批机关

   D. 规划实施可能对环境和人群健康产生的长远影响

2. 关于规划环境影响的跟踪评价的内容，下列叙述不正确的是(　　)。

   A. 规划实施后实际产生的环境影响与环境影响评价文件预测可能产生的环境影响之间的比较分析和评估

   B. 规划实施中所采取的预防或者减轻不良环境影响的对策和措施有效性的分析和评估

   C. 公众对规划实施的环境影响的评估

   D. 跟踪评价的结论

3. (　　)项目主要表现为交通干线及其沿线建设。

   A. 面状开发工程　　　　　　　　B. 网状开发工程

   C. 线状开发工程　　　　　　　　D. 点状开发工程

三、简答题

1. 环境影响评价有什么意义?
2. 环境影响报告书包括哪些内容?
3. 建设项目环境影响评价的工作程序，可以划分为哪几个阶段?
4. 规划环境影响评价的范围如何划分?
5. 环境影响被筛选为哪几类?
6. 环境影响的经济损益分析有哪些内容?

项目 6　建设项目投资估算

　　了解投资估算的依据、作用，熟悉投资估算的要求，掌握投资估算的内容；熟悉建设投资简单估算法，掌握建设投资分类估算法；了解建设期利息估算的条件，掌握建设期利息的估算方法；了解流动资金的概念和构成，掌握流动资金的估算方法；熟悉资金来源分析与评估，掌握资金成本分析，掌握资金筹措和使用设计方案分析评估的内容。

　　应用建设项目投资估算的方法，能够对建设项目进行投资前的精确估算；根据建设期利息估算的条件和方法，能够对建设期利息进行估算；根据流动资金的估算法，能够对建设项目流动资金进行估算；能够对项目筹资方案与资金使用计划方案进行合理性评估。

任务 1　认知建设项目投资估算

1.1　投资估算的内容

　　项目总投资由建设投资、建设期利息和流动资金构成。

　　(1)建设投资是指在项目筹建与建设期间所花费的全部建设费用，按概算法分类可分为工程费用、工程建设其他费用和预备费用。其中，工程费用包括建筑工程费、设备购置费和安装工程费；预备费用包括基本预备费和涨价预备费。也可将建设投资按照形成资产法分类，可分为形成固定资产的费用、形成无形资产的费用、形成其他资产的费用(简称固定资产费用、无形资产费用、其他资产费用)和预备费用四类。这两种分类方法并不影响建设投资的实质内容和估算值。

　　(2)建设期利息是债务资金在建设期内发生并应计入固定资产原值的利息，包括借款(或债券)利息以及手续费、承诺费、管理费等其他融资费用。

　　(3)流动资金是项目运营期内长期占用并周转使用的营运资金。

　　项目总投资的构成，即投资估算的具体内容如图 6-1 或图 6-2 所示。

1.2　投资估算的要求

　　项目决策分析与评价阶段一般可分为投资机会研究、初步可行性研究、可行性研究、项目前评估四个阶段。由于不同阶段的工作深度和掌握的资料详略程度不同，因此在建设项目决策分析与评价的不同阶段，允许投资估算的深度和准确度有所差别。建设项目决策

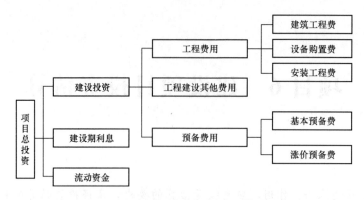

图 6-1　　项目总投资的构成(按概算法分类)

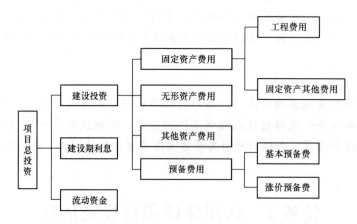

图 6-2　　项目总投资的构成(按形成资产法分类)

分析与评价的不同阶段对投资估算的准确度要求和允许误差率,见表 6-1。

表 6-1　项目决策分析与评价的不同阶段对投资估算准确度的要求

序号	项目决策分析与评价的不同阶段	投资估算的允许误差率
1	投资机会研究阶段	±30%以内
2	初步可行性研究(项目建议书)阶段	±20%以内
3	可行性研究阶段	±10%以内
4	项目前评估阶段	±10%以内

尽管投资估算在具体数额上允许存在一定的误差,但必须达到以下要求。

(1)估算的范围应与项目建设方案所涉及的范围、所确定的各项工程内容相一致。

(2)估算的工程内容和费用构成齐全,计算合理,不提高或者降低估算标准,不重复计算或者漏项少算。

(3)估算应做到方法科学、基础资料完整、依据充分。

(4)估算选用的指标与具体工程之间存在标准或者条件差异时,应进行必要的换算或者调整。

(5)估算的准确度应能满足项目决策分析与评价不同阶段的要求。

1.3 投资估算的依据与作用

1. 投资估算的依据

(1)拟建项目建设方案确定的各项工程建设内容及工程量。

(2)专门机构发布的建设工程造价费用构成、估算指标、计算方法，以及其他有关工程造价的文件。

(3)专门机构发布的工程建设其他费用估算办法和费用标准，以及有关机构发布的物价指数。

(4)部门或行业制定的投资估算办法和估算指标。

(5)拟建项目所需设备、材料的市场价格。

2. 投资估算的作用

(1)投资估算是投资决策的依据之一。

(2)投资估算是制订项目融资方案的依据。

(3)投资估算是进行项目经济评价的基础。

(4)投资估算是编制初步设计概算的依据，对项目的工程造价起着一定的控制作用。

任务 2　建设投资估算的方法

建设投资的估算采用何种方法应取决于要求达到的精确度，而精确度又由项目前期研究阶段的不同以及资料数据的可靠性决定。因此，在投资项目的不同前期研究阶段，允许采用详简不同、深度不同的估算方法。常用的估算方法有生产能力指数法、比例估算法、系数估算法、投资估算指标法和综合指标投资估算法。

2.1 建设投资简单估算法

1. 单位生产力指数估算法

单位生产力指标法根据已建成的、性质类似的建设项目的单位生产能力投资(如元/吨、元/千瓦)乘以拟建项目的生产能力来估算拟建项目的投资额。其计算公式为：

$$Y_2 = \frac{Y_1}{X_1} \times X_2 \times CF \tag{6-1}$$

式中　Y_2——拟建项目的投资额；

　　　Y_1——已建类似项目的投资额；

　　　X_1——已建类似项目的生产能力；

　　　X_2——拟建项目的生产能力；

　　　CF——不同时期、不同地点的定额、单价、费用变更等的综合调整系数。

该方法将项目的建设投资与其生产能力的关系视为简单的线性关系，估算简便迅速，但精确度较差。使用这种方法要求拟建项目与所选取的已建项目相类似，仅存在规模大小和时间上的差异。单位生产能力估算法一般仅用于机会研究阶段。

【例 6-1】 已知 2010 年建设污水处理能力 10 万立方米/日的污水处理厂，建设投资为

20 000 万元，2015 年拟建污水处理能力 16 万立方米/日的污水处理厂一座，工程条件与 2010 年已建项目类似，调整系数 CF 为 1.25，试估算该项目的建设投资。

【解】 根据式(6-1)，该项目的建设投资为：

$$Y_2 = \frac{Y_1}{X_1} \times X_2 \times CF = \frac{20\,000}{10} \times 16 \times 1.25 = 40\,000(万元)$$

2. 生产能力指数法

生产能力指数法是根据已建成的、性质类似的建设项目的投资额和生产能力与拟建项目的生产能力估算拟建项目的投资额。其计算公式为：

$$Y_2 = Y_1 \times (X_2/X_1)^n \times CF \tag{6-2}$$

式中 Y_2——拟建项目的投资额；

Y_1——已建类似项目的投资额；

X_2——拟建项目的生产能力；

X_1——已建类似项目的生产能力；

CF——新老项目建设间隔期内定额、单价、费用变更等的综合调整系数；

n——生产能力指数，$0 \leqslant n \leqslant 1$。

运用这种方法估算项目投资的重要条件，是要有合理的生产能力指数。若已建类似项目的规模和拟建项目的规模相差不大，生产规模比值为 0.5～2，则指数 n 的取值近似为 1；若已建类似项目的规模和拟建项目的规模相差不大于 50 倍，且拟建项目规模的扩大仅靠增大设备规模来达到时，则 n 取值为 0.6～0.7；若靠增加相同规格设备的数量达到时，则 n 取值为 0.8～0.9。

采用生产能力指数法，计算简单，速度快；但要求类似工程的资料可靠，条件基本相同，否则误差就会增大。

【例 6-2】 已知在某地兴建一座 30 万吨合成氨的化肥厂，总投资为 28 000 万元。假如现拟建 45 万吨合成氨的工厂，合成氨的生产能力指数为 0.81，调整系数为 1.1，试估算该项目的投资。

【解】 根据式(6-2)，该项目的投资为：

$$Y_2 = Y_1 \times \left(\frac{X_2}{X_1}\right)^n \times CF = 28\,000 \times \left(\frac{45}{30}\right)^{0.81} \times 1.1 = 42\,774(万元)$$

3. 比例估算法

(1)以拟建项目的全部设备费为基数进行估算。这种估算方法根据已建成的同类项目的建筑安装费和其他工程费用等占设备价值的百分比，求出相应的建筑安装费及其他工程费等，再加上拟建项目的其他有关费用，总和即为项目或装置的投资。其计算公式为：

$$C = E(1 + f_1 P_1 + f_2 P_2 + f_3 P_3 + \cdots) + I \tag{6-3}$$

式中 C——拟建项目的投资额；

E——根据拟建项目当时当地价格计算的设备费(含运杂费)的总和；

P_1、P_2、P_3、……——已建项目中建筑、安装及其他工程费用等占设备费的百分比；

f_1、f_2、f_3、……——由于时间因素引起的定额、价格、费用标准等综合调整系数；

I——拟建项目的其他费用。

【例 6-3】 某拟建项目设备购置费为 15 000 万元，根据已建同类项目统计资料，建筑工程费占设备购置费的 23%，安装工程费占设备购置费的 9%，该拟建项目的其他有关费用估计为 2 600 万元，调整系数 f_1、f_2 均为 1.1，试估算该项目的建设投资。

【解】 根据式(6-3)，该项目的建设投资为：

$$C=E(1+f_1P_1+f_2P_2)+I=15\,000\times[1+(23\%+9\%)\times1.1]+2\,600=22\,880(万元)$$

(2)以拟建项目的最主要工艺设备费为基数进行估算。这种估算方法根据同类型的已建项目的有关统计资料，计算出拟建项目的各专业工程(总图、土建、暖通、给水排水、管道、电气及电信、自控及其他工程费用等)占工艺设备投资(包括运杂费和安装费)的百分比，据以求出各专业的投资，然后把各部分投资(包括工艺设备费)相加求和，再加上工程其他有关费用，即为项目的总投资。其计算公式为：

$$C=E(1+f_1P_1'+f_2P_2'+f_3P_3'+\cdots)+I \tag{6-4}$$

式中 P_1'、P_2'、P_3'、$\cdots$——各专业工程费用占工艺设备费用的百分比。

其余符号意义同前。

4. 系数估算法

(1)朗格系数法。这种方法是以设备费为基础，乘以适当系数来推算项目的建设费用。其计算公式为：

$$D=C(1+\sum K_i)K_c \tag{6-5}$$

式中 D——总建设费用；

C——主要设备费用；

K_i——管线、仪表、建筑物等项费用的估算系数；

K_c——管理费、合同费、应急费等间接费在内的总估算系数。

总建设费用与设备费用之比为朗格系数 K_L，即：

$$K_L=(1+\sum K_i)K_c \tag{6-6}$$

这种方法比较简单，但没有考虑设备规格和材质的差异，所以精确度不高。

(2)设备及厂房系数法。一个项目，工艺设备投资和厂房土建投资之和占了整个项目投资的绝大部分。如果设计方案已确定生产工艺，初步选定了工艺设备并进行了工艺布置，这就有了工艺设备的质量及厂房的高度和面积。那么，工艺设备投资和厂房土建的投资就可以分别估算出来。其他专业，与设备关系较大的按设备系数计算，与厂房土建关系较大的则以厂房土建投资系数计算，两类投资加起来就得出整个项目的投资。这个方法在预可行性研究阶段使用是比较合适的。

【例 6-4】 某项目工艺设备及其安装费用估计为 2 600 万元，厂房土建费用估计为 4 200 万元，参照类似项目的统计资料，其他各专业工程投资系数如下，其他有关费用为 2 400 万元，试估算该项目的建设投资。

工艺设备	1.00	厂房土建(含设备基础)	1.00
起重设备	0.09	给水排水工程	0.04
加热炉及烟道	0.12	采暖通风	0.03
汽化冷却	0.01	工业管道	0.01
余热锅炉	0.04	电器照明	0.01
供电及转动	0.18		
自动化仪表	0.02		
系数合计：	1.46	系数合计：	1.09

【解】 根据上述方法，则该项目的建设投资为：

26 130×1.46+4 200×1.09+2 400=10 774(万元)

5. 估算指标法

估算指标法又称扩大指标法。估算指标是一种比概算指标更为扩大的单项工程指标或单位工程指标，以单项工程或单位工程为对象，综合了项目建设中的各类成本和费用，具有较强的综合性和概括性。

单项工程指标一般以单项工程生产能力单位投资表示，如工业窑炉砌筑以"元/立方米"表示，变配电站以"元/千伏安"表示，锅炉房以"元/吨蒸汽"表示。

单位工程指标一般以如下方式表示：房屋区别不同结构形式多以"元/平方米"表示，道路区别不同结构层、面层以"元/平方米"表示，管道区别不同材质、管径以"元/米"表示。

估算指标在使用过程中应根据不同地区、不同时期的实际情况进行适当调整，因为地区、时期不同，设备、材料及人工的价格均有差异。

估算指标法的精确度相对比概算指标法低，主要适用于初步可行性研究阶段。项目可行性研究阶段也可采用，主要是针对建筑安装工程费以及公用和辅助工程等配套工程。

实质上单位生产能力估算法也可算作一种最为粗略的扩大指标法，一般只适用于机会研究阶段。

2.2 建设投资分类估算

1. 建设工程费估算

建筑工程费是指为建造永久性建筑物和构筑物所需要的费用，主要包括各类房屋建筑工程和列入房屋建筑工程预算的供水、供暖、卫生、通风、煤气等设备费用及其装设、油饰工程的费用，列入建筑工程的各种管道、电力、电信和电缆导线敷设工程的费用；设备基础、支柱、工作台、烟囱、水塔、水池、灰塔等建筑工程以及各种窑炉的砌筑工程和金属结构工程的费用；建设场地的大型土石方工程、施工临时设施和完工后的场地清理等费用；矿井开凿、井巷延伸、露天矿剥离、石油、天然气钻井、修建铁路、公路、桥梁、水库、堤坝、灌渠及防洪等工程的费用。建筑工程费的估算方法有单位建筑工程投资估算法、单位实物工程量投资估算法和概算指标投资估算法。

(1)单位建筑工程投资估算法。单位建筑工程投资估算法是以单位建筑工程量投资乘以建筑工程总量来估算建筑工程费的方法。一般，工业与民用建筑以单位建筑面积(平方米)投资，工业窑炉砌筑以单位容积(立方米)投资，水库以水坝单位长度(米)投资，铁路路基以单位长度(公里)投资，矿山掘进以单位长度(米)投资，乘以相应的建筑工程总量计算建筑工程费。

(2)单位实物工程量投资估算法。单位实物工程量投资估算法是以单位实物工程量投资乘以实物工程量总量来估算建筑工程费的方法。土石方工程按每立方米投资，矿井巷道衬砌工程按每延长米投资，路面铺设工程按每平方米投资，乘以相应的实物工程量总量计算建筑工程费。

(3)概算指标投资估算法。在估算建筑工程费时，对于没有前两种估算指标，或者建筑工程费占建设投资比例较大的项目，可采用概算指标估算法。建筑工程概算指标通常是以整个建筑物为对象，以建筑面积、体积等为计量单位来确定人工、材料和机械台班的消耗量标准和造价指标。建筑工程概算指标有一般土建工程概算指标、给水排水工程概算指标、采暖工程概算指标、通信工程概算指标、电气照明工程概算指标等。采用概算指标投资估算法需要有较为详细的工程量资料、建筑材料价格和工程费用指标，工作量较大。具体方法参照专门机构发布的概算编制办法。

估算建筑工程费应编制建筑工程费估算表。

2. 设备购置费

设备购置费包括国内设备购置费、进口设备购置费和工器具及生产家具购置费。

(1)国内设备购置费估算。国内设备购置费是指为建设项目购置或自制的达到固定资产标准的各种国产设备的购置费用，它由设备原价和设备运杂费构成。

1)国产标准设备原价。一般应按带有备件的出厂价计算。

2)国产非标准设备原价。国产非标准设备是指国家尚无定型标准，设备生产厂不可能采用批量生产，只能根据具体的设计图样按订单制造的设备。

3)设备运杂费。设备运杂费通常由运输费、装卸费、运输包装费、供销手续费和仓库保管费等各项费用构成，一般按设备原价乘以设备运杂费费率计算。

(2)进口设备购置费估算。进口设备购置费由进口设备货价、进口从属费用及国内运杂费组成。

1)进口设备货价。进口设备货价按交货地点和方式的不同，分为离岸价与到岸价两种价格，一般多为离岸价。离岸价是指出口货物运抵出口国口岸交货的价格；到岸价是指进口货物抵达进口国口岸交货的价格，包括进口货物的离岸价、国外运费和国外运输保险费；进口设备货价可依据向有关生产厂商的询价、生产厂商的报价及订货合同价等研究确定。

2)进口从属费用。进口从属费用包括进口关税、进口环节消费税、进口环节增值税、外贸手续费和银行财务费等费用。

3)国内运杂费。国内运杂费通常由运输费、运输保险费、装卸费、包装费和仓库保管费等费用构成。

(3)工器具及生产家具购置费估算。工器具及生产家具购置费是指按照有关规定，为保证新建或扩建项目初期正常生产必须购置的第一套工卡模具、器具及生产家具的购置费用。一般以国内设备原价和进口设备离岸价为计算基数，按照部门或行业规定的工器具及生产家具费费率计算。

(4)备品备件购置费估算。设备购置费在大多数情况下采用带备件的原价估算，不必另行估算备品备件费用；在无法采用带备件的原价、需要另行估算备品备件购置费时，应按设备原价及有关专业概算指标(费率)估算。

3. 安装工程费估算

安装工程费一般包括以下内容。

(1)生产、动力、起重、运输、传动和医疗、实验等各种需要安装的机电设备、专用设备、仪器仪表等设备的安装费。

(2)工艺、供热、供电、给水排水、通风空调、净化及除尘、自控、电信等管道、管线、电缆等的材料费和安装费。

(3)设备和管道的保温、绝缘、防腐，设备内部的填充物等的材料费和安装费。

4. 估算方法

投资估算中安装工程费通常是根据行业或专门机构发布的安装工程定额、取费标准进行估算。具体计算可按安装费费率、每吨设备安装费指标或每单位安装实物工程量费用指标进行估算。其计算公式为：

$$安装工程费＝设备原价×安装费费率 \quad\quad (6-7)$$

或

$$安装工程费＝设备吨位×每吨设备安装费指标 \quad\quad (6-8)$$

或

$$安装工程费＝安装工程实物量×每单位安装实物工程量费用指标 \quad\quad (6-9)$$

附属管道量大的项目，还应单独估算并列出管道费用。

项目决策分析与评价阶段，安装工程费也可以按单项工程分别估算。

估算安装工程费应编制安装工程费估算表。

5. 工程建设其他费用估算

工程建设其他费用是指建设投资中除建筑工程费、设备购置费、安装工程费以外的，为保证工程建设顺利完成和交付使用后能够正常发挥效用而发生的各项费用。

（1）建设用地费。建设项目要取得其所需土地的使用权，必须支付征地补偿费或者土地使用权出让（转让）金或者租用土地使用权的费用，主要包括以下几项内容。

1）征地补偿费。征地补偿费是指建设项目通过划拨方式取得土地使用权，依据《中华人民共和国土地管理法》等法规所应支付的费用，其内容包括：土地补偿费；安置补助费；地上附着物和青苗补偿费；征地动迁费。包括征用土地上房屋及附属构筑物、城市公共设施等拆除、迁建补偿费、搬迁运输费，企业单位因搬迁造成的减产、停产损失补贴费、拆迁管理费等。其他税费包括按规定一次性缴纳的耕地占用税、分年缴纳的城镇土地使用税在建设期支付的部分、征地管理费，征收城市郊区菜地按规定缴纳的新菜地开发建设基金，以及土地复耕费等。项目投资估算中对以上各项费用应按照国家和地方相关规定标准计算。

2）土地使用权出让（转让）金。土地使用权出让（转让）金是指通过土地使用权出让（转让）方式，使建设项目取得有限期的土地使用权，依照《中华人民共和国城镇国有土地使用权出让和转让暂行条例》规定，支付的土地使用权出让（转让）金。

3）在建设期采用租用的方式获得土地使用权所发生的租地费用，以及建设期间临时用地补偿费。

（2）建设管理费。建设管理费是指建设单位从项目筹建开始直至项目竣工验收合格或交付使用为止发生的项目建设管理费用。费用内容包括建设单位管理费和工程建设监理费建设单位管理费指建设单位发生的管理性质的开支；工程建设监理费指建设单位委托工程监理单位实施工程监理的费用。

（3）可行性研究费。可行性研究费是指在建设项目前期工作中，编制和评估项目建议书、可行性研究报告所需的费用。可行性研究费参照原国家计委相关规定执行，或按委托咨询合同的咨询费数额估算。

（4）研究试验费。研究试验费是指为建设项目提供或验证设计数据、资料等进行必要的研究试验以及按照设计规定在建设过程中必须进行试验、验证所需的费用。研究试验费应按照研究试验内容和要求进行估算。

（5）勘察设计费。勘察设计费是指委托勘察设计单位进行工程水文地质勘查、工程设计所发生的各项费用。包括工程勘察费、初步设计费、施工图设计费以及设计模型制作费。

勘察设计费参照原国家计委、建设部有关规定计算。

(6)环境影响评价费。环境影响评价费是按照《中华人民共和国环境影响评价法》等相关规定为评价建设项目对环境可能产生影响所需的费用。包括编制和评估环境影响报告书(含大纲)、环境影响报告表等所需的费用。环境影响评价费可参照有关环境影响咨询收费的相关规定或咨询合同计算。

(7)安全、职业卫生健康评价费。安全、职业卫生健康评价费是指对建设项目存在的职业危险、危害因素的种类和危险、危害程度以及拟采取的安全、职业卫生健康技术和管理对策进行研究评价所需的费用,包括编制预评价大纲和预评价报告及其评估等,可依照建设项目所在省、自治区、直辖市劳动安全行政部门规定的标准计算。

(8)场地准备及临时设施费。建设场地准备费是指建设项目为达到工程开工条件所发生的场地平整和对建设场地余留的有碍施工建设的设施进行拆除清理的费用。建设单位临时设施费是指为满足施工建设需要而供到场地界区的,未列入工程费用的临时水、电、气、道路、通信等费用和建设单位的临时建筑物、构筑物搭设、维修、拆除或者建设期间的租赁费用,以及施工期间专用公路养护费、维修费。新建项目的场地准备和临时设施费应根据实际工程量估算,或按工程费用的比例计算。改建、扩建项目一般只计拆除清理费。具体费率按照部门或行业的规定执行。

(9)引进技术和设备其他费用。引进技术和设备其他费用是指引进技术和设备发生的未计入设备购置费的费用,主要包括以下费用。

1)引进设备材料国内检验费。以按进口设备材料离岸价为基数乘以费率计取。

2)引进项目图纸资料翻译复制费、备品备件测绘费。引进项目图纸资料翻译复制费根据引进项目的具体情况估算或者按引进设备离岸价的比例估算。备品备件测绘费按项目具体情况估算。

3)出国人员费用。包括买方人员出国设计联络、出国考察、联合设计、监造、培训等所发生的旅费、生活费等。出国人员费用依据合同或协议规定的出国人次、期限以及相应的费用标准计算。其中,生活费按照财政部、外交部规定的现行标准计算,旅费按中国民航公布的现行标准计算。

4)来华人员费用。包括卖方来华工程技术人员的现场办公费用、往返现场交通费用、接待费用等。来华人员费用依据引进合同或协议有关条款及来华技术人员派遣计划进行计算。来华人员接待费用可按每人次费用指标计算。具体费用指标按照部门或行业的规定执行。

5)银行担保及承诺费。银行担保及承诺费是指引进技术和设备项目由国内外金融机构进行担保所发生的费用,以及支付贷款机构的承诺费用。银行担保及承诺费应按担保或承诺协议计取。投资估算时可按担保金额或承诺金额为基数乘以费率计算。已计入其他融资费用的不应重复计算。

(10)工程保险费。工程保险费是指建设项目在建设期间根据需要对建筑工程、安装工程、机器设备和人身安全进行投保而发生的保险费用。包括建筑安装工程一切险、引进设备财产保险和人身意外伤害险等。建设项目可根据工程特点选择投保险种,编制投资估算时可按工程费用的比例估算。工程保险费费率按照保险公司的规定或按部门、行业规定执行。建筑安装工程费中已计入的工程保险费,不再重复计取。

(11)市政公用设施建设及绿化补偿费。市政公用设施建设及绿化补偿费是指使用市政公用设施的建设项目，按照项目所在省、自治区、直辖市人民政府有关规定，建设或者缴纳市政公用设施建设配套费用以及绿化工程补偿费用。市政公用设施建设及绿化补偿费按项目所在地人民政府规定标准估算。

（12）超限设备运输特殊措施费。超限设备运输特殊措施费是指超限设备在运输过程中需进行的路面拓宽、桥梁加固、铁路设施、码头等改造时所发生的特殊措施费。超限设备的标准遵从行业规定。

（13）特殊设备安全监督检验费。特殊设备安全监督检验费是指在现场组装和安装的锅炉及压力容器、压力管道、消防设备、电梯等特殊设备和实施，由安全监察部门进行安全检验，应由项目向安全监察部门缴纳的费用。该费用可按受检设备和设施的现场安装费的一定比例估算。安全监察部门有规定的，从其规定。

（14）联合试运转费。联合试运转费是指新建项目或新增加生产能力的工程，在交付生产前按照批准的设计文件所规定的工程质量标准和技术要求，进行整个生产线或装置的负荷联合试运转或局部联动试车所发生的费用净支出（试运转支出大于收入的差额部分费用）。联合试运转费一般根据不同性质的项目按需要试运转车间的工艺设备购置费的百分比估算。具体费率按照部门或行业的规定执行。

（15）安全生产费用。安全生产费用是指建筑施工企业按照国家有关规定和建筑施工安全标准，购置施工安全防护用具、落实安全施工措施、改善安全生产条件、加强安全生产管理等所需的费用。按照有关法规，在我国境内从事矿山开采、建筑施工、危险品生产及道路交通运输的企业以及其他经济组织应提取安全生产费用。其提取基数和提取方式随行业不同。按照相关规定，建筑施工企业以建筑安装工程费用为基数提取，并计入工程造价。规定的提取比例随工程类别不同而有所不同。建筑安装工程费中已计入安全生产费用的，不再重复计取。

（16）专利及专有技术使用费。费用内容包括：国外设计及技术资料费，引进有效专利、专有技术使用费和技术保密费；国内有效专利、专有技术使用费；商标使用费、特许经营权费等。专利及专有技术使用费应按专利使用许可协议和专有技术使用合同确定的数额估算。专有技术的界定应以省、部级鉴定批准为依据。建设投资中只估算需在建设期支付的专利及专有技术使用费。

（17）生产准备费。生产准备费是指建设项目为保证竣工交付使用、正常生产运营进行必要的生产准备所发生的费用。包括生产人员培训费，提前进厂参加施工、设备安装、调试以及熟悉工艺流程及设备性能等人员的工资、工资性补贴、职工福利费、差旅交通费、劳动保护费、学习资料费等费用。生产准备费一般根据需要培训和提前进厂人员的人数及培训时间按生产准备费指标计算。新建项目以可行性研究报告定员人数为计算基数，改、扩建项目以新增定员为计算基数。具体费用指标按照部门或行业的规定执行。

（18）办公及生活家具购置费。办公及生活家具购置费是指为保证新建、改建、扩建项目初期正常生产、使用和管理所必须购置的办公和生活家具、用具的费用。该项费用一般按照项目定员人数乘以费用指标估算。具体费用指标按照部门或行业的规定执行。

投资估算中也可按照项目竣工后各项费用形成资产的种类将上述工程建设其他费用直接分为固定资产其他费用、无形资产费用和其他资产费用三部分。

1）固定资产其他费用。固定资产其他费用是指将在项目竣工时与工程费用一道形成固定资产原值的费用。在投资构成中，固定资产其他费用与工程费用合称为固定资产费用。

主要包括征地补偿和租地费，建设管理费，可行性研究费，勘察设计费，研究试验费，环境影响评价费，安全、职业卫生健康评价费，场地准备及临时设施费，引进技术和设备其他费用，工程保险费，市政公用设施建设及绿化补偿费，特殊设备安全监督检验费，超限设备运输特殊措施费，联合试运转费和安全生产费用等。

2）无形资产费用。无形资产费用是指按规定应在项目竣工时形成无形资产原值的费用。按照《企业会计准则》规定的无形资产范围，工程建设其他费用中的专利及专有技术使用费、土地使用权出让（转让）金应计入无形资产费用，但房地产企业开发商品房时，相关的土地使用权账面价值应当计入所建造房屋建筑物成本。

3）其他资产费用。其他资产费用是指按规定应在项目竣工时形成其他资产原值的费用。按照有关规定，形成其他资产原值的费用主要有生产准备费、办公及生活家具购置费等开办费性质的费用。有的行业还包括某些特殊的费用。另外，某些行业还规定将出国人员费用、来华人员费用和图纸资料翻译复制费列入其他资产费用。

5. 预备费用估算

（1）基本预备费估算。基本预备费是指在项目实施中可能发生，但在项目决策分析与评价阶段难以预计的，需要事先预留的费用，又称工程建设不可预见费。一般由下列三项内容构成。

1）在批准的设计范围内，技术设计、施工图设计及施工过程中所增加的工程费用；经批准的设计变更、工程变更、材料代用、局部地基处理等增加的费用。

2）一般自然灾害造成的损失和预防自然灾害所采取的措施费用。

3）竣工验收时为鉴定工程质量对隐蔽工程进行必要的挖掘和修复费用。

基本预备费以工程费用和工程建设其他费用之和为基数，按部门或行业主管部门规定的基本预备费费率估算。其计算公式为：

$$基本预备费＝（工程费用＋工程建设其他费用）×基本预备费费率 \qquad (6\text{-}10)$$

（2）涨价预备费估算。涨价预备费是对建设工期较长的项目，由于在建设期内可能发生材料、设备、人工、机械台班等价格上涨引起投资增加而需要事先预留的费用，亦称价格变动不可预见费、价差预备费。涨价预备费一般以分年的工程费用为计算基数，计算公式为：

$$PC = \sum_{t=1}^{n} I_t \left[(1+f)^t - 1 \right] \qquad (6\text{-}11)$$

式中　PC——涨价预备费；

　　　I_t——第 t 年的工程费用；

　　　f——建设期价格上涨指数；

　　　n——建设期；

　　　t——年份。

目前，涨价预备费有不同的计算方式，式（6-11）的计费基数是最小的，计算出的涨价预备费数额最低。国内外也有将工程费用和工程建设其他费用合计作为计费基数的，甚至有将基本预备费也纳入计费基数的情况，按后者计算的涨价预备费数额最高。

【例 6-5】 某建设项目，建设期为 3 年，各年投资计划额为：第 1 年投资 7 200 万元，第 2 年 10 800 万元，第 3 年 3 600 万元，年均投资价格上涨率为 6%，试计算建设项目建设期间涨价预备费。

【解】 第 1 年涨价预备费为：

$PC_1 = I_1[(1+f)-1] = 7\ 200 \times [(1+6\%)-1] = 432(万元)$

第 2 年涨价预备费为：

$PC_2 = I_2[(1+f)^2-1] = 10\ 800 \times [(1+6\%)^2-1] = 1\ 334.88(万元)$

第 3 年涨价预备费为：

$PC_3 = I_3[(1+f)^3-1] = 3\ 600 \times [(1+6\%)^3-1] = 687.66(万元)$

所以，建设期的涨价预备费为 2 454.54 万元。

建设期价格上涨指数，政府主管部门有规定的按规定执行，没有规定的由工程咨询人员合理预测。

任务 3　建设期利息估算

3.1　建设期利息估算的概念和前提条件

1. 建设期利息估算的概念

建设期利息是债务资金在建设期内发生并应计入固定资产原值的利息，包括借款（或债券）利息及手续费、承诺费、发行费、管理费等融资费用。

2. 建设期利息估算的前提条件

(1)建设投资估算及其分年投资计划。

(2)确定项目资本金(注册资本)数额及其分年投入计划。

(3)确定项目债务资金的筹措方式(银行贷款或企业债券)及债务资金成本率(银行贷款利率或企业债券利率及发行手续费率等)。

3.2　建设期利息的估算方法

估算建设期利息应注意有效利率和名义利率的区别。

项目在建设期内如能用非债务资金按期支付利息，应按单利计息；在建设期内如不支付利息，或用借款支付利息应按复利计息。

项目评价中对当年借款额在年内按月、按季均衡发生的项目，为了简化计算，通常假设借款发生当年均在年中使用，按半年计息，其后年份按全年计息。

对借款额在建设期各年年初发生的项目，则应按全年计息。

建设期利息的计算要根据借款在建设期各年年初发生或者在各年年内均衡发生的情况，采用不同的计算公式。

(1)借款额在建设期各年年初发生，建设期利息的计算公式为：

$$Q = \sum_{t=1}^{n} [(P_{t-1} + A_t) \times i] \tag{6-12}$$

式中　Q——建设期利息；

　　P_{t-1}——按单利计息，为建设期第 $t-1$ 年末借款累计；按复利计息，为建设期第 $t-1$ 年末借款本息累计；

A_t——建设期第 t 年借款额；

i——借款年利率；

f——年份。

(2)借款额在建设期各年年内均衡发生，建设期利息的计算公式为：

$$Q = \sum_{t=1}^{n} \left[\left(P_{t-1} + \frac{A_t}{2} \right) \times i \right] \tag{6-13}$$

【例6-6】 某新建项目，建设期为3年，分年均衡进行贷款，第1年贷款300万元，第2年600万元，第3年400万元，年利率为12%，建设期内利息只计息不支付。计算建设期贷款利息。

【解】 第1年借款利息为：

$$q_1 = \frac{1}{2} A_1 \times i = \frac{1}{2} \times 300 \times 12\% = 18(万元)$$

第2年借款利息为：

$$q_2 = \left(p_1 + \frac{1}{2} A_2 \right) \times i = \left(300 + 18 + \frac{1}{2} \times 600 \right) \times 12\% = 74.16(万元)$$

第3年借款利息为：

$$q_3 = \left(p_2 + \frac{1}{2} A_3 \right) \times i = \left(318 + 600 + 74.16 + \frac{1}{2} \times 400 \right) \times 12\% = 143.06(万元)$$

该项目的建设期利息为：

$$q_1 + q_2 + q_3 = 18 + 74.16 + 143.06 = 235.22(万元)$$

任务4　流动资金估算

4.1　流动资金的概念和构成

1. 流动资金的概念

流动资金是指项目运营期内长期占用并周转使用的营运资金，不包括运营中临时性需要的资金。流动资金估算的基础主要是营业收入和经营成本。因此，流动资金估算应在营业收入和经营成本估算之后进行。

2. 流动资金的构成

项目流动资金是流动资产的货币表现，从流动资产的主要内容看，其具体包括货币资金、应收账款和存货等。按照新的财务制度的规定，对流动资金构成及用途的划分突出了流动资产核算的重要性，强化了对流通领域中流动资金的核算，因此流动资金结构按变现速度的快慢顺序可以划分为货币资金、应收及预付款项和存货三部分，并与流动负债（即应付和预收账款）相加形成企业的流动资产。

4.2　流动资金的估算方法

流动资金的估算一般采用分项详细估算法，项目决策分析与评价的初期阶段或者小型项目可采用扩大指标估算法。

1. 分项详细估算法

分项详细估算法虽然工作量较大，但是准确度较高，一般项目在可行性研究阶段应采用分项详细估算法。

分项详细估算法是对流动资产和流动负债主要构成要素，即存货、现金、应收账款、预付账款、应付账款、预收账款等项内容分项进行估算，最后得出项目所需的流动资金数额。其计算公式为：

$$流动资金＝流动资产－流动负债 \tag{6-14}$$

$$流动资产＝应收账款＋预付账款＋存货＋现金 \tag{6-15}$$

$$流动负债＝应付账款＋预收账款 \tag{6-16}$$

$$流动资金本年增加额＝本年流动资金－上年流动资金 \tag{6-17}$$

流动资金估算的具体步骤为：首先确定各分项的最低周转天数，计算出各分项的年周转次数，然后再分项估算占用资金额。

（1）各项流动资产和流动负债最低周转天数的确定。采用分项详细估算法估算流动资金，其准确度取决于各项流动资产和流动负债的最低周转天数取值的合理性。在确定最低周转天数时要根据项目的实际情况，并考虑一定的保险系数。如存货中的外购原材料、燃料的最低周转天数应根据不同来源，考虑运输方式、运输距离、设计储存能力等因素分别确定。在产品的最低周转天数应根据产品生产工艺流程的实际情况确定。

（2）年周转次数计算。其计算公式为：

$$年周转次数＝\frac{360 天}{最低周转天数} \tag{6-18}$$

各类流动资产和流动负债的最低周转天数参照同类企业的平均周转天数并结合项目特点确定，或按部门（行业）规定执行。

（3）流动资产估算。流动资产是指可以在 1 年或者超过 1 年的一个营业周期内变现或耗用的资产，主要包括货币资金、短期投资、应收及预付款项、存货、待摊费用等。为简化计算，项目评价中仅考虑存货、应收账款和现金三项，可能发生预付账款的某些项目，还可包括预付账款。

1）存货估算。存货是指企业在日常生产经营过程中持有以备出售，或者仍然处在生产过程，或者在生产或提供劳务过程中将消耗的材料或物料等，包括各类材料、商品、在产品、半成品、产成品等。为简化计算，项目评价中仅考虑外购原材料、外购燃料、在产品和产成品，对外购原材料和外购燃料通常需要分品种分项进行计算。其计算公式为：

$$存货＝外购原材料＋外购燃料＋其他材料＋在产品＋产成品 \tag{6-19}$$

$$外购原材料＝\frac{年外购原材料费用}{外购原材料年周转次数} \tag{6-20}$$

$$外购燃料＝\frac{年外购燃料费用}{外购燃料周转次数} \tag{6-21}$$

$$其他材料＝\frac{年外购其他材料费用}{外购其他材料年周转次数} \tag{6-22}$$

其他材料是指在修理费中核算的备品备件等修理材料；其他材料费用数额不大的项目，也可以不予计算。

$$在产品＝\frac{年外购原材料、燃料、动力费＋年工资及福利费＋年修理费＋年其他制造费用}{在产品周转次数}$$

$$\tag{6-23}$$

$$产成品 = \frac{年经营成本 - 年其他经营费用}{产成品周转次数} \tag{6-24}$$

2)应收账款估算。项目评价中，应收账款的计算公式为：

$$应收账款 = \frac{年经营成本}{应收账款周转次数} \tag{6-25}$$

应收账款的计算也可用营业收入替代经营成本。考虑到实际占用企业流动资金的主要是经营成本范畴的费用，因此选择经营成本有其合理性。

3)现金估算。项目评价中的现金是指货币资金，即为维持日常生产运营所必须预留的货币资金，包括库存现金和银行存款。项目评价中，现金的计算公式为：

$$现金 = \frac{年工资及福利费 + 年其他费用}{现金周转次数} \tag{6-26}$$

年其他费用 = 制造费用 + 管理费用 + 营业费用 - (以上三项费用中所含的工资及福利费、

折旧费、摊销费、修理费) (6-27)

年其他费用 = 其他制造费用 + 其他营业费用 + 其他管理费用 +

技术转让费 + 研究与开发费 + 土地使用税 (6-28)

4)预付账款估算。预付账款是指企业为购买各类原材料、燃料或服务所预先支付的款项。项目评价中，预付账款的计算公式为：

$$预付账款 = \frac{预付的各类原材料、燃料或服务年费用}{预付账款周转次数} \tag{6-29}$$

(4)流动负债估算。流动负债是指将在1年(含1年)或者超过1年的一个营业周期内偿还的债务，包括短期借款、应付账款、预收账款、应付工资、应付福利费、应交税金、应付股利、预提费用等。为简化计算，项目评价中仅考虑应付账款，将发生预收账款的某些项目，还可包括预收账款。

1)应付账款估算。应付账款是因购买材料、商品或接受劳务等而发生的债务，是买卖双方在购销活动中由于取得物资与支付货款在时间上不一致而产生的负债。项目评价中，应付账款的计算公式为：

$$应付账款 = \frac{外购原材料、燃料、动力及其他材料年费用}{应付账款周转次数} \tag{6-30}$$

2)预收账款估算。预收账款是买卖双方协议商定，由购买方预先支付一部分货款给销售方，从而形成销售方的负债。项目评价中，预收账款的计算公式为：

$$预收账款 = \frac{预收的营业收入年金额}{预收账款周转次数} \tag{6-31}$$

估算流动资金应编制流动资金估算表。

【例6-7】 某新建项目工程费用为6 000万元，工程建设其他费用为2 000万元，建设期为3年，基本预备费率为5%，预计年平均价格上涨率为3%。该项目的实施计划进度为：第1年完成项目全部投资的20%，第2年完成项目全部投资的55%，第3年完成项目全部投资的25%。本项目有自有资金4 000万元，其余为贷款，贷款年利率为5%(按半年计息)。在投资过程中，先使用自有资金，然后向银行贷款；投产后的年营业收入为7 432万元，年经营成本为5 681万元(年外购原材料4 125万元，进口零部件725万元，外购燃料27万元，年工资福利费228万元，年其他费用507万元，年修理费69万元)，年其他费用中的年其他制造费用为 304 万元；各项流动资金最低周转天数：应收账款 40 天，预付账款 30 天，原材料 50 天，进口零部件 90 天，燃料 60 天，在产品 20 天，产成品 10 天，现金 15 天，应付账款 40 天，预收账款 30 天。试估算该项目的总投资。

【解】 （1）基本预备费。

基本预备费＝（工程费用＋工程建设其他费用）×基本预备费费率

$\qquad$＝（6 000＋2 000）×5％

$\qquad$＝400（万元）

（2）涨价预备费。

第 1 年计划投资额：$I_1＝6\,000×20％＝1\,200$（万元）

第 1 年涨价预备费：$PC_1＝I_1[(1+f)-1]＝1\,200×[(1+3％)-1]＝36$（万元）

第 2 年计划投资额：$I_2＝6\,000×55％＝3\,300$（万元）

第 2 年涨价预备费：

$PC_2＝I_2[(1+f)^2-1]＝3\,300×[(1+3％)^2-1]＝200.97$（万元）

第三年计划投资额：$I_3＝6\,000×25％＝1\,500$（万元）

第三年涨价预备费：

$PC_3＝I_3[(1+f)^3-1]＝1\,500×[(1+3％)^3-1]＝139.09$（万元）

所以涨价预备费为 $PC＝PC_1+PC_2+PC_3＝36+200.97+139.09＝376.06$（万元）

（3）建设投资。

建设投资＝工程费＋工程建设其他费＋基本预备费＋涨价预备费

$\qquad$＝6 000＋2 000＋400＋376.06＝8 776.06（万元）

（4）建设期贷款利息。

有效年利率 $＝\left(1+\dfrac{5％}{2}\right)^2-1＝5.06％$

第 1 年投资计划额＝8 776.06×20％＝1 755.212（万元）

第 1 年不需要贷款。

第 2 年投资计划额＝8 776.06×55％＝4 826.83（万元）

第 2 年贷款额＝1 755.212＋4 826.83-4 000＝2 582.04（万元）

第 2 年贷款利息：

$$q_2＝\left(P_1+\frac{1}{2}A_2\right)×i＝\left(\frac{1}{2}×2\,582.04\right)×5.06％＝65.33（万元）$$

第 3 年投资计划额＝8 776.06×25％＝2 194.02（万元）

第 3 年贷款额＝2 194.02（万元）

第 3 年贷款利息：

$$q_3＝\left(P_2+\frac{1}{2}A_3\right)×i＝\left(2\,582.04+65.33+\frac{1}{2}×2\,194.02\right)×5.06％＝189.47（万元）$$

该项目的建设期利息 $q_1+q_2+q_3＝65.33+189.47＝254.8$（万元）

（5）流动资金。

应收账款年周转次数＝360÷40＝9（次）

预付账款年周转次数＝360÷30＝12（次）

原材料年周转次数＝360÷50＝7.2（次）

进口零部件年周转次数＝360÷90＝4（次）

燃料年周转次数＝360÷60＝6(次)

在产品年周转次数＝360÷20＝18(次)

产成品年周转次数＝360÷10＝36(次)

现金年周转次数＝360÷15＝24(次)

应付账款年周转次数＝360÷40＝9(次)

预收账款年周转次数＝360÷30＝12(次)

$$应收账款＝\frac{年经营成本}{应收账款年周转次数}＝\frac{5\,681}{9}＝631.22(万元)$$

$$预付账款＝\frac{年外购原材料费＋进口零部件费＋外购燃料费}{预付账款年周转次数}$$

$$＝\frac{4\,125＋725＋27}{12}＝406.42(万元)$$

$$外购原材料＝\frac{年外购原材料费}{外购原材料年周转次数}＝\frac{4\,125}{7.2}＝572.92(万元)$$

$$外购进口零部件＝\frac{年外购进口零部件费}{外购进口零部件年周转次数}＝\frac{725}{4}＝181.25(万元)$$

外购燃料＝年外购燃料费/外购燃料年周转次数＝27/6＝4.5(万元)

在产品＝(年外购原材料费＋年进口零部件费＋年外购燃料费＋年工资福利费＋
年修理费＋年其他制造费用)/在产品年周转次数
＝(4\,125＋725＋27＋228＋69＋304)/18＝304.33(万元)

产成品＝(年经营成本－年营业费用)/产成品周转次数
＝(5\,681－3\,430)/36＝62.53(万元)

现金＝年工资福利费＋年其他费用/现金年周转次数＝(228＋507)/24＝30.63(万元)

应付账款＝(年外购原材料费＋年进口零部件费＋年外购燃料费)/应付账款年周转次数
＝(4\,125＋725＋27)/9＝541.89(万元)

预收账款＝预收的年营业收入/应收账款年周转次数＝7\,432/12＝619.33(万元)

流动资产＝应收账款＋预付账款＋存货＋现金
＝631.22＋406.42＋1\,125.53＋30.63
＝2\,193.8(万元)

流动负债＝应付账款＋预收账款
＝541.89＋619.33＝1\,161.22(万元)

流动资金＝流动资产－流动负债
＝2\,193.8－1\,161.22＝1\,032.58(万元)

(6)项目总投资。

项目总投资＝建设投资＋建设期利息＋流动资金
＝8\,776.06＋254.8＋1\,032.58
＝10\,063.44(万元)

2. 扩大指标估算法

扩大指标估算法简便易行，但准确度不如分项详细估算法，在项目初步可行性研究阶段可采用扩大指标估算法。某些流动资金需要量小的行业项目或非制造业项目在可行性研究阶段也可采用扩大指标估算法。

扩大指标估算法是参照同类企业流动资金占营业收入的比例（营业收入资金率）、流动资金占经营成本的比例（经营成本资金率）或单位产量占用流动资金的数额来估算流动资金。其计算公式分别为：

$$流动资金＝年营业收入额×营业收入资金率 \tag{6-32}$$

或

$$流动资金＝年经营成本×经营成本资金率 \tag{6-33}$$

或

$$流动资金＝年产量×单位产量占用流动资金额 \tag{6-34}$$

3. 流动资金估算应注意的问题

（1）投入和产出的成本估算中采用不含增值税销项税额和进项税额的价格时，流动资金估算中应注意将该销项税额和进项税额分别包含在相应的收入和成本支出中。

（2）项目投产初期所需流动资金在实际工作中应在项目投产前筹措。为简化计算，项目评价中流动资金可从投产第一年开始安排，运营负荷增长，流动资金也随之增加。但采用分项详细估算法估算流动资金时，运营期各年的流动资金数额应依照上述公式分年进行估算，不能简单地按 100%运营负荷下的流动资金乘以投产期运营负荷估算。

任务 5　项目筹资方案与资金使用计划方案评估

5.1　资金来源分析与评估

1. 资本金

资本金是指项目总投资中由投资者提供的资金，对投资项目来说是非债务资金，也是获得债务资金的基础。国家对经营性项目实行资本金制度，规定了经营性项目的建设都要有一定数额的资本金，并提出了各行业项目资本金的最低比例要求。在可行性研究阶段，应针对新设项目法人融资和既有项目法人融资组织形式的特点，分别研究资本金筹措方案。

根据《国务院关于固定资产投资项目试行资本金制度的通知》（以下简称《通知》）的精神，从 1996 年开始，对各种经营性项目包括国有单位的基本建设、技术改造、房地产开发项目和集体投资项目，试行资本金制度，投资项目必须首先落实资本金才能建设。项目资本金可以用货币出资，也可以用实物、工业产权、非专利技术、土地使用权作价出资。对于后者，必须经过有资格的资产评估机构依照法律、法规评估作价。以工业产权、非专利技术作价出资的比例，除国家对采用高新技术成果有特别规定的外，其他均不得超过资本金总额的 20%。

2. 资本金来源

投资者以货币方式认缴的资本金，其他资金来源有以下几个方面。

（1）中央和地方各级政府预算内资金。

（2）国家批准的各项专项建设资金。

（3）"拨改贷"和经营性基本建设基金回收的本息。

（4）土地出租收入。

（5）国有企业产权转让收入。

（6）地方政府按国家有关规定收取的各种费用及其他预算外资金。

（7）国家授权的投资机构及企业法人的所有者权益（包括资本金、资本公积金、盈余公积金、未分配利润、股票上市收益资金等）。

（8）企业折旧基金以及投资者按照国家规定从资本市场上筹措的资金。

（9）经批准，发行股票或可转换债券。

（10）国家规定的其他可用作项目资本金的资金。

3. 资本金占总投资比例

根据国务院的规定，投资项目资本金占总投资的比例，根据不同行业和项目的经济效益等因素确定，具体规定见表 6-2。

表 6-2 项目资本金占项目总投资的比例

序号	投 资 行 业	项目资本金占项目总投资的比例
1	交通运输、煤炭	35％及以上
2	钢铁、邮电、化肥	25％及以上
3	电力、机电、建材、化工、石油加工、有色、轻工、纺织、商贸及其他行业	20％及以上

项目资本金的具体比例，由项目审批单位根据投资项目的经济效益以及银行贷款意愿和评估意见等情况，在审批可行性研究报告时核定。经国务院批准，对个别情况特殊的国家重点建设项目，可以适当降低资本金比例。作为计算资本金基数的总投资，是指投资项目的建设投资与铺底流动资金之和。

外商投资项目（包括外商投资、中外合资、中外合作经营项目）目前不执行上述项目资本金制度，而是按照外商投资企业的有关法规执行，见表 6-3。

表 6-3 注册资本金占投资总额的最低比例

序号	投资总额	注册资本金占总投资的最低比例	附 加 条 件
1	300 万美元以下	70％	
2	300 万～1 000 万美元	50％	其中投资总额 400 万美元以下的，注册资金不低于 210 万美元
3	1 000 万～3 000 万美元	40％	其中投资总额在 1 250 万美元以下的，注册资金不低于 500 万美元
4	3 000 万美元以上	1/3	其中投资总额在 3 600 万美元以下的，注册资金不低于 1 200 万美元

这里的投资总额是指投资项目的建设投资与流动资金之和。

另外，对于一些特殊行业的外商投资企业，资本金的要求见表 6-4。

表 6-4　特殊行业的外商投资企业注册资本金最低要求

序号	行　业	注册资金最低要求
1	从事零售业务的商业中外合营企业	不低于 5 000 万元人民币(中西部地区不低于 3 000 万元)
2	从事批发业务的中外合作企业	不低于 8 000 万元人民币(中西部地区不低于 6 000 万元)
3	外商投资(包括独资及中外合资)举办投资公司	不低于 3 000 万美元
4	外商投资电信企业	经营全国的或者跨省、自治区、直辖市范围的基础电信业务的,其注册资本最低限额为 20 亿元人民币,经营增值电信业务的,其注册资本最低限额为 1 000 万元人民币;经营省、自治区、直辖市范围内的基础电信业务的,其注册资本最低限额为 2 亿元人民币,经营增值电信业务的,其注册资本最低限额为 100 万元人民币

4. 外部资金来源

外部资金是项目投资中除资本金外,需要从金融市场借入的资金。外部资金来源主要有以下几类。

(1)信贷融资。国内信贷资金主要有政策性银行和商业银行等提供的贷款;国外信贷资金主要有商业银行的贷款以及世界银行、亚洲开发银行等国际金融机构贷款;外国政府贷款;出口信贷以及信托投资公司等非银行金融机构提供的贷款。信贷融资方案应说明拟提供贷款的机构及其贷款条件,包括支付方式、贷款期限、贷款利率、还本付息方式及其他附加条件等。

1)政策性银行贷款。为了支持一些特殊的生产、贸易、基础设施建设项目,国家政策性银行可以提供政策性银行贷款。政策性银行贷款利率通常比商业银行贷款低。我国的政策性银行有:国家开发银行、进出口银行、农业发展银行。

2)商业银行贷款。既有企业公司法人或者新建项目公司法人使用商业银行贷款,需要满足银行的要求,向银行提供必要的资料。项目融资贷款中,银行要求的材料除了一般贷款要求的借款人基本材料之外,还要有项目投资的有关材料,包括:项目的可行性研究报告、项目建议书等前期工作资料、政府对于项目投资及环境影响批准文件、与项目有关的重要合同、与项目有利害关系的主要方面的基本材料等。商业银行为了规避贷款风险,保证信贷资金的安全,需要审查借款人的偿债能力。借款人偿债能力不足时,需要提供必要的保证担保。项目使用银行贷款,需要建立资信,分散风险,才有希望获得银行的贷款支持。

项目投资使用中长期银行贷款,银行要进行独立的项目评估,评估内容主要包括:项目建设内容、必要性、产品市场需求、项目建设及生产条件、工艺技术及主要设备、投资估算与筹资方案、财务盈利性、偿债能力、贷款风险、保证措施。银行的项目评估可能由银行自身的职员进行,有时也委托专业的咨询公司进行。

3)出口信贷。项目建设需要进口设备的,可以使用设备出口国的出口信贷。设备出口国政府为了支持和扩大本国产品的出口,提高国际竞争力,以对本国的出口提供利率补贴并提供信贷担保的方法,鼓励本国的银行对出口商或设备进口国的进口商提供优惠利率贷款。按照获得贷款资金的对象,出口信贷可分为买方信贷与卖方信贷。

4)外国政府贷款。政府贷款是一国政府向另一个国家的企业或政府提供的贷款。外国政府贷款的利率通常很低，一般为 1%～3%，甚至无息。期限通常很长，有些甚至长达 30 年。使用外国政府贷款也要支付少量的管理费。国内商业银行转贷需要收取少量的转贷手续费。有时国内商业银行可能要求缩短转贷款的期限。项目使用外国政府贷款需要得到我国政府的安排和支持。外国政府贷款通常会有限制条件，限制贷款必须用于采购贷款国的设备。

5）国际金融机构贷款。提供项目贷款的主要国际金融机构有：世界银行、国际金融公司、欧洲复兴与开发银行、亚洲开发银行、美洲开发银行等全球性或地区性金融机构。国际金融机构的贷款通常带有一定的优惠性，贷款利率低于商业银行贷款利率。贷款期限可以安排得很长。同时，对于贷款资金的使用不附有设备采购对象限制性条件。但也有可能需要支付某些附加费用，例如承诺费。

国际金融机构的贷款通常需要按照这些机构拟定的贷款政策提供，这些机构认为应当支持的发展项目才能得到贷款。使用国际金融机构的贷款需要按照这些机构的要求提供资料，并且需要按照规定的程序和方法进行。

（2）债券融资。企业可以通过发行企业债券，筹集资金用于项目投资。企业债券融资是一种直接融资。发行债券融资可以从资金市场直接获得资金，资金成本（利率）一般应低于向银行借款。在国内发行企业债券需要通过国家证券监管机构及金融监管机构的审批。债券的发行需要由证券公司或银行承销，承销证券公司或银行要收取承销费，发行债券还要支付发行手续费、兑付手续费。发行企业债券融资，通常需要有第三方提供担保，为此需要支付担保费。

发行债券通常需要取得债券资信等级的评级。国内债券由国内的评级机构评级，国外发债通常需要由一些知名度较高的评级机构评级。债券评级较高的，可以以较低的利率发行。而较低评级的债券，则利率较高。

用于项目建设的融资方式，除上述一般债券融资外，还有可转换债券融资，这种债券在有效期限内，只需支付利息，债券持有人有权按照约定将债券转换成公司的普通股，如果债券持有人放弃这一选择，融资企业需要在债券到期日兑付本金。可转换债券的发行无须以项目资产或其他公司的资产作为担保。在可行性研究阶段，应对拟采用的债券融资方式进行分析、论证。

（3）融资租赁。机器设备等资产的出租人，在一定期限内将财产租给承租人使用，由承租人分期付给一定的租赁费，这样一种融物与融资相结合的筹资方式，就是融资租赁。

融资租赁又称为金融租赁、财务租赁。采取这种租赁方式，通常由承租人选定需要的设备，由出租人购置后租赁给承租人使用，承租人向出租人支付租金，承租人租赁取得的设备按照固定资产计提折旧，租赁期满，设备一般要由承租人所有，由承租人以事先约定很低的价格向出租人收购的形式取得设备的所有权。

通常，采用融资租赁，承租人可以对设备的全部价款得到融资。融资额度比使用贷款要大。同时，租赁费中所含的利息也比贷款利率要高。

5.2 资金成本分析

1. 资金成本的概念

企业从各种来源筹集的资金不能无偿使用，需要付出一定的代价。资金成本就是企业取得和使用资金所需支付的费用，包括资金占用费用和资金筹集费用。资金占用费用包括股息、利息、资金占用税等。资金筹集费用是指资金筹集过程中所发生的费用，包括注册费、代办费、手续费、承诺费等。

在不同条件下筹集资金的数额不相同，为了便于分析比较，资金成本通常以相对数表示。企业使用资金所负担的费用同筹集资金净额的比率，称为资金成本率（一般通称为资金成本）。其定义公式为：

$$资金成本率 = \frac{资金占用费}{筹集资金总额 - 资金筹集费用} \times 100\% \tag{6-35}$$

即：

$$K = \frac{D}{P - F} = \frac{D}{P(1 - f)} \tag{6-36}$$

式中 f——筹资费率。

2. 不同来源的资金成本

投资项目所投入的资金有四个基本来源，即债务、债券、股票和保留盈余，但并不是特定投资方案就有一种特定的资金来源与之相对应。一个投资项目资金的来源往往是多渠道的，因此，必须用总的资本成本作为方案的评价标准。为了计算投资项目的总资本成本，就需要研究从各种筹资渠道取得资金的资金成本。然后，把各种资金成本综合为项目的实际资金成本。

在计算各种筹资渠道的资金成本时，以所得税后情况为基础表示所有款项的数量，使得求出的总资金成本建立在一个可比较的税后基础上。把每种资金的货币支付成本确定之后，再把它们综合成为加权平均资金成本，用加权平均资金成本作为有吸引力的最低收益率，也就是判断方案可否采纳的临界值。

3. 债务资金成本的计算

债务资金有许多来源。例如，以普通借贷方式从银行和保险公司取得短期借款；以出售公债和抵押设备的方式从金融证券公司或从社会上取得长期贷款。就资金成本而言，长期借款、短期借款的成本计算方法是相同的。债务资金成本与其他形式的资金成本的主要区别在于：为借款支付的利息可以免征所得税，同时这种资金成本是以税后数据为基础计算的。

（1）债务资金成本。债务资金成本可以通过下列公式求得：

$$P_0 = C_0 + \frac{C_1}{(1 + k)} + \frac{C_2}{(1 + k)^2} + \cdots + \frac{C_n}{(1 + k)^n} \tag{6-37}$$

或

$$P_0 = P_0 f + \frac{C_1}{(1 + k)} + \frac{C_2}{(1 + k)^2} + \cdots + \frac{C_n}{(1 + k)^n} \tag{6-38}$$

式中 C_0——$t = 0$ 时借款与发行证券费用的一项税后现金流出，$C_0 = P_0 f$；

P_0——$t = 0$ 时项目筹集到的短期或长期借款；

f——借款手续费率；借款手续费包括注册费、付给银行的包销、代销等手续费等；

C_1，C_2，$\cdots$，C_n——在项目寿命期内支付的借款利息和本金的税后现金流出；

k——借款的资本成本。

计算上式中的 k 值，就可得到某种来源的借入资金的资金成本。

（2）银行借款的资金成本。借款成本是指在考虑筹资费用的情况下的借款利息和筹资费用。由于借款利息计入税前成本费用，可以起到抵税的作用。因此，借款资金成本的计算可按下式进行：

$$K_d=(1-t)\times r \tag{6-39}$$

式中　K_d——银行贷款成本；

　　　r——银行贷款利息；

　　　t——所得税税率。

对项目贷款实行担保时，应将担保费率计入贷款成本中。

$$V_d=V/(P\times n)\times 100\% \tag{6-40}$$

式中　V_d——担保费率；

　　　V——担保费总额；

　　　P——企业借款总额；

　　　n——担保年限。

银行贷款利率加上担保费率后的贷款成本为：

$$K_b=(1-t)\times(r+V_d) \tag{6-41}$$

如果考虑资金筹集费，银行借款的资金成本可以按照下列公式计算：

$$K_1=\frac{R_1(1-T)}{1-f_1} \tag{6-42}$$

式中　R_1——长期借款的利率；

　　　f_1——资金筹集费用率。

（3）债券的资金成本。发行债券的成本主要是债券利息和筹资费用。债券的筹资费用通常因较高而不可忽略，债券利息与长期借款利息处理相同。其计算公式为：

$$K_b=\frac{I_b(1-T)}{B(1-f_b)}=\frac{R_b(1-T)}{1-f_b} \tag{6-43}$$

式中　K_b——债券筹资成本；

　　　I_b——债券年利息；

　　　B——债券筹资额；

　　　f_b——债券筹资费用率；

　　　R_b——债券利率；

　　　T——所得税率。

【例 6-8】　某制造公司发行了一期债券，每张债券的票面值为 1 000 元，年利率 8%。债券 10 年期满。发行时每张债券的最高售价为 910 元。f_b 设所得税率为 33%，则该公司这笔新借入资本的税后实际成本是多少？

【解】　由式（6-43）：

$$K_b=\frac{I_b(1-T)}{B(1-f_b)}=\frac{R_b(1-T)}{1-f_b}$$

可得：

$$K_b=[1\ 000\times 8\%+(1\ 000-910)\div 10]\times(1-33\%)\div 910=6.55\%$$

4. 权益资金成本的计算

企业资金无论采取何种方式筹集，最终必然分为两类，即债务资金和权益资金。对于股份制企业，权益资金就是股票持有者享有的权益；对于其他企业，权益资金就是因企业利润留成而拥有的自有资金。它们的资金成本是根据投资者希望从企业获得的盈利数确定的。投资者决定是否投资的判断依据是他们自己的最低可接受收益率。当预期的收益率高于他们的最低可接受收益率时，投资者才愿意投资。对于股份制企业，投资者购买、保持或出售股票的依据是普通股的市场价格，而这个价格是股票持有者所期望的未来收入（包括股息和出售时的股票市场价格）的现值。股票的资金成本就是能使普通股的市场价格保持不变的最小收益率。

(1)普通股成本。普通股成本属权益资金成本。权益资金的资金占用费是向股东分派的股利，而股利是以所得税后净利支付的，不能抵减所得税。计算普通股成本的常用方法有评价法和资本资产定价模型法。

1)按照评价法，普通股成本的计算公式为：

$$K_s = \frac{D_c}{P_c(1-F_c)} \tag{6-44}$$

式中　K_s——普通股成本；

　　　D_c——预期年股利额；

　　　P_c——普通股融资额（票面值）；

　　　F_c——普通股融资费用率（即手续费，按发行价的百分比计）。

2)按照资本资产定价模型法，普通股成本的计算公式为：

$$K_s = R_s = R_F + \beta(R_m - R_f) \tag{6-45}$$

式中　R_F——无风险报酬率；

　　　β——股票的系数；

　　　R_m——平均风险股票必要报酬率；

　　　R_f——一般用国库券利率来表示。

【例 6-9】　设社会无风险投资收益率为 3%（长期国债利率），市场投资组合预期收益率为 12%，某项目的投资风险系数为 1.2，采用资本资产定价模型法计算普通股资金成本。

【解】　根据式(6-45)：

$$K_s = R_s = R_F + \beta(R_m - R_f)$$

得出，普通股成本为：

$$K_s = 3\% + 1.2 \times (12\% - 3\%) = 13.8\%$$

(2)优先股成本。优先股的优先权是相对于普通股而言的，是指公司在融资时，对优先股认购人给以某些优惠条件的承诺。优先股的优先权利，最主要的是优先于普通股分得股利。与负债利息的支付不同，优先股的股息不能在税前扣除，因而在计算优先股成本时无须经过税赋的调整。优先股成本的计算公式为：

$$K_p = \frac{D}{P_p(1-f_p)} \tag{6-46}$$

式中　K_p——优先股成本；

　　　D——年支付优先股股利；

　　　P_p——优先股筹资额（票面价值）；

　　　f_p——优先股筹资费率（即手续费率）；

　　　$P_p(1-f_p)$——企业实收优先股金额。

由于优先股的股息在税后支付，而债券利息在税前支付；且当公司破产清算时，优先股票持有人的求偿权在债券持有人之后，因此风险要大，其成本也高于债券成本。

【例 6-10】　某优先股面值 100 元，发行价格 98 元，发行成本 3%，每年付息 1 次，固定股息率5%。计算该优先股资金成本。

【解】 根据式(6-46)：

$$K_p = \frac{D}{P_p(1-f_p)}$$

得出，该优先股的资金成本为：

$$K_p = 5/(98-3) = 5.26\%$$

该项优先股的资金成本率约为5.26%。

(3)保留利润成本。保留利润一般成本指企业从税后利润总额中扣除股利之后保留在企业的剩余盈利，包括盈余公积金和未分配利润。它是企业经营所得净收益的积余，属于企业主或股东所有，可留存充作股本再投资。留存盈余的资金成本一般根据机会成本原理计算，其计算公式为：

$$K_t = R(1-T)/(1-f) \tag{6-47}$$

式中　K_t——保留利润的资金成本；

　　　R——股东使用保留利润向外投资预计可获取的利润率；

　　　f——经纪人手续费率；

　　　T——投资者应交纳的所得税率。

如果股东将留存盈余留用于公司，想从中获取投资报酬，就不存在向外投资的机会成本，此外，留有盈余的计算与普通股成本的计算方法相同，按照股票收益率加增长率进行。其计算公式为：

$$K_t = \frac{D_c}{P_c} + G \tag{6-48}$$

(4)加权平均资金成本。项目的总体资金成本可以用加权平均资金成本表示，将项目各种融资的资金成本以该融资额占总融资额的比例为权数加权平均，得到项目的加权平均资金成本。其计算公式为：

$$K_w = \sum_{j=1}^{n} K_j \cdot W_j \tag{6-49}$$

式中　K_w——综合筹资成本；

　　　K_j——第j种单项筹资方式的资金成本；

　　　W_j——第j种单项筹资金额占全部筹集资金总额的比重(权数)；

　　　n——筹资方式的种类。

总而言之，在对筹资方案的分析评估时，重点是要对项目筹资方案的安全性、经济性和可靠性等方面的主要问题做进一步的分析论证。其中，安全性是指筹资风险对筹资目标的影响程度；经济性是指筹资成本最低；而可靠性是指筹资渠道有无保证，是否符合国家政策规定。只有解决了以上问题，才能最后对资金筹措方案进行综合分析，提出最优的筹(融)资方案。

5.3　资金筹集和使用设计方案分析评估

1. 资金筹措的渠道

在估算出项目所需要的资金量后，应根据资金的可得性、供应的充足性、融资成本的高低，选择资金渠道。资金渠道主要包括以下几个方面。

(1)项目法人自有资金。

(2)政府财政性资金。

(3)国内外银行等金融机构的信贷资金。

(4)国内外证券市场资金。

(5)国内外非银行金融机构的资金，如信托投资公司、投资基金公司、风险投资公司、保险公司、租赁公司等机构的资金。

(6)外国政府、企业、团体、个人等的资金。

(7)国内企业、团体、个人的资金。

资金来源一般分为直接融资和间接融资两种方式。直接融资方式是指投资者对拟建项目的直接投资，以及项目法人通过发行(增发)股票、债券等直接筹集的资金；间接融资是指从银行及非银行金融机构借入的资金。

2. 资金筹措的组织形式

(1)新设项目法人融资。

1)新设项目法人融资又称项目融资(以下称项目融资)。"项目融资"是一个专用的金融术语，与通常所说的"为项目融资"是两个不同的概念，不可混淆。项目融资是指为建设和经营项目而成立新的独立法人——项目公司，由项目公司完成项目的投资建设和经营还贷。项目融资又称无追索权融资方式。其含义是：项目负债的偿还，只依靠项目本身的资产和未来现金流量来保证，即使项目实际运作失败，债权人也只能要求以项目本身的资产或盈余还债，而对项目以外的其他资产无追索权。因此，利用项目融资方式，项目本身必须具有比较稳定的现金流量，必须具有较强的盈利能力。

2)在实际操作中，纯粹无追索权项目融资是无法做到的。由于项目自身的盈利状况受到多种不确定性因素的影响，仅仅依靠项目自身的资产和未来现金流量为基础进行负债融资，债权人的利益往往难以保障。因此，往往采用有限追索权融资方式。即要求由项目以外的与项目有利害关系的第三者提供各种形式的担保。

3)项目融资的基本特点是：投资决策由项目发起人(企业或政府)做出，项目发起人与项目法人(项目公司)并非一体，而项目的债务融资风险由新成立的项目公司承担。项目能否还贷，仅仅取决于项目是否有财务效益及其所依托的项目资产，因此又称"现金流量融资"。项目只能以自身的盈利能力来偿还债务，并以自身的资产作为债务追索的对象。对于此类项目的融资，必须认真设计债务和股本的结构，以使项目的现金流量足以还本付息，所以又称为"结构式融资"。

4)贷款银行在多大程度上对项目发起人及项目公司股东进行追索，需要依据项目本身的投资风险、参与项目实施的当事各方对项目承担的责任、融资各方对项目的认识等诸多因素所决定。极端的情况下，项目融资可以采取对于发起人及项目公司股东完全无追索的融资方式。除了股东所承担的股本投资责任以外，股东不对新设立的公司提供融资担保。另一种极端的情况，是项目发起人与股东对项目公司借款提供完全的担保，即项目公司的贷款人对股东及发起人有完全的追索权。

5)项目的发起人及项目公司股东对项目借款提供多大程度的担保，是项目融资方案设计的重要指标。强有力的投资股东，为项目融资提供完全的担保，可以使项目公司取得低成本资金，同时也可以降低项目的融资风险。但股东的资信是不能无限使用的，股东公司的担保额度过高，会使其资信下降。经营良好的公司总是很谨慎地维持其融资资信，减少为子公司提供担保的额度。股东担保也可能不是无偿的，而是需要支付担保费的。在项目本身的财务效益很好，投资风险可以有效控制的条件下，可以减少项目发起人及投资股东的担保，降低追索权。完全无追索的项目融资只在很少的情况下才能够实施。无追索权项目融资方式，目前多半用于有一定垄断性的特许经营投资项目，例如收费公路、BOT 电厂等。

6)采取项目融资方式，项目的风险分担机制是保证项目实施达到预期目的的重要保障。项目实施中的各方当事人都可能、可以分担一部分项目的风险。项目的股权投资人承担股权投资的风险，项目的工程承包方承担工程施工质量及完工期限的责任和风险，市场及经济环境的变化可能对贷款银行构成风险。有些项目可以预先签订产品销售合同，将市场风险降低。项目的重要原材料采购，预先签订合同可以锁定采购价格，保证取得供给量，降低原材料采购的市场风险。

7)项目融资通常需要按照七个阶段实施：项目投资研究、初步投资决策、融资研究、融资谈判、完善融资方案、项目最终决策、融资实施。项目融资以投资研究为基础，在项目的方案研究设计基础上，初步确定了项目的投资需求和项目效益(表示项目基本盈利能力的指标满足要求)之后，进行项目融资研究，拟定并优化项目的融资方案。项目融资谈判需要依照拟定的融资方案进行，并且需要根据谈判进程不断对融资方案进行修正。项目融资谈判及最终的融资方案对于股东的投资决策有着重要的影响，股东的最终投资决策需要有可以落实的最终融资方案作为基础。项目融资谈判可能需要经历很长的时间，参与项目融资的各方需要充分了解项目的基本资料，评估融资的风险及收益，逐步取得共识。项目融资实施执行应当在最终投资决策之后进行。现代大型项目以有限追索项目融资方式进行融资的，在项目的实施阶段，银行等融资机构可能会通过其经理人经常性地监督项目的实施进程。

(2)既有项目法人融资。

1)既有项目法人融资又称公司融资。公司融资是指以现有企业为基础进行融资并完成项目的投资建设；无论项目建成之前或之后，都不出现新的独立法人。对于现有企业的设备更新、技术改造、改建、扩建，均属于公司融资类的项目。

2)公司融资的基本特点是：以现有公司为基础开展融资活动，进行投资决策，承担投资风险和决策责任。以这种融资方式筹集的债务资金虽然实际上是用于项目投资，但债务人是公司而不是项目，即以企业自身的信用条件为基础，通过银行贷款、发行债券等方式，筹集资金用于企业的项目投资。债权人不仅对项目的资产进行债务追索，而且还可以对公司的全部资产进行追索，因而对于债权人而言，债务的风险程度相对较低。在市场经济条件下，依靠企业自身的信用进行融资，是为建设项目筹集资金的主要形式。在这种融资方式下，不论企业筹集的资金如何使用，不论项目未来的盈利能力如何，只要企业能够保证按期还本付息就行。因此，采用这种融资方式，必须充分考虑企业整体的盈利能力和信用状况，并且整个公司的现金流量和资产都可用于将来偿还债务。

3)在公司融资方式下进行项目投资，公司作为投资者，要做出投资决策。当需要以负债方式融通资金支持时，银行(及其他债务资金提供者)要做出信贷决策。当项目规模较大，或者投资对公司发展有重大影响，或者要改变股权结构来筹集权益资本，这时公司的股东会作为第三参与方，做出投资决策。

4)按照我国现行的项目投资管理，公司融资下要由公司为项目安排基本的项目资本金，项目资本金由公司以自有资金投资。公司可以以项目投资需求为理由提出借贷资金需求，获得长期及短期借贷资金融资，但借款人是公司而不是项目。采取公司融资方式。项目的融资方案需要与公司的总体财务安排相协调，需要将项目的融资方案作为公司理财的一部分考虑。

5)公司理财中，公司的资金结构、权益资本结构、负债结构需要以公司总体范围通盘考虑。项目的资金需求对公司的现金流量提出了要求，对公司的现金平衡产生一个冲击，公司需要在总体范围内平衡现金的收支。

6)既有公司的现金来源中很重要的一部分是公司的经营现金流。一家既有公司的经营活动可以获得经营收益，扣除经营支出，可以从经营中得到净现金流入，公司的既有负债需要偿还，债务负担影响其偿债能力。既有公司的经营收益及既有负债影响公司的资信，影响公司的融资能力。

7)既有公司融资投资项目有多种形式，主要包括：建立单一项目子公司、非子公司式投资、由多家公司以契约式合作结构投资。

8)在非子公司式的投资方式下，由公司直接进行项目的投资管理，项目的投资及融资直接纳入公司的财务计划。这种方式适用于实力强大的公司进行相对较小规模项目的投资。

9)项目的投资规模较大时，为了便于项目的管理，设立单一项目子公司是常见的方式。在这种方式下，母公司出面融资，并且以自有资金和融资取得的资金投入单一项目子公司，项目子公司负责项目的投资及运营。

3. 资金筹措的注意事项

(1)严格按照资金的需要量确定筹资额。在投资总额估算较为准确的前提下，应当根据资金的需要量来确定筹资额，既要防止"留缺口"，又要避免高估冒算。

(2)认真选择筹资来源渠道。首先，要分析各种筹资来源渠道的可能性。如前所述，项目的资金来源渠道多种多样，在制定筹资方案时，应当分析各种筹资渠道是否可靠。不同的资金来源渠道对项目的限制条件不同，如拨款是一种最为理想的筹资渠道，但并不是一般项目所能争取到的。为了确保筹资来源的可靠性，首先，建设单位要与有关资金供应方签订书面协议。其次，要分析项目的筹资成本。不同来源渠道的资金成本各不相同，而且取得资金的难易程度也不相同。在实际工作中，可供选择的筹资方案很多，往往各有其优缺点，有的资金供应较为稳定，有的取得比较方便，有的资金成本较低，有的有利于筹集巨额资金，有的有利于筹集少额资金。基于此，应考虑各种筹资渠道，实现筹资方式的最优组合，以降低综合资金成本。再次，要分析项目筹资渠道是否符合国家有关规定，以确保项目筹资渠道的合法性。

(3)准确把握自有资金与外部筹资的比例。就一般项目而言，除自有资金外，还有相当一部分数额的资金是从外部筹措的，两者的比例必须符合《国务院关于固定资产投资项目试行资本金制度的通知》中的有关规定。

(4)避免利率风险与汇率风险对项目的不利影响。利用外资是项目筹资的重要渠道。在利用外资中，如筹措的是实行浮动利率的外汇贷款，则筹资者有可能面临着因利率上浮而导致的利率风险；如所筹措的外汇汇率上升，则筹资者有可能面临汇率风险。因此，正确选择筹资方式和外汇种类是十分必要的。

在项目评估中，评估人员要对以上四个方面的内容进行认真分析，确保项目资金来源的落实。

4. 资金筹措计划的内容

一个完整的项目资金筹措方案，主要由两部分内容构成，其一，项目资本金及债务融资资金来源的构成，每一项资金来源条件应详尽描述，以文字和表格(资金来源表)加以说明；其二，与前面所述的分年投资计划表相结合，编制分年投资计划与资金筹措表，使资金的需求与筹措在时序、数量两方面都能平衡。

(1)编制项目资金来源计划表，见表6-5。

表 6-5　资金来源计划表　　　　　　　　　万元

序号	项　目　　　年份	建设期 1	建设期 2	投产期 3	投产期 4	达产期 5	达产期 6	达产期 ...	达产期 n	合计
	生产负荷/%									
1	资金来源									
1.1	利润总额									
1.2	折旧费									
1.3	摊销费									
1.4	长期借款									
1.5	流动资金借款									
1.6	其他短期借款									
1.7	自有资金									
1.8	其他									
1.9	回收固定资产余值									
1.10	回收流动资金									
2	资金运用									
2.1	固定资产投资(加投资方向调节税)									
2.2	建设期利息									
2.3	流动资金									
2.4	所得税									
2.5	应付利润									
2.6	长期借款本金偿还									
2.7	流动资金借款本金偿还									
2.8	其他短期借款本金偿还									
3	盈余资金									
4	累计盈余资金									

(2)编制投资使用与资金筹措计划表。投资计划与资金筹措计划表是投资估算、融资方案两部分的衔接处，用于平衡投资使用及资金筹措计划。

新设项目法人投资项目的投资使用与资金筹措计划表格式，见表6-6；既有项目法人投资项目的投资使用与资金筹措计划表格式，见表6-7。

表 6-6 投资使用与资金筹措计划表(新设项目法人项目)

序号	项目	合计	第1年				第2年				...			
			外币	折人民币	人民币	小计	外币	折人民币	人民币	小计	外币	折人民币	人民币	小计
1	投资使用													
1.1	不含建设期利息的建设投资													
1.2	建设期利息													
1.3	流动资金													
2	资金筹措													
2.1	资本金													
2.1.1	股东A													
2.1.2	股东B													
2.2	借款													
2.2.1	长期借款													
	X银行借款													
	Y银行借款													
2.2.2	短期借款													
2.3	发行债券													
2.4	融资租赁													
	年末资金节余													

表 6-7 投资使用与资金筹措计划表(既有项目法人项目)

序号	项目	合计	第1年				第2年				...			
			外币	折人民币	人民币	小计	外币	折人民币	人民币	小计	外币	折人民币	人民币	小计
1	投资使用													
1.1	不含建设期利息的建设投资													
1.2	建设期利息													
1.3	流动资金													
2	资金筹措													
2.1	资本金													
2.1.1	自有资金													
	其中:利用原有资产													
2.1.2	股东增加股本投资													
2.2	增加长期借款													
	X银行借款													
	Y银行借款													
2.3	增加短期借款													
2.4	发行债券													
2.5	融资租赁													
	年末项目资金余缺													

📺 项目小结

本项目主要介绍了建设项目投资估算的内容、建设投资估算的方法、建设期利息估算、流动资金估算、项目筹资方案和资金使用计划方案评估等内容。项目总投资由建设投资、建设期利息和流动资金构成。建设投资的估算采用何种方法应取决于要求达到的精确度，而精确度又由项目前期研究阶段的不同以及资料数据的可靠性决定。常用的估算方法有：生产能力指数法、比例估算法、系数估算法、投资估算指标法和综合指标投资估算法。建设期利息是债务资金在建设期内发生并应计入固定资产原值的利息，包括借款（或债券）利息及手续费、承诺费、发行费、管理费等融资费用。流动资金是指项目运营期内长期占用并周转使用的营运资金，不包括运营中临时性需要的资金。资金成本就是企业取得和使用资金所需支付的费用，包括资金占用费用和资金筹集费用。还着重介绍了项目筹资方案和资金使用计划方案评估。

📁 思考与练习

一、填空题

1. 项目总投资由_____、建设期利息和流动资金构成。

2. _____是项目运营期内长期占用并周转使用的营运资金。

3. 项目决策分析与评价阶段一般可分为_____、初步可行性研究、可行性研究、项目前评估四个阶段。

4. 常用的估算方法有：_____、比例估算法、系数估算法、投资估算指标法和综合指标投资估算法。

5. _____是一种比概算指标更为扩大的单项工程指标或单位工程指标，以单项工程或单位工程为对象，综合了项目建设中的各类成本和费用，具有较强的综合性和概括性。

6. 设备购置费包括_____、进口设备购置费和工器具及生产家具购置费。

7. 流动资金估算的基础主要是_____和经营成本。

8. 在可行性研究阶段，应针对新设项目法人融资和既有项目法人融资组织形式的特点，分别研究_____。

二、单项选择题

1. 关于投资估算的作用，下列叙述不正确的是（　　　）。

　　A. 投资估算是投资决策的依据之一

　　B. 投资估算是制订项目融资方案的依据

　　C. 投资估算是进行项目使用评价的基础

　　D. 投资估算是编制初步设计概算的依据，对项目的工程造价起着一定的控制作用

2. 根据已建成的、性质类似的建设项目的投资额和生产能力与拟建项目的生产能力估算拟建项目的投资额，称为（　　　）。

　　A. 单位生产能力指数法　　　　　　　B. 比例估算法

C. 系数估算法   D. 投资估算指标法

3. 可行性研究阶段投资估算准确度的要求为（　　）。

    A. ±30%　　　　　　　　　　B. ±20%

    C. ±10%　　　　　　　　　　D. 以上都不对

三、简答题

1. 投资估算必须达到哪些要求？

2. 建筑工程费有哪些估算方法？

3. 什么是分项详细估算法？

4. 资本金的来源有哪些？

5. 资金筹措应注意哪些事项？

项目7　建设项目财务效益评估

了解财务分析的含义、作用，熟悉财务分析的基本原则，掌握财务分析的内容和步骤；熟悉项目计算期与税费计算，掌握营业收入、成本，费用的计算方法；了解财务盈利能力分析，掌握财务盈利能力动态分析和静态分析的方法；掌握偿债能力和财务生存能力分析。

能够对建设项目财务进行正确分析，能够对财务效益与费用进行评估，能够对财务盈利能力进行正确分析，能够对偿债能力进行评估，能够对财务生存能力进行评估。

任务1　了解建设项目财务分析

1.1　财务分析的含义和作用

1. 财务分析的含义

财务分析又称财务评价，是项目决策分析与评价中为判定项目财务可行性所进行的一项重要工作，是项目经济评价的重要组成部分，是投融资决策的重要依据。财务分析是在现行会计准则、会计制度、税收法规和价格体系下，通过财务效益与费用的预测，编制财务报表，计算评价指标，进行财务盈利能力分析、偿债能力分析和财务生存能力分析，据以评价项目的财务可行性。

2. 财务分析的作用

(1)财务分析是项目决策分析与评价的重要组成部分。项目评价应从多角度、多方面进行，无论是项目的前评价、中间评价和后评价，财务分析都是必有可少的重要内容。在项目的前评价——决策分析与评价的各个阶段中，无论是机会研究报告、项目建议书、初步可行性研究报告，还是可行性研究报告，财务分析都是其中的重要组成部分。

(2)财务分析结论是重要的决策依据。在经营性项目决策过程中，财务分析结论是重要的决策依据。项目发起人决策是否发起或进一步推进该项目，权益投资人决策是否投资该项目，债权人决策是否贷款给该项目，审批人决策是否批准该项目，这些都要以财务分析为依据。对于那些需要政府核准的项目，各级核准部门在做出是否核准该项目的决策时，许多相关财务数据可作为估算项目的社会和经济影响的基础。

(3)财务分析在项目或方案比选中起着重要的作用。项目决策分析与评价的精髓是方案比选。在规模、技术、工程等方面都必须通过方案比选予以优化，财务分析结果可以反馈到建设方案构造和研究中，用于方案比选，优化方案设计，使项目整体更趋于合理。

(4)财务分析中的财务生存能力分析对项目，特别是对非经营性项目的财务或持续性的考查起着重要作用。

1.2　财务分析的内容和步骤

1. 财务分析的内容

(1)选择分析方法。在明确项目评价范围的基础上，根据项目性质和融资方式选取适宜的财务分析方法。

(2)识别财务效益与费用范围。项目财务分析的利益主体主要包括项目投资经营实体(或项目财务主体)和权益投资方等。对于不同利益主体，项目带来的财务效益与费用范围不同，需要仔细识别。

(3)测定基础数据，估算财务效益与费用。选取必要的基础数据进行财务效益与费用的估算，包括营业收入、成本费用估算和相关税金估算等，同时编制相关辅助报表。以上内容实质上是在为财务分析进行准备，又称财务分析基础数据与参数的确定、估算与分析。

(4)编制财务分析报表和计算财务分析指标进行财务分析，主要包括盈利能力分析、偿债能力分析和财务生存能力分析。

(5)在对初步设定的建设方案(称为基本方案)进行财务分析后，还应进行盈亏平衡分析和敏感性分析。常常需要将财务分析的结果进行反馈，优化原初步设定的建设方案，有时需要对原建设方案进行较大的调整。

财务分析的内容随项目性质和目标有所不同，对于旨在实现投资盈利的经营性项目，其财务分析内容应包括本章所述全部内容；对于旨在为社会公众提供公共产品和服务的非经营性项目，在通过相对简单的财务分析比选优化项目方案的同时，了解财务状况，分析其财务生存能力，以便采取必要的措施使项目得以财务收支平衡，正常运营。

2. 财务分析的步骤

财务分析的步骤以及各部分的关系，包括财务分析与投资估算和融资方案的关系，如图 7-1 所示。

1.3　财务分析的基本原则

(1)费用与效益计算口径的一致性原则。为了正确评价项目的获利能力，必须遵循项目的直接费用与直接效益计算口径的一致性原则。如果在投资估算中包括了某项工程，那么因建设该工程增加的效益就应该考虑，否则就低估了项目的效益；反之，如果考虑了该工程对项目效益的贡献，但投资估算却没有将该工程计算在内，那么项目的效益就被高估。只有将投入和产出的估算限定在同一范围内，计算的净效益才是投入的真实回报。

(2)费用和效益识别的有无对比原则。有无对比是国际上项目评价通用的识别费用与效益的基本原则，项目评价的许多方面都需要遵循这条原则，采用有无对比的方法进行。所谓"有"是指实施项目的将来状况，"无"是指不实施项目的将来状况。在识别项目的效益和费用时，须注意只有"有无对比"的差额部分才是由于项目的建设增加的效益和费用，即增量效益和费用。因为即使不实施该项目，现状也很可能发生变化。例如农业灌溉项目，若

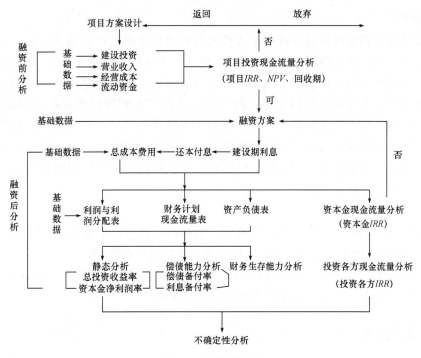

图 7-1 财务分析图

没有该项目，将来的农产品产量也会由于气候、施肥、种子、耕作技术的变化而变化；再如计算交通运输项目效益的基础——车流量，无该项目也会由于地域经济的变化而改变。采用有无对比的方法，就是为了识别那些真正应该算作项目效益的部分，即增量效益，排除那些由于其他原因产生的效益；同时，也要找出与增量效益相对应的增量费用，只有这样才能真正体现项目投资的净效益。

(3)动态分析与静态分析相结合，以动态分析为主的原则。国际通行的财务分析都以动态分析为主，即根据资金时间价值原理，考虑项目整个计算期内各年的效益和费用，采用现金流量分析的方法，计算内部收益率和净现值等评价指标。2002 年由原国家计委办公厅发文试行的《投资项目可行性研究指南》(以下简称《指南》)同样采用这条原则。

(4)基础数据确定的稳妥原则。财务分析结果的准确性取决于基础数据的可靠性，财务分析中所需要的大量基础数据都来自预测和估计，难免有不确定性。为了使财务分析结果能提供较为可靠的信息，避免人为地乐观估计所带来的风险，更好地满足投资决策需要，在基础数据的确定和选取中遵循稳妥原则是十分必要的。

任务 2　财务效益与费用估算

2.1　项目计算期

项目财务效益与费用的估算涉及整个计算期的数据。项目计算期是指对项目进行经济评价应延续的年限，是财务分析的重要参数，包括建设期和运营期。

1. 建设期

评价用的建设期是指从项目资金正式投入起到项目建成投产所需的时间。建设期的确定应综合考虑项目的建设规模、建设性质（新建、扩建或技术改造）、项目复杂程度、当地建设条件、管理水平与人员素质等因素，并与项目进度计划中的建设工期相协调。项目进度计划中的建设工期是指从项目主体工程正式破土动工起到项目建成投产所需要的时间，两者的终点相同，起点可能有差异。对于既有法人融资的项目，评价用的建设期与建设工期一般无差异。但新设法人项目需先注册企业，届时就需要投资者投入资金，其后项目才开工建设，因而两者的起点会有差异。根据项目的实际情况，评价用建设期可能大于或等于项目实施进度中的建设工期。

2. 运营期

评价用运营期应根据多种因素综合确定，包括行业特点、主要装置（或设备）的经济寿命期（考虑主要产出物所处生命周期、主要装置综合折旧年限等）等。

对于中外合资项目还要考虑双方商定的合资年限，在按上述原则估定评价用运营期后，还要与合资生产年限相比较，再按两者孰短的原则确定。

2.2 营业收入

1. 营业收入的概念

营业收入是指销售产品或提供服务所取得的收入，通常是项目财务效益的主要部分。对于销售产品的项目，营业收入即为销售收入。在估算营业收入的同时，一般还要完成相关流转税金的估算。流转税金主要指营业税、增值税、消费税以及营业税金附加等。在项目决策分析与评价中，营业收入的估算通常假定当年的产品（实际指商品，等于产品扣除自用量后的余额）当年全部销售，也就是当年商品量等于当年销售量。

2. 营业收入的估算要求

(1)合理确定运营负荷。计算营业收入，首先要正确估计各年运营负荷（或称生产能力利用率、开工率）。运营负荷是指项目运营过程中负荷达到设计能力的百分数，它的高低与项目复杂程度、产品生命周期、技术成熟程度、市场开发程度、原材料供应、配套条件、管理因素等都有关系。在市场经济条件下，如果其他方面没有大的问题，运营负荷的高低应主要取决于市场。在项目决策分析与评价阶段，通过对市场和营销策略所做的研究，结合其他因素研究确定分年运营负荷，作为计算各年营业收入和成本费用的基础。

运营负荷的确定有两种方法，一种是经验设定法，即根据以往项目的经验，结合该项目的实际情况，粗估各年的运营负荷，以设计能力的百分数表示；另一种是设定一段低负荷的投产期，以后各年均按达到年设计能力计算。

(2)合理确定产品或服务的价格。为提高营业收入估算的准确性，应遵循前述稳妥原则，采用适宜的方法，合理确定产品或服务的价格。

对于某些基础设施项目，其提供服务的价格或收费标准有时需要通过由成本加适当的利润的方式来确定，或者根据政府调控价格确定。

(3)多种产品分别估算或合理折算。对于生产多种产品和提供多项服务的项目，应分别估算各种产品及服务的营业收入。对那些不便于按详细的品种分类计算营业收入的项目，也可采取折算为标准产品的方法计算营业收入。

(4)编制营业收入估算表。营业收入估算表的格式可随行业和项目而异。项目的营业收入估算表格既可单独给出，也可同时列出各种应纳营业税金及附加以及增值税。

【例 7-1】 某拟建工业项目(以下简称 M 项目)，建设期 2 年，运营期 6 年。试编制营业收入估算表。

【解】 根据市场需求和同类项目生产情况，计划投产当年生产负荷达到 90%，投产后第二年及以后各年均为 100%。该项目拟生产 4 种产品，产品价格采用预测的投产期初价格(不含增值税销项税额，以下简称不含税价格)，营业收入估算详见表 7-1。

表 7-1　M 项目营业收入估算表　　　　　　　万元

序号	项目	年销量/吨	单价 /(元·吨⁻¹)	运营期					
				3	4	5	6	7	8
	生产负荷	100%		90%	100%	100%	100%	100%	100%
	营业收入合计	536 300		114 888	127 653	127 653	127 653	127 653	127 653
1	产品 A	330 000	2 094	62 192	69 102	69 102	69 102	69 102	69 102
2	产品 B	150 000	20 735	36 923	41 025	41 025	41 025	41 025	41 025
3	产品 C	50 000	3 419	15 386	17 095	17 095	17 095	7 095	107 095
4	产品 D	6 300	684	388	431	431	431	431	431

注：1. 本表产品价格采用不含税价格，即营业收入以不含税价格表示。
　　2. 表中数字加和尾数有可能不对应(包括例题中的计算过程)，是计算机自动圆整所致。

【例 7-2】 某公司欲投资生产一种电子新产品，设计生产能力是每年 250 万只。该项目拟 2014 年建设，2015 年投产。由于是新产品，需要大量的营销活动拓展市场，根据市场预测及产品营销计划安排，投产当年(计算期第 2 年)生产负荷可以达到 30%，投产后第 2 年达到 60%，第 3 年和第 4 年达到 90%。预计第 5 年开始出现竞争对手或替代产品，生产负荷开始下降，第 8 年寿命周期结束。试编制营业收入估算表。

【解】 价格研究预测结果表明，该产品价格(只考虑相对价格变动因素)将先高后低。各年的生产负荷、价格、营业收入估算见表 7-2。

表 7-2　某项目营业收入估算表

年份	1	2	3	4	5	6	7	8
生产负荷	0	30%	60%	90%	90%	70%	50%	10%
设计生产能力/万只	250	250	250	250	250	250	250	250
预测销售量	0	75	150	225	225	175	125	25
产品售价/(元·只⁻¹)	50	39	36	35	35	26	20	18
营业收入/万元	0	2 925	5 400	7 875	7 875	4 550	2 500	450

注：预测销售量是生产负荷与设计生产能力的乘积，营业收入是预测销售量与产品售价的乘积。

2.3 成本与费用

1. 成本与费用的概念

费用是指企业在日常活动中发生的、会导致所有者权益减少的、与向所有者分配利润无关的经济利益的总流出。费用只有在经济利益很可能流出从而导致企业资产减少或者负债增加，且经济利益的流出额能够可靠计量时才能予以确认。企业为生产产品、提供劳务等发生的费用可归属于产品成本、劳务成本；其他符合费用确认要求的支出，应当直接作为当期损益列入利润表（主要有管理费用、财务费用和营业费用）。在项目财务分析中，为了对运营期间的总费用一目了然，将管理费用、财务费用和营业费用这三项期间费用与生产成本合并为总成本费用。这是财务分析相对会计规定所做的不同处理，但并不会因此影响利润的计算。

2. 成本与费用的种类

项目决策分析与评价中，成本与费用按其计算范围可分为单位产品成本和总成本费用；按成本与产量的关系可分为固定成本和可变成本；按会计核算的要求可分为生产成本（或称制造成本）和期间费用；按财务分析的特定要求有经营成本。

3. 成本与费用的估算要求

(1)成本与费用的估算，原则上应遵循国家现行《企业会计准则》和（或）《企业会计制度》规定的成本和费用核算方法，同时，应遵循有关税收法规中准予在所得税前列支科目的规定。当两者有矛盾时，一般应按从税的原则处理。

(2)结合运营负荷，分年确定各种投入的数量，注意成本费用与收入的计算口径对应一致。

(3)合理确定各项投入的价格，并注意与产出价格体系的一致性。

(4)各项费用划分清楚，防止重复计算或低估漏算。

(5)成本费用估算的行业性很强，应注意根据项目具体情况增减其构成科目或改变名称，反映行业特点。

4. 总成本费用估算

总成本费用是指在一定时期（项目评价中一般指一年）为生产和销售产品或提供服务而发生的全部费用。总成本费用的估算通常有以下两种方法。

(1)生产成本加期间费用法。

$$总成本费用=生产成本+期间费用 \tag{7-1}$$

其中，生产成本的构成公式为：

$$生产成本=直接材料费+直接燃料和动力费+直接工资或薪酬+其他直接支出+制造费用 \tag{7-2}$$

期间费用的公式为：

$$期间费用=管理费用+财务支出+营业费用 \tag{7-3}$$

项目评价中一般只考虑财务费用中的利息支出，上式可改写为：

$$期间费用=管理费用+利息支出+营业费用 \tag{7-4}$$

采用这种方法一般需要先分别估算各种产品的生产成本，然后与估算的管理费用、利息支出和营业费用相加。由于该方法过于复杂，通常较少采用。

(2)生产要素估算法。其计算公式为：

$$总成本费用＝外购原材料、燃料及动力费＋工资或薪酬＋折旧费＋$$
$$摊销费＋修理费＋利息支出＋其他费用 \qquad (7\text{-}5)$$

2.4 相关税费计算

财务分析中涉及多种税金的计算，不同项目涉及的税金种类和税率可能各不相同。税金计取得当是正确估算项目费用乃至净效益的重要因素。要根据项目的具体情况选择适宜的税种和税率。这些税金及相关优惠政策会因时而异，部分会因地而异，项目评价时应密切注意当时和项目所在地的税收政策，适时调整计算，使财务分析比较符合实际情况。

财务分析涉及的税金主要包括增值税、营业税、消费税、资源税、企业所得税、城市维护建设税和教育费附加税等。有些行业还涉及土地增值税。在会计处理上，营业税、资源税、消费税、土地增值税、城市维护建设税和教育费附加税包含在"营业税金及附加"中。

1. 增值税

对适用增值税的项目，财务分析应按税法规定计算增值税。

《中华人民共和国增值税暂行条例》规定："在中华人民共和国境内销售货物或者提供加工、修理修配劳务以及进口货物的单位和个人，为增值税的纳税人，应当依照本条例缴纳增值税。"纳税人销售货物或者提供应税劳务（以下简称销售货物或者应税劳务），应纳税额为当期销项税额抵扣当期进项税额后的余额。应纳税额计算公式为：

$$应纳税额＝当期销项税额－当期进项税额 \qquad (7\text{-}6)$$

当期销项税额小于当期进项税额不足抵扣时，其不足部分可以结转下期继续抵扣。销项税额计算公式为：

$$销项税额＝销售额×税率 \qquad (7\text{-}7)$$

销售额为纳税人销售货物或者应税劳务向购买方收取的全部价款和价外费用，但是不包括收取的销项税额。

《中华人民共和国增值税暂行条例》规定："纳税人购进货物或者接受应税劳务（以下简称购进货物或者应税劳务）支付或者负担的增值税额，为进项税额。下列进项税额准予从销项税额中抵扣：

(1)从销售方取得的增值税专用发票上注明的增值税额。

(2)从海关取得的海关进口增值税专用缴款书上注明的增值税额。……"

另外，《中华人民共和国增值税暂行条例》规定：非增值税应税项目、免征增值税项目、集体福利或者个人消费的购进货物或者应税劳务的进项税额不得从销项税额中抵扣。所谓非增值税应税项目，是指提供非增值税应税劳务、转让无形资产、销售不动产和不动产在建工程。不动产是指不能移动或者移动后会引起性质、形状改变的财产，包括建筑物、构筑物和其他土地附着物。纳税人新建、改建、扩建、修缮、装饰不动产，均属于不动产在建工程。

据此，财务分析中可抵扣固定资产增值税仅包括设备、主要安装材料的进项税额。

2. 营业税

对适用营业税的项目，财务分析应按税法规定计算营业税。

《中华人民共和国增值税暂行条例》规定："纳税人提供应税劳务、转让无形资产或者销售不动产，按照营业额和规定的税率计算应纳税额"。应纳税额计算公式为：

$$应纳税额＝营业额×税率 \qquad (7\text{-}8)$$

交通运输业、建筑业、邮电通信业、服务业、文化体育业、娱乐业、金融保险业的项目以及转让无形资产或者销售不动产应按税法规定计算营业税。

3. 消费税

我国对部分货物征收消费税。项目评价中涉及适用消费税的产品或进口货物时，应按税法规定计算消费税。

4. 土地增值税

土地增值税是按转让房地产（包括转让国有土地使用权、地上的建筑物及其附着物）取得的增值额征收的税种，房地产项目应按规定计算土地增值税。

5. 资源税

按照2011年11月1日起施行的《中华人民共和国资源税暂行条例》规定，在中华人民共和国领域及管辖海域开采本条例规定的矿产品或者生产盐（以下简称开采或者生产应税产品）的单位和个人，为资源税的纳税人，应当依照本条例缴纳资源税，资源税的应纳税额，按照从价定率或者从量定额的办法，分别以应税产品的销售额乘以纳税人具体适用的比例税率或者以应税产品的销售数量乘以纳税人具体适用的定额税率计算。

《中华人民共和国资源税暂行条例》与原条例相比，其中一个重要变化是：对原油和天然气开采，资源税的征收由过去的从量定额计征方式改为从价定率计征，资源税税率为销售额的5%～10%。其他应税矿产品和盐仍按从量定额的办法计征，但定额有所调整。

6. 企业所得税

企业所得税是针对企业应纳税所得额征收的税种，项目评价中应注意按有关税法对所得税前扣除项目的要求，正确计算应纳税所得额，并采用适宜的税率计算企业所得税，同时注意正确使用有关的所得税优惠政策，并加以说明。

7. 城市维护建设税、教育费附加和地方教育附加

（1）城市维护建设税。以纳税人实际缴纳的增值税、营业税和消费税税额为计税依据，分别与增值税、营业税和消费税同时缴纳。城市维护建设税税率根据纳税人所在地而不同，在市区，县城或镇，或不在市区、县城或镇的，税率分别为7%、5%或1%。

（2）教育费附加。以各单位和个人实际缴纳的增值税、营业税和消费税税额为计征依据，教育费附加费率为3%，分别与增值税、营业税、消费税同时缴纳。

（3）地方教育附加。为贯彻落实《国家中长期教育改革和发展规划纲要（2010—2020年）》，进一步规范和拓宽财政性教育经费筹资渠道，支持地方教育事业发展，根据国务院有关工作部署和具体要求，2010年财政部发布《关于统一地方教育附加政策有关问题的通知》财综〔2010〕98号。一是要求统一开征地方教育附加；二是统一地方教育附加征收标准。地方教育附加征收标准统一为单位和个人（包括外商投资企业、外国企业及外籍个人），实际缴纳的增值税、营业税和消费税税额的2%。

8. 关税

关税是以进出口应税货物为纳税对象的税种。项目决策分析与评价中涉及应税货物的进出口时，应按规定正确计算关税。引进设备材料的关税体现在投资估算中，而进口原材料的关税体现在成本中。

将财务分析(含建设投资)涉及的主要税种和计税时涉及的费用效益科目归纳，见表7-3。

表 7-3　财务分析涉及税种表

税种名称	建设投资	总成本费用	营业税金及附加	增值税	利润分配
进口关税	√	√			
增值税	√	√		√	
消费税	√		√		
营业税			√		
资源税		自用√	销售√		
土地增值税			√		
耕地占用税	√				
企业所得税					√
城市维护建设税			√		
教育费附加			√		
地方教育附加			√		
车船税	√	√			
房产税		√			
土地使用税		√			
契税	√				
印花税	√	√			

任务3　财务盈利能力分析

财务盈利能力分析是项目财务分析的重要组成部分，从是否考虑资金时间价值的角度，财务盈利能力分析分为动态分析与静态分析；从是否在融资方案的基础上进行分析的角度，财务盈利能力分析又可分为融资前分析和融资后分析。

3.1　动态分析

动态分析采用现金流量分析方法，在项目计算期内，以相关效益费用数据为现金流量，编制现金流量表，考虑资金时间价值，采用折现方法计算净现值、内部收益率等指标，用以分析考察项目投资盈利能力。现金流量分析又可分为项目投资现金流量分析、项目资本金现金流量分析和投资各方现金流量分析三个层次。项目投资现金流量分析是融资前分析，项目资本金现金流量分析和投资各方现金流量分析是融资后分析。

1. 项目投资现金流量分析

(1)项目投资现金流量分析的含义。项目投资现金流量分析是从融资前的角度，即在不考虑债务融资的情况下，确定现金流入和现金流出，编制项目投资现金流量表，计算财务内部收益率和财务净现值等指标，进行项目投资盈利能力分析，考查项目对财务主体和投资者总体的价值贡献。

项目投资现金流量分析是从项目投资总获利能力的角度，考查项目方案设计的合理性。不论实际可能支付的利息是多少，分析结果都不发生变化，因此可以排除融资方案的影响。

项目投资现金流量分析计算的相关指标可作为初步投资决策的依据和融资方案研究的基础。

根据需要，项目投资现金流量分析可从所得税前和(或)所得税后两个角度进行考查，选择计算所得税前和(或)所得税后分析指标。

(2)项目投资现金流量的识别与报表编制。进行现金流量分析，首先要正确识别和选用现金流量，包括现金流入和现金流出。是否能作为融资前项目投资现金流量分析的现金流量，要看其是否与融资方案无关。根据这个原则，项目投资现金流量分析的现金流入主要包括营业收入，在计算期的最后一年还包括回收固定资产余值(该回收固定资产余值应不受利息因素的影响)及回收；现金流出主要包括建设投资、流动资金、经营成本、营业税金及附加。如果运营期内需要投入维持运营投资，也应将其作为现金流出。所得税后分析还要将所得税作为现金流出。由于是融资前分析，该所得税应根据不受利息因素影响的息税前利润($EBIT$)乘以所得税税率计算，称为调整所得税，也可称为融资前所得税。

净现金流量(现金流入与现金流出之差)是计算评价指标的基础。

根据上述现金流量编制的现金流量表称为项目投资现金流量表，见表7-4。

表7-4 项目投资现金流量表 万元

序号	项目	合计	计算期					
			1	2	3	4	...	n
1	现金流入							
1.1	营业收入							
1.2	补贴收入							
1.3	回收固定资产余值							
1.4	回收流动资金							
2	现金流出							
2.1	建设投资							
2.2	流动资金							
2.3	经营成本							
2.4	营业税金及附加							
2.5	维持运营投资							
3	所得税前净现金流量(1—2)							
4	累计所得税前净现金流量							
5	调整所得税							
6	所得税后净现金流量(3—5)							
7	累计所得税后净现金流量							

计算指标：
项目投资财务内部收益率(%)(所得税前)
项目投资财务内部收益率(%)(所得税后)
项目投资财务净现值(所得税前)(i_c=%)
项目投资财务净现值(所得税后)(i_c=%)
项目投资回收期(年)(所得税前) 项目投资回收期(年)(所得税后)

注：1. 本表适用于新设法人项目与既有法人项目的增量和"有项目"的现金流量分析。
　　2. 调整所得税为以息税前利润为基数计算的所得税，区别于"利润与利润分配表""项目资本金现金流量表"和"财务计划现金流量表"中的所得税。

（3）项目投资现金流量分析的指标。依据项目投资现金流量表可以计算项目投资财务内部收益率（$FIRR$）、项目投资财务净现值（$FNPV$），这两项指标通常被认为是主要指标。另外还可借助该表计算项目投资回收期，可以分别计算静态或动态的投资回收期。我国的评价方法只规定计算静态投资回收期。

1）项目投资财务净现值（$FNPV$）。项目投资财务净现值是指按设定的折现率 i_c 计算的项目计算期内各年净现值流量的现值之和。其计算公式为：

$$FNPV = \sum_{t=1}^{n} (CI - CO)_t (1 + i_c)^{-t} \tag{7-9}$$

式中　CI——现金流入；

　　　CO——现金流出；

　　　$(CI-CO)_t$——第 t 年的净现金流量；

　　　n——计算期年数；

　　　i_c——设定的折现率，通常可选用财务内部收益率的基准值（最低可接受收益率）。

项目投资财务净现值是考察项目盈利能力的绝对量指标，它反映项目在满足按设定折现率要求的盈利之外所能获得的超额盈利的现值。项目投资财务净现值等于或大于零，表明项目的盈利能力达到或超过了设定折现率所要求的盈利水平，该项目财务效益可以被接受。

2）项目投资财务内部收益率。项目投资财务内部收益率是指能使项目在整个计算期内各年净现金流量现值累计等于零时的折现率，它是考察项目盈利能力相对量指标。其表达式为：

$$\sum_{t=1}^{n} (CI - CO)_t (1 + i_c)^{-t} = 0 \tag{7-10}$$

式中　$FIRR$——欲求取的项目投资财务内部收益率。

项目投资财务内部收益率一般通过计算机软件中配置的财务函数计算，若需要手工计算时，可根据现金流量表中的数据采用人工试算法计算。其计算公式为：

$$FIRR = i_1 + (i_2 - i_1) \frac{FNPV_1}{FNPV_1 + |FNPV_2|} \tag{7-11}$$

式中　$FIRR$——欲求取的项目投资财务内部收益率；

　　　i_1——较低的试算折现率；

　　　i_2——较高的试算折现率；

　　　$FNPV_1$——与 i_1 对应的财务净现值；

　　　$FNPV_2$——与 i_2 对应的财务净现值。

将求得的项目投资财务内部收益率与设定的基准参数（i_c）进行比较，当 $FIRR \geq i_c$ 时，即认为项目的盈利性能够满足要求，该项目财务效益可以被接受。

（4）所得税前分析和所得税后分析的作用。按项目投资所得税前的净现金流量计算的相关指标（即所得税前指标）是投资盈利能力的完整体现，可用于考察项目的基本面，即由项目方案设计本身所决定的财务盈利能力，它不受融资方案和所得税政策变化的影响，仅仅体现项目方案本身的合理性。该指标可以作为初步投资决策的主要指标，用于考察项目是否基本可行，并值得为之融资。所得税前指标应受到项目有关各方（项目发起人、项目业主、银行和政府相关部门）的关注。该指标还特别适用于建设方案研究中的方案比选。政府投资项目和政府关注项目必须进行所得税前分析。

项目所得税后分析也是一种融资前分析，所采用的表格与所得税前分析相同，只是在现金流出中增加了调整所得税，根据所得税后的净现金流量来计算相关指标。所得税后分析是所得税前分析的延伸。由于其计算基础——净现金流量中剔除了所得税，有助于判断在不考虑融资方案的条件下项目投资对企业价值的贡献，是企业投资决策的主要指标。

2. 项目资本金现金流量分析

(1)项目资本金现金流量分析的含义和作用。项目资本金现金流量分析是融资后分析。项目资本金现金流量分析指标应能反映从项目权益投资者整体角度考察盈利能力的要求。

项目资本金现金流量分析指标是比较和取舍融资方案的重要依据。在通过融资前分析已对项目基本获利能力有所判断的基础上，通过项目资本金现金流量分析结果可以进而判断项目方案在融资条件下的合理性，因此可以说项目资本金现金流量分析指标是融资决策的依据，有助于投资者在其可接受的融资方案下最终决策出资。

(2)项目资本金现金流量识别和报表编制。项目资本金现金流量分析需要编制项目资本金现金流量表，该表的现金流入包括营业收入，在计算期的最后一年还包括回收固定资产余值及回收流动资金；现金流出主要包括建设投资和流动资金中的项目资本金、经营成本、营业税金及附加、还本付息和所得税。该所得税应等同于利润和利润分配表等财务报表中的所得税，而区别于项目投资现金流量表中的调整所得税。如果计算期内需要投入维持运营投资，也应将其作为现金流出(通常设定维持运营投资由企业自有资金支付)。可见该表的净现金流量包含了项目在缴税和还本付息之后所剩余的收益(含投资者应分得的利润)，即企业的净收益，又是投资者的权益性收益。项目资本金现金流量表，见表7-5。

表7-5　项目资本金现金流量表　　　　　　　万元

序号	项　　目	合计	计算期					
			1	2	3	4	…	n
1	现金流入							
1.1	营业收入							
1.2	补贴收入							
1.3	回收固定资产余值							
1.4	回收流动资金							
2	现金流出							
2.1	项目资本金							
2.2	借款本金偿还							
2.3	借款利息支付							
2.4	经营成本							
2.5	营业税金及附加							
2.6	所得税							
2.7	维持运营投资							
3	净现金流量(1-2)							
计算指标： 资本金财务内部收益率(%)								
注：1. 项目资本金包括用于建设投资、建设期利息和流动资金的资金。 　　2. 对外商投资项目，现金流出中应增加职工奖励及福利基金科目。 　　3. 本表适用于新设法人项目与既有法人项目"有项目"的现金流量分析。								

(3)项目资本金现金流量分析指标。按照我国财务分析方法的要求，一般可以只计算项目资本金财务内部收益率一个指标，其表达式和计算方法与项目投资财务内部收益率相同，只是所依据的表格和净现金流量的内涵不同，判断的基准参数也不同。

项目资本金财务内部收益率的基准参数应体现项目发起人对投资获利的最低期望值(最低可接受收益率)。当项目资本金财务内部收益率大于或等于该最低可接受收益率时，说明在该融资方案下，项目资本金获利水平超过或达到了要求，该融资方案是可以接受的。

3. 投资各方现金流量分析

对于某些项目，为了考查投资各方的具体收益，还需要编制从投资各方角度出发的现金流量表，计算相应的财务内部收益率指标。

投资各方现金流量表中的现金流入和现金流出科目需根据项目具体情况和投资各方因项目发生的收入和支出情况选择填列。依据该表计算的投资各方财务内部收益率指标，其表达式和计算方法与项目投资财务内部收益率相同，只是所依据的表格和净现金流量内涵不同，判断的基准参数也不同。

投资各方的财务内部收益率是一个相对次要的指标。在按股本比例分配利润、分担亏损和风险的原则下，投资各方的利益一般是均等的，可不计算投资各方财务内部收益率。只有投资各方有股权之外的不对等的利益分配时，投资各方的收益率才会有差异，例如其中一方有技术转让方面的收益，或一方有租赁设施的收益，或一方有土地使用权收益，等等。另外，不按比例出资和进行分配的合作经营项目，投资各方的收益率也可能会有差异。计算投资各方的财务内部收益率可以看出各方收益的非均衡性是否在一个合理的水平上，有助于促成投资各方在合作谈判中达成平等互利的协议。

投资各方财务内部收益率的基准参数为投资各方对投资水平的最低期望值(最低可接受收益率)，投资各方内部收益率大于或等于该最低可接受收益率时，表明用投资各方收益率表示的盈利能力满足要求。

3.2 静态分析

除了进行现金流量分析以外，在盈利能力分析中，还可以根据具体情况进行静态分析，选择计算一些静态指标。

1. 静态分析的指标

常用的静态指标主要有项目静态投资回收期、总投资收益率、项目资本金净利润率。

(1)项目静态投资回收期。项目投资回收期(P_t)是指以项目的净收益回收项目投资所需要的时间，一般以年为单位，并从项目建设开始时算起。其表达式为：

$$\sum_{t=1}^{N} (CI - CO)_t = 0 \tag{7-12}$$

项目投资回收期可借助项目投资现金流量表，依据未经折现的净现金流量和累计净现金流量计算，项目现金流量表中累计净现金流量由负值变为0时的时点，即为项目投资回收期。其计算公式为：

$$P_t = 累计净现金流量开始出现正值的年份 - 1 + \frac{上一年累计净现金流量的绝对值}{当年净现金流量}$$

$$\tag{7-13}$$

投资回收期短，表明投资回收快，抗风险能力强。对于某些风险较大的项目，特别需要计算项目静态投资回收期指标。

当投资回收期小于或等于设定的基准投资回收期时，表明投资回收速度符合要求。基准投资回收期的取值可根据行业水平或投资者的要求确定。

(2)总投资收益率。总投资收益率表示总投资的盈利水平，是指项目达到设计能力后正常年份的年息税前利润（$EBIT$）或运营期内年平均息税前利润与项目总投资的比率。其计算公式为：

$$总投资收益=\frac{正常年份的年息税前利润或运营期内平均息税前利润}{项目总投资}\times100\% \quad(7-14)$$

其中

$$年息税前利润=利润总额+支付的全部利息 \quad(7-15)$$

或

$$年税前利润=营业收入-营业税金及附加-经营成本-折旧和摊销 \quad(7-16)$$

总投资收益率高于同行业的收益率参考值，表明用总投资收益率表示的盈利能力满足要求。

(3)项目资本金净利润率。项目资本金净利润率表示项目资本金的盈利水平，是指项目达到设计能力后正常年份的年净利润或运营期内年平均净利润与项目资本金的比率。其计算公式为：

$$项目资本金净利润率=\frac{正常年份的年净利润或运营期平均净利润}{项目资本金}\times100\% \quad(7-17)$$

项目资本金净利润率高于同行业的净利润率参考值，表明用项目资本金净利润率表示的盈利能力满足要求。

2. 静态分析依据的报表

除项目静态投资回收期依据的报表"项目投资现金流量表"外，静态分析指标计算所依据的报表主要是"项目总投资使用计划与资金筹措表"和"利润表"。

(1)项目总投资使用计划与资金筹措表，见表7-6。

表7-6　项目总投资使用计划与资金筹措表　　　　　　　　万元

序号	项目	合计	1			2			...		
			人民币	外币	小计	人民币	外币	小计	人民币	外币	小计
1	总投资										
1.1	建设投资										
1.2	建设期利息										
1.3	流动资金										
2	资金筹措										
2.1	项目资本金										
2.1.1	用于建设投资										
	××方										
	...										

序号	项目	合计	1			2			...		
			人民币	外币	小计	人民币	外币	小计	人民币	外币	小计
2.1.2	用于流动资金										
	××方										
	...										
2.1.3	用于建设期利息										
	××方										
	...										
2.2	债务资金										
2.2.1	用于建设投资										
	××借款										
	××债券										
	...										
2.2.2	用于建设期利息										
	××借款										
	××债券										
	...										
2.2.3	用于流动资金										
	××借款										
	××债券										
	...										
2.3	其他资金										
	×××										
	...										

注：1. 本表按新增投资范畴编制。

2. 本表建设期利息一般可包括其他融资费用。

3. 对既有法人项目，项目资本金中可包括新增资金和既有法人货币资金与资产变现或资产经营权变现的资金，可分别列出或加以文字说明。

(2)利润与利润分配表，见表7-7。

表7-7　利润与利润分配表　　　　　　　　　　　万元

序号	项目	合计	计算期					
			1	2	3	4	…	n
1	营业收入							
2	营业税金及附加							
3	总成本费用							
4	补贴收入							
5	利润总额(1−2−3+4)							
6	弥补以前年度亏损							
7	应纳税所得额(5−6)							
8	所得税							
9	净利润(5−8)							
10	期初未分配利润							
11	可供分配的利润(9+10)							
12	提取法定盈余公积金							
13	可供投资者分配的利润(11−12)							
14	应付优先股股利							
15	提取任意盈余公积金							
16	应付普通股股利(13−14−15)							
17	各投资方利润分配：							
	其中：××方							
	××方							
18	未分配利润(13−14−15−17)							
19	息税前利润(利润总额+利息支出)							
20	息税折旧摊销前利润(息税前利润+折旧+摊销)							

注：1. 对于外商投资项目由第11项减去储备基金、职工奖励与福利基金和企业发展基金(外商独资项目可不列入企业发展基金)后，得出可供投资者分配的利润。

　　2. 法定盈余公积金按净利润计提。

【例7-3】　某公司目前有两个项目可供选择，其现金流量，见表7-8。若该公司要求项目投入资金必须在3年内回收，试分别采用静态投资回收期指标和财务净现值指标进行决策，应选择哪个项目？

表7-8　某公司投资项目净现金流量表　　　　　　　万元

年份	1	2	3	4
项目A净现金流量	−6 000	3 200	2 800	1 200
项目B净现金流量	−4 000	2 000	960	2 400

【解】 (1)采用静态投资回收期指标进行决策。项目A的累计净现金流量计算，见表7-9。

表7-9　投资项目A累计净现金流量计算表　　　　　　　　万元

年份	1	2	3	4
净现金流量	−6 000	3 200	2 800	1 200
累计净现金流量	−6 000	−2 800	0	1 200

按静态投资回收期计算式，项目A静态投资回收期＝3−1＋2 800/2 800＝3(年)。

项目B的累计净现金流量计算，见表7-10。

表7-10　投资项目B累计净现金流量计算表　　　　　　　万元

年份	1	2	3	4
净现金流量	−4 000	2 000	960	2 400
累计净现金流量	−4 000	−2 000	−1 040	1 360

按静态投资回收期计算式，项目B静态投资回收期＝4−1＋1 040/2 400≈3.43(年)。

项目A静态投资回收期刚好为3年，而项目B静态投资回收期超过了3年，因此应该选择项目A。

(2)采用财务净现值指标进行决策。

项目A的财务净现值＝−6 000/1.14＋3 200/(1.14)² ＋2 800/(1.14)³ ＋1 200/(1.14)⁴
　　　　　　　＝−200.44(万元)

项目B的财务净现值＝−4 000/1.14＋2 000/(1.14)² ＋960/(1.14)³ ＋2 400/(1.14)⁴
　　　　　　　＝99.14(万元)

项目A的财务净现值小于项目B的财务净现值，因此应选择项目B。

注意：上述计算结果表明，项目静态投资回收期不考虑资金的时间价值，不考虑现金流量在各年的时间排列顺序，同时忽略了投资回收期以后的现金流量，因此利用静态投资回收期指标进行决策有可能导致决策失误。财务净现值指标由于考虑了项目整个计算期的现金流量，并且考虑了资金的时间价值因素，因此是一个相对可靠的评价方法。

任务4　偿债能力和财务生存能力分析

4.1　偿债能力分析

偿债能力分析主要是通过计算相关偿债能力指标，借以分析项目借款的偿还能力。偿债能力指标通常有：根据借款还本付息计划表数据与利润表以及总成本费用表的有关数据，可以计算利息备付率、偿债备付率等指标；根据企业资产负债表的相关数据可以计算资产负债率、流动比率、速动比率等指标。各指标的含义和计算要点如下。

1. 利息备付率

利息备付率(ICR)是指在借款偿还期内的息税前利润($EBIT$)与当年应付利息(PI)的比值。它从付息资金来源的充裕性角度反映支付债务利息的能力。息税前利润等于利润总额和当年应付利息之和，当年应付利息是指计入总成本费用的全部利息。利息备付率的计算公式为：

$$ICR = \frac{EBIT}{PI} \times 100\% \tag{7-18}$$

利息备付率应分年计算，分别计算在债务偿还期内各年的利息备付率。若偿还前期的利息备付率数值偏低，为分析所用，也可以补充计算债务偿还期内的年平均利息备付率。

利息备付率表示利息支付的保证倍率。对于正常经营的企业，利息备付率至少应当大于1，一般不宜小于2，并结合债权人的要求确定。利息备付率高，说明利息支付的保证度大，偿债风险小；利息备付率小于1，表示没有足够资金支付利息，偿债风险很大。

2. 偿债备付率

偿债备付率（DSCR）它从偿债资金来源的充裕性角度反映项目偿付债务本息的保障程序和支付能力。（DSCR）它是指在借款偿还期内，用于计算还本付息的资金（$EBITDA - T_{AX}$）与应还本付息额（PD）的比值。其计算公式为：

$$DSCR = \frac{T_{AX}}{PD} \times 100\% \tag{7-19}$$

偿债备付率应分年计算，分别计算在债务偿还期内各年的偿债备付率。若偿还前期的偿债备付率数值偏低，为分析所用，也可以补充计算债务偿还期内的年平均偿债备付率。

偿债备付率表示偿付债务本息的保证倍率。对于正常经营的企业，偿债备付率至少应大于1，一般不宜小于1.3，并结合债权人的要求确定。偿债备付率低，说明偿付债务本息的资金不充足，偿债风险大；偿债备付率小于1，表示可用于计算还本付息的资金不足以偿付当年债务。

3. 资产负债率

资产负债率（LOAR）是指各期末负债总额（TL）同资产总额（TA）的比率。其计算公式为：

$$LOAR = \frac{TL}{TA} \times 100\% \tag{7-20}$$

资产负债率表示企业总资产中有多少是通过负债得来的，是评价企业负债水平的综合指标。适度的资产负债率既能表明企业投资人、债权人的风险较小，又能表明企业经营安全、稳健、有效，具有较强的融资能力。国际上公认的较好的资产负债率指标是60%。但是难以简单地用资产负债率的高或低来进行判断，因为过高的资产负债率表明企业财务风险太大；过低的资产负债率则表明企业对财务杠杆利用不够。实践表明，行业间资产负债率差异也较大。实际分析时应结合国家总体经济运行状况、行业发展趋势、企业实力和投资强度等具体条件进行判定。

4. 流动比率

流动比率是企业某个时点流动资产同流动负债的比率。其计算公式为：

$$流动比率 = \frac{流动资产}{流动负债} \times 100\% \tag{7-21}$$

流动比率衡量企业资金流动性的大小，考察流动资产规模与负债规模之间的关系，判断企业短期债务到期前，可以转化为现金用于偿还流动负债的能力。该指标越高，说明偿还流动负债的能力越强。但该指标过高，说明企业资金利用效率低，对企业的运营也不利。

国际公认的标准比率是 200％，但不同行业间流动比率会有很大差异。一般而言，行业生产周期较长，流动比率就应相应提高；反之，就可相应降低。

5. 速动比率

速动比率是企业某个时点的速动资产同流动负债的比率。其计算公式为：

$$速动比率 = \frac{速动资产}{流动负债} \times 100\% \tag{7-22}$$

其中

$$速动资产 = 流动资产 - 存货 \tag{7-23}$$

速动比率指标是对流动比率指标的补充，是将流动比率指标计算公式的分子剔除了流动资产中变现能力最差的存货后，计算企业实际的短期债务偿还能力，较流动比率更为准确地反映偿还流动负债的能力。该指标越高，说明偿还流动负债的能力越强。与流动比率一样，若该指标过高，说明企业资金利用效率低，对企业的运营也不利。国际公认的标准比率是 100％。同样，不同行业间该指标也有较大差异，实践中应结合行业特点分析判断。

【例 7-4】 某企业 2010 年资产负债相关数据，见表 7-11，试计算资产负债率、流动比率和速动比率指标。

表 7-11　某企业资产负债相关数据　　　　　　　　　　　万元

序号	项目	2010 年
1	资产	3 773
1.1	流动资产总额	1 653
	其中：存货	608
1.2	在建工程	0
1.3	固定资产净值	911
1.4	无形及其他资产净值	601
2	负债及所有者权益	3 773
2.1	流动负债总额	583
2.2	中长期借款	1 183
	负债小计	1 766
2.3	所有者权益	2 007

【解】 资产负债率 ＝（1 766/3 773）×100％≈46.8％

流动比率 ＝（1 653/583）×100％≈284％

速动比率 ＝［（1 653−608）/583］×100％≈179％

4.2　财务生存能力分析

1. 财务生存能力分析的作用

财务生存能力分析旨在分析考察"有项目"时（企业）在整个计算期内的资金充裕程度，

分析财务可持续性，判断在财务上的生存能力。财务生存能力分析主要根据财务计划现金流量表，同时，兼顾借款还本付息计划和利润分配计划进行。

非经营性项目财务生存能力分析还兼有寻求政府补助维持项目持续运营的作用。

2. 财务生存能力分析的方法

财务生存能力分析应结合偿债能力分析进行，项目的财务生存能力的分析可通过以下相辅相成的两个方面进行。

（1）分析是否有足够的净现金流量维持正常运营。

1）在项目（企业）运营期间，只有能够从各项经济活动中得到足够的净现金流量，项目才能得以持续生存。财务生存能力分析中应根据财务计划现金流量表，考察项目计算期内各年的投资活动、融资活动和经营活动所产生的各项现金流入和流出，计算净现金流量和累计盈余资金，分析项目是否有足够的净现金流量维持正常运营。

2）拥有足够的经营净现金流量是财务上可持续的基本条件，特别是在运营初期。一个项目具有较大的经营净现金流量，说明项目方案比较合理，实现自身资金平衡的可能性大，不会过分依赖短期融资来维持运营；反之，一个项目不能产生足够的经营净现金流量，或经营净现金流量为负值，说明维持项目正常运行会遇到财务上的困难，实现自身资金平衡的可能性小，有可能要靠短期融资来维持运营，有些项目可能需要政府补助来维持运营。

3）通常因运营期前期的还本付息负担较重，故应特别注重运营期前期的财务生存能力分析。如果拟安排的还款期过短，致使还本付息负担过重，导致为维持资金平衡必须筹借的短期借款过多，可以设法调整还款期，甚至寻求更有利的融资方案，减轻各年还款负担。所以财务生存能力分析应结合偿债能力分析进行。

4）财务生存能力还与利润分配的合理性有关。利润分配过多、过快都有可能导致累计盈余资金出现负值。出现这种情况时，应调整利润分配方案。

（2）各年累计盈余资金不出现负值是财务上可持续的必要条件。各年累计盈余资金不出现负值是财务上可持续的必要条件。在整个运营期间，允许个别年份的净现金流量出现负值，但不能容许任一年份的累计盈余资金出现负值。一旦出现负值时应适时进行短期融资，该短期融资应体现在财务计划现金流量表中，同时，短期融资的利息也应纳入成本费用和其后的计算。较大的或较频繁的短期融资，有可能导致以后的累计盈余资金无法实现正值，致使项目难以持续运营。

项目小结

本项目主要介绍了建设项目财务分析的基本知识、财务效益与费用估算、财务盈利能力分析、偿债能力和财务生存能力分析四部分内容。财务分析又称财务评价，是项目决策分析与评价中为判定项目财务可行性所进行的一项重要工件，是项目经济评价的重要组成部分，是投融资决策的重要依据。项目财务效益与费用的估算涉及整个计算期的数据。项目计算期是指对项目进行经济评价应延续的年限，是财务分析的重要参数，包括建设期和运营期。财务盈利能力分析是项目财务分析的重要组成部分，从是否考虑资金时间价值的角度，财务盈利能力分析可分为动态分析与静态分析；从是否在融资方案的基础上进行分析的角度，财务盈利能力分析又可分为融资前分析和融资后分析。偿债能力分析主要是通过计算相关偿债能力指标，借以分析项目借款的偿还能力。财务生存能力分析主要根据财务计划现金流量表，同时，兼顾借款还本付息计划和利润分配计划进行。

➤ 思考与练习

一、填空题

1. _____，是项目决策分析与评价中为判定项目财务可行性所进行的一项重要工件，是项目经济评价的重要组成部分，是投融资决策的重要依据。

2. 编制财务分析报表和计算财务分析指标进行财务分析，主要包括_____、偿债能力分析和财务生存能力分析。

3. 在对初步设定的建设方案_____进行后，还应进行盈亏平衡分析和敏感性分析。

4. 项目计算期是指对项目进行经济评价应延续的年限，是财务分析的重要参数，包括_____和运营期。

5. 流转税金主要指_____、增值税、消费税以及营业税金附加等。

6. 对于某些基础设施项目，其提供服务的价格或收费标准有时需要通过由成本加适当的利润的方式来确定，或者根据_____确定。

7. _____指在一定时期为生产和销售产品或提供服务而发生的全部费用，称为_____。

二、单项选择题

1. 目财务分析的利益主体主要包括项目(　　)和权益投资方等。

    A. 投资经营实体   B. 融资决策方

    C. 社会公众   D. 建设方案设计方

2. 融资后分析是比选(　　)，作为融资决策和投资者最终出资的依据。

    A. 投资方案   B. 融资方案

    C. 设计方案   D. 汇总结果

3. 动态分析采用(　　)方法，在项目计算期内，以相关效益费用数据为现金流量，编制现金流量表，考虑资金时间价值，采用折现方法计算净现值、内部收益率等指标，用以分析考察项目投资盈利能力。

    A. 资金流量分析   B. 财务分析

    C. 现金流量分析   D. 敏感性分析

三、简答题

1. 财务分析有哪些作用？

2. 财务分析有哪些基本原则？

3. 营业收入估算有哪些要求？

4. 成本与费用估算有哪些要求？

5. 什么是现金流量分析基准参数？它有哪些作用？

6. 净现金流量如何正常运营？

项目 8　建设项目国民经济效益评价

知识目标

了解国民经济效益评价的概念，熟悉国民经济效益评价的作用，掌握国民经济评价与财务评价的关系；了解经济效益与费用识别的基础知识，熟悉项目效益与费用的识别，掌握项目国民经济评价的方法；了解影子价格与价格失真的概念，熟悉特殊投入物影子价格，掌握市场定价货物的影子价格；掌握国民经济经济报表的编制与指标计算；熟悉国民经济评价中的费用效果分析及应用。

能力目标

能够对国民经济效益进行正确评价，能够对国民经济效益和费用进行识别，能够对影响经济效益的影子价格进行正确的分析，能够独立编制国民经济项目评价报表体系和项目评价指标体系，能够对国民经济评价中的费用效果进行分析。

任务 1　认知国民经济效益评价

1.1　国民经济效益评价的概念

国民经济评价是按照资源合理配置的原则，从国家整体角度考察项目的效益和费用，用货物影子价格、影子工资、影子汇率和社会折现率等经济参数，分析、计算项目对国民经济的净贡献，评价项目的经济合理性。

项目的国民经济评价在项目决策中有着重要的作用。很显然，项目的财务评价和国民经济评价结果有时是矛盾的，一般地说，应以国民经济评价的结论作为项目或方案取舍的主要依据。也就是说，经过项目财务评价和国民经济评价，有可能出现以下四种情况。

（1）财务评价为可行，国民经济评价也可行，项目可行。

（2）财务评价为不可行，国民经济评价为可行，这时候有两种处理办法：一种是重新考查投资方案，改进使之财务上可行；另一种是如果该项目是关系到国计民生，对国家有重大意义的项目，那么以国家给项目企业补贴的办法，弥补项目财务上的不可行。

（3）财务评价为可行，国民经济评价为不可行，则项目不可行。这时候可以通过改进使项目的国民经济评价也可行，或者放弃该项目。

（4）财务评价为不可性，国民经济评价也为不可行，项目不可行。

1.2　国民经济效益评价的作用

在市场经济条件下，企业财务评价可以反映出建设项目给企业带来的直接效果，但由于市场失灵现象的存在，财务评价不可能将建设项目产生的效果全部反映出来。正是由于国民经济评价关系到宏观经济的持续、健康发展和国民经济结构布局的合理性，所以说国民经济评价是非常必要的。

（1）正确反映项目对社会经济的净贡献，评价项目的经济合理性。财务评估是对项目在财务上的盈利性和财务收支上的清偿能力进行分析与评价。由于财务评估是站在企业的角度对项目进行评价，而企业利益并不总是与国家利益相一致。例如，税金对于企业是费用支出，而对于国家则不是费用支出，同时由于种种原因，项目的投入物和产出物的财务价格往往严重背离资源的真实价值，不能真实反映项目对国民经济的真实贡献。项目的财务盈利性至少在以下几个方面可能难以全面、正确地反映项目的经济合理性。

1）国家给予项目补贴。

2）企业向国家缴税。

3）某些货物的市场价格可能扭曲。

4）项目的外部效果。

因此，必须通过国民经济评估才能确定一个项目对国民经济整体的净贡献。

（2）为政府进行合理资源配置提供依据。项目的国民经济评价是从国民经济的角度对项目的盈利水平进行评价，有利于全社会合理配置资源。国家的资源，如资金、外汇、土地、劳动力以及其他自然资源等总是有限的，必须在资源的各种相互竞争的用途中做出选择，而这种选择必须借助于国民经济评价，从国家整体的角度来考虑。把国民经济作为一个大系统，项目的建设作为这个大系统中的一个子系统。项目的建设与生产，要从国民经济这个大系统中汲取大量的投入物，同时，也向国民经济这个大系统提供一定数量的产出物。国民经济评价就是评价项目从国民经济中所汲取的投入，与提供的产出物对国民经济目标的影响，从而选择对国民经济目标最有利的项目和方案。因此，国民经济评价是一种宏观评价。对于建设社会主义市场经济，宏观评价具有十分重要的意义。只有多数项目的建设符合整个国民经济发展的需要，才能在充分、合理利用有限资源的前提下，使国家获得最大的净效益。对那些本身财务效益好，但国民经济效益差的项目进行调控；对那些本身财务效益差，而国民经济效益好的项目予以鼓励。

（3）国民经济效益评价是政府审批或核准项目的重要依据。

1）有利于引导投资方向。运用经济净现值、经济内部收益率等指标及体现宏观意图的影子价格、影子汇率等参数，可以起到鼓励或抑制某些行业或项目发展的作用，促进国家资源的合理分配。

2）有利于控制投资规模。国家可以通过调整社会折现率这个重要参数来调控投资总规模，当投资规模膨胀时，可以适当提高社会折现率，控制一些项目的审批通过。

3）有利于提高计划质量。项目是计划的基础，有了足够数量经过充分论证和科学评价的备选项目，才便于各级部门从宏观经济角度对项目进行排序和取舍。财务评价和国民经济评价均可行的项目，才可以通过。

4）有助于实现企业利益、地区利益与全社会利益的有机结合和平衡。

1.3　国民经济评价与财务评价的关系

在很多情况下，国民经济评价是在财务分析基础之上进行，利用财务分析中的数据资料，以财务分析为基础进行调整计算。当然，国民经济评价也可以独立进行，即在项目的财务分析之前进行国民经济评价。

1. 建设项目国民经济评价与财务评价的共同点

(1)评价方法相同。它们都是经济效果评价，都使用基本的经济评价理论，即效益与费用比较的理论方法。

(2)评价的基础工作相同。两种分析都要在完成产品需求预测、工艺技术选择、投资估算、资金筹措方案等可行性研究内容的基础上进行。

(3)评价的计算期相同。

2. 建设项目国民经济评价与财务评价的不同点

(1)评价角度的不同。财务评价是从企业角度分析项目对企业产生的财务效果，偏重于项目盈利水平及偿债能力的评价；国民经济评价从国家角度评价拟建项目对国民经济所产生的效应，偏重于净效益和纯收入的分析，它不但要评估项目对国民经济的贡献，还应分析国民经济为项目所付出的代价。

(2)评价任务的不同。企业财务效益评价可为项目选定和生产规模方案的选择提供财务数据，但不能为重大项目的决策服务；而国民经济效益评价可以用于拟建项目的择优及拟建项目生产规模的选择，是重大项目决策的主要依据。另外，企业财务效益评价主要关心项目的筹资来源和还本付息能力；而国民经济效益评价则主要关心项目是否应当兴建，以及拟建项目应有多大的生产规模。

(3)评价范围的不同。企业财务效益评价范围较为狭窄，一般只限于项目和企业本身，而且只考虑项目直接的可用货币度量的财务效益；国民经济效益评价的面较宽，不仅要考虑项目对国民经济和社会可用货币度量的直接影响，还要考虑间接的、外部的、相关的以及不能用货币度量的影响。所以国民经济效益评价在定量分析之外，还应进行一些定性分析，以便对项目做出全面评价。

(4)项目费用与效益范围划分的不同。企业财务效益评价将项目的全部支出都作为费用，列为项目的成本或项目的资金流出；而国民经济效益评价则将其中的转移支付如税金、补贴、利息从中扣除，同时，国民经济效益评价不考虑过去已经发生的项目成本。因此，在进行国民经济效益评价时，首先应对成本与效益的内容进行鉴别，使它们评估的内容能体现各自的角度。

(5)使用价格体系的不同。在企业财务效益评价中，投入产出物以市场价格为基础计价，这种价格一般称为财务价格；在国民经济效益评估中，要用既能反映投入产出物的价值，又能反映这种资源稀缺程度的影子价格进行评价。影子价格的运用可以使有限的资源得到最优利用，从而带来最好的效益增长。鉴于影子价格是对资源进行最优配置的一种价格，因此，在国民经济效益评价中对一般的通货膨胀不予考虑，而企业财务效益评价则必须考虑通货膨胀的影响。

(6)依据评价参数的不同。在企业财务效益评价中，一般采用国家统一颁发的各行业的基准内部收益率作为计算和评价项目经济效益的依据；在国民经济效益评价中，则使用统一规定的理论利率作为评估依据，这种理论利率一般又称为社会折现率或经济折现率。对于涉及进出口的物品，企业财务效益评估要运用法定汇率或挂牌汇率，国民经济效益评估则要运用影子汇率或市场汇率。企业财务效益评价中，其基本资料是根据财务数据编制的财务现金流量表；而在国民经济效益评价中，基本资料是根据影子价格和国民经济原则编制的国民经济效益费用流量表。

(7)评价对象的不同。在一般情况下，对于没有财务收入的项目，不进行企业财务效益评价，如防洪工程、环保工程、水土保持工程等；但是，不管有无直接财务收入，一些重大的有关国计民生的项目，投入产出物财务价格明显不合理的项目，特别是对能源、交通基础设施和农林水利项目，以及某些国际金融组织的贷款项目和某些政府贷款项目，应按要求进行国民经济效益评价。另外，财务评价有两个方面，一方面是盈利能力分析；另一方面是清偿能力分析。而国民经济评价则仅作盈利能力分析，不作清偿能力分析。

1.4 项目国民经济效益评价的方法

1. 在财务效益评价基础上进行国民经济效益评价

投资项目的国民经济评价在财务评价基础上进行，主要是将财务评价中的财务费用和财务效益调整为经济费用和经济效益，即调整不属于国民经济效益和费用的内容；剔除国民经济内部的转移支付；计算和分析项目的间接费用和效益；按投入物和产出物的影子价格及其他经济参数(如影子汇率、影子工资、社会折现率等)对有关经济数据进行调整。具体步骤如下。

(1)效益和费用范围的调整。由于财务效益评价和国民经济评价对费用和效益的含义及划分范围不同，这样，在国民经济评价中就应对费用和效益进行识别和划分。

1)剔除已经计入财务效益和费用中的国民经济内部的转移支付，如税金、补贴、国内借款利息等。

2)识别项目的外部效益和外部费用，对能定量的应进行定量计算；不能定量的，应做定性描述。

(2)效益和费用数值的调整。根据收集来的数据资料，结合费用和效益的计算范围，将各项投入物和产出物的现行价格调整为影子价格。价格调整对合理地进行费用效益计算，正确地进行国民经济效益评价都是至关重要的。

1)建设投资的调整。剔除属于国民经济内部转移支付的引进设备、材料的关税和增值税，并用影子汇率、影子运费和贸易费用对引进设备价值进行调整；对于国内设备价值则用其影子价格、影子运费和贸易费用进行调整。根据建筑工程消耗的人工、建材、其他大宗材料、电力等，用影子工资、货物和电力的影子价格调整建筑费用，或通过建筑工程影子价格换算系数直接调整建筑费用。若安装费中的材料费占很大比重，或有进口安装材料，也应按材料的影子价格调整安装费用。用土地的影子价格代替占用土地的实际费用，剔除涨价预备费，调整其他费用。

2)流动资金的调整。调整由于流动资金估算基础的变动引起的流动资金占用量的变动。

3)经营费用的调整。对财务评价中的经营费用，可将其划分为可变费用和固定费用，然后再按如下方法进行：可变费用部分按原材料、燃料、动力的影子价格重新计算各项费用；固定费用部分应在剔除固定资产的折旧费、无形资产摊销及流动资金利息后对维修费和工资进行调整，其他费用则不用调整。其中，维修费按调整后的固定资产原值(应扣除国内借款建设期的利息及投资方向调节税)和维修费率重新计算；工资则按影子工资换算系数进行调整。最后再通过加总得到经营费用。

4)销售收入调整。先确定项目产出物的影子价格，然后重新计算销售收入。

5)在涉及外汇借款时，用影子汇率计算外汇借款本金与利息的偿付额。

在价格调整的基础上计算费用和效益，不仅包括直接费用和直接效益的计算，而且包括间接费用和间接效益的计算。费用、效益计算是否全面、正确，直接关系到评价指标能否反映国民经济效益的大小，并进而决定国民经济效益评价结论是否真实客观。

（3）编制表格与计算指标。编制项目的国民经济效益费用流量表，并据此计算全部投资的经济内部收益率和经济净现值指标。对使用国外贷款的项目，还应编制国民经济效益费用流量表，并据此计算国内投资的经济内部收益率和经济净现值指标。

对于产出物出口或替代进口的项目，要求编制经济外汇流量表、国内资源流量表，计算经济外汇净现值、经济换汇成本、经济节汇成本。

2. 直接进行国民经济效益评价

（1）识别和计算项目的内部效益，对那些为国民经济提供产出物的项目，首先应根据产出物的性质确定是否属于外贸货物，再根据定价原则确定产出物的影子价格。按照项目的产出物种类、数量及其逐年的增减情况和产出物的影子价格计算项目的内部效益。对那些为国民经济提供服务的项目，应根据提供服务的数量和用户的受益计算项目的内部效益。

（2）用货物的影子价格、土地的影子费用、影子工资、影子汇率、社会折现率等参数直接进行项目的投资估算。

（3）流动资金估算。

（4）根据生产经营的实物消耗、用货物的影子价格、影子工资、影子汇率等参数计算经营费用。

（5）识别项目的外部效益和外部费用，对能定量的应进行定量计算，对难以定量的，应作定性描述。

（6）编制有关报表，计算相应的评价指标。根据计算出来的项目寿命期各年的费用和效益，编制国民经济效益费用流量表，据以计算经济内部收益率、经济净现值等评价指标。涉及产品出口创汇或替代进口节汇的项目，还要编制经济外汇流量表，据以计算经济外汇净现值、经济换汇成本或经济节汇成本等外汇效果指标，并根据指标计算结果予以分析评价，得出国民经济效益评估结论。

任务 2　国民经济效益与费用识别

2.1　经济效益与费用识别的基础知识

1. 识别经济效益与费用的基本要求

（1）对经济效益与费用进行全面识别。凡项目对社会经济所做的贡献，均计为项目的经济效益，包括项目的直接效益和间接效益。凡社会经济为项目所付出的代价（即社会资源的耗费，或称社会成本）均计为项目的经济费用，包括直接费用和间接费用。因此，经济分析应考虑关联效果，对项目涉及的所有社会成员的有关效益和费用进行全面识别。

（2）遵循有无对比的原则。识别项目的经济效益和费用，要从有无对比的角度进行分析，将"有项目"（项目实施）与"无项目"（项目不实施）的情况加以对比，以确定某项效益或费用的存在。

（3）遵循效益和费用识别与计算口径对应一致的基本原则。效益和费用识别与计算口径对应一致是正确估算项目净效益的基础，特别是经济分析。因为经济分析中既包括直接效益和直接费用，又包括间接效益和间接费用，识别时要予以充分关注。

(4)合理确定经济效益与费用识别的时间跨度。经济效益与费用识别的时间跨度应足以包含项目所产生的全部重要效益和费用，不完全受财务分析计算期的限制。不仅要分析项目的近期影响，还可能需要分析项目将带来的中期、远期影响。

(5)正确处理"转移支付"。正确处理"转移支付"是经济效益与费用识别的关键。对社会成员之间发生的财务收入与支出，应从是否新增加社会资源和是否增加社会资源消耗的角度加以识别。将不增加社会资源财富的财务收入(如政府给企业的补贴)和不增加社会资源消耗的财务支出(如企业向政府缴纳的所得税)视作社会成员之间的"转移支付"，不作为经济分析中的效益和费用。

(6)遵循以本国社会成员作为分析对象的原则。经济效益与费用的识别应以本国社会成员作为分析对象。对于跨越国界，对本国之外的其他社会成员也产生影响的项目，应重点分析项目给本国社会成员带来的效益和费用，项目对国外社会成员所产生的影响应予单独陈述。

2. 识别效益与费用的原则

(1)基本原则。使国民收入最大化为目标：凡是增加国民收入的即为国民经济效益；凡是减少国民收入的即为国民经济费用。

(2)边界原则。边界原则如图 8-1 所示。

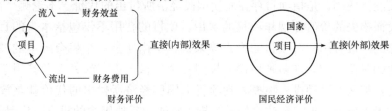

图 8-1　边界原则示意图

(3)资源变动原则。财务评价：计算财务效益与费用的依据是货币的变动。国民经济评价：考察国民经济效益和费用的依据是社会资源的真实变动。凡是增加社会资源的项目产出都是国民经济效益，凡是减少社会资源的项目投入都是国民经济费用。

2.2　项目效益的识别

1. 项目国民经济效益的概念

项目国民经济效益，是指项目对国民经济所做的贡献。这种效益不仅包括项目本身所获得的利益，而且还包括国民经济其他部门因项目存在而获得的利益。所以，效益不仅是指项目自身的直接效益，而且还包括项目所产生的外部的间接效益。

2. 项目国民经济效益的识别

(1)直接效益的识别。直接效益是指由项目产出物产生并在项目范围以内以影子价格计算的经济效益。它是项目产生的主要经济效益。根据产出物的具体情况，直接效益的确定也有所不同。

1)项目投产以后增加总的供给量，即增加了国内的最终消费品或中间产品。此时项目直接效益表现为增加该产出物数量满足国内需求的效益。

2)项目投产以后减少了其他相同或类似企业的产量，即从整个社会来看没有增加产品的数量，只是项目投产后产品数量代替了其他相同或类似企业的等量产品。这时项目的直接效益是被替代企业因为减产而节省的资源价值，即项目产出物替代其他相同或类似企业的产出物，使被替代企业减产从而减少国家专用资源耗费的效益。

3)增加出口或减少进口的产出物。增加出口就是项目投产以后增加国家出口产品的数量，其效益可看作是增加出口所增收的国家外汇。减少进口是指项目投产以后，其产品可以替代进口产品，减少国家等量产品的进口，其效益可看作是减少进口所节约的外汇效益。

(2)间接效益的识别。间接效益是指由项目引起的而在直接效益中未得到反映的那部分效益。如在建设一个钢铁厂的同时，又修建了一套厂外运输系统，它除为钢铁厂服务外，还使当地的工农业生产和人民生活得益，这部分效益即为钢铁厂的外部效益。又如某水泵厂生产一种新型节能水泵，用户可得到较低的运行费用的好处，但由于种种原因，这部分效益未能在水泵厂的财务价格中全部反映出来，即未能完全反映到水泵厂的直接效益中。因此，这部分节能效益就是水泵厂的外部效益。

2.3 项目费用的识别

1. 项目国民经济费用的概念

项目国民经济费用，是指项目存在而使国民经济所付出的代价。不论哪个部门或单位，因为项目建设而损失的价值都视作项目的费用。项目的费用不仅包括本身的直接费用，而且还包括外部的间接费用。对项目的投入物来讲，费用还是一个机会成本的概念。投入物作为一种稀缺的资源，它有许多种用途，投到一个项目上去，就失去了其用于别的用途获得效益的机会，那么，这种投入物投入到项目上国民经济所付出的代价就是放弃其他使用机会而获得的最大效益。但需要注意的是，投入物作为其他用途的机会一定是切实可行的，不仅要在技术上可行，而且要在经济等方面可行。

2. 项目国民经济费用的识别方法

(1)直接费用的识别。直接费用是指项目使用投入物所产生并在项目范围内以影子价格计算的经济费用。它是费用的主要内容。根据投入物的具体情况，直接费用的确定也有所不同。

1)因项目存在而增加项目所需投入物的社会供应量。此时，项目直接费用表现为其他部门为供应本项目投入物而扩大生产规模所耗用的资源费用。

2)减少对其他相同或相似企业的供应，即项目的投入物是减少对其他企业的供应而转移过来的。此时项目直接费用表现为减少对其他项目(或最终消费者)投入物的供应而放弃的效益，即项目的投入物单位使用量在其他企业所获得的效益与项目所转移过来的投入物总量的乘积。其他企业的效益应用影子价格计算。

3)增加进口或减少出口的投入物。增加进口就是因为项目存在而使国家不得不增加进口，以满足其对投入物的需要，其费用可看作是国家为增加进口而多支付的外汇。减少出口是指因项目使用了国家用来出口的商品作为投入物，从而减少了国家的出口量，其费用是国家因减少出口而损失的外汇收入。

(2)间接费用的识别。间接费用(也称外部费用)是指由项目引起的，而在项目的直接费用中未得到反映的那部分费用。例如工业项目产生的废水、废气和废渣引起的环境污染及对生态平衡的破坏，项目并不支付任何费用，而国民经济付出了代价。工业项目造成的环境污染对生态的破坏是一种外部费用，一般较难计算，除按环保部门规定征收的排污费计算外，也可以用被污染的农作物和江河湖泊的水产品或森林的价值损失作为项目污染和对生态环境破坏所造成的损失。如果环境污染给国民经济造成的损失很明显，且难以计量，则可根据国家的控制污染要求进行定性分析。

3. 转移支付的处理

在识别国民经济费用与国民经济效益范围的过程中，将会遇到税金、国内借款利息和补贴的处理问题。这些都是财务评价中的实际收入或支出，但是从国民经济的角度看，企业向国家缴纳税金，向国内银行支付利息，或企业从国家得到某种形式的补贴，都未造成资源的实际耗费或增加，因此不能计算这些费用或效益，它们只是国民经济内部各部门之间的转移支付。

(1)税金。税金包括增值税、消费税、资源税、关税等。税金对投资项目来说是一项支出，从国家财政来说是一项收入。这是企业与国家之间的一项资金转移。税金不是投资项目使用资源的代价，所有财政性的税金，都不能算作国民经济费用。

(2)补贴。补贴包括出口补贴、价格补贴等。补贴虽然增加了拟建投资项目的财务收益，但是这部分收入，企业并没有为社会提供等值的资源，而是国家从国民收入中抽出一部分资金转给了企业。所以，国家以各种形式给予的补贴，都不能算是国民经济效益。

(3)利息。利息是利润的转化形式，是企业与银行之间的一种资金转移，并不涉及资源的增减变化，所以，利息也不能作为国民经济费用。

(4)土地费用。土地费用是项目建设征购土地的实际支付，是项目转移给地方政府、村镇集体、其他企业或农民的货币资金。从国民经济全局看，土地费用的支付并没有造成资源的增加或减少，因此，在国民经济效益评价中不能列为费用。但土地作为一项资源有它的机会成本，即被项目占用后就不能作为其他用途，国民经济为此付出了一定的代价，因此，应将土地的机会成本列为国民经济费用。

在国民经济评价时，应复核在可行性研究报告的国民经济评价中，是否已从项目原效益和费用中剔除了这些转移支付，以影子费用形式作为项目的计算是否正确。

任务 3　影子价格

3.1　影子价格与价格失真

1. 影子价格的概念

影子价格是指依据一定原则确定的，能够反映投入物和产出物真实经济价值，反映市场供求状况，反映资源稀缺程度，使资源得到合理配置的价格。进行国民经济评价时，项目的主要投入物和产出物价格，原则上都应采用影子价格。为了简化计算，在不影响评价结论的前提下，可只对其价值在效益或费用中占比重较大，或者国内价格明显不合理的产出物或投入物使用影子价格。

影子价格反映在项目的产出上，是一种消费者"支付意愿"或"愿付原则"，消费者愿意支付的价格，只有在供求完全均等时，市场价格才代表愿付价格。影子价格反映在项目的投入上是资源不投入该项目，而投在其他经济活动中所能带来的效益。也就是项目的投入是以放弃了本来可以得到的效益为代价的，西方经济学家称作"机会成本"，根据"支付意愿"或"机会成本"的原则确定经济价格以后，就可以测算出拟建项目要求经济整体支付的代价和为经济整体提供的效益，从而得出拟建项目的投资真正能给社会带来多少国民收入增加额或纯收入增加额。

2. 价格失真的原因

(1)因关税和非关税保护，使国内价格高于国际市场价格，随着进出口的进一步开放，项目的财务评价结论可能会不符合项目实施后的情况，因此，有必要对这些投入品和产出品用以国际市场价格为基础的影子价格代替财务评价中所用的价格。

(2)劳动力投入的机会成本往往低于实际的工资和福利支出，必要时可用影子工资代替财务工资和福利支出。

(3)外汇与人民币在没有完全实现自由兑换之前，外汇的真正价值一般高于实际的汇率，必要时可用影子汇率代替实际汇率。

(4)基准收益率或资本价格在财务评价中使用的是行业或投资者期望的收益率，在费用—效益分析中应从国家资源配置的角度用统一的社会折现率来反映真正的资源耗用或有用物品(或服务)产出的时间价值。

以上调整后的价格或参考数可以统称为影子价格。总而言之，影子价格是从国家角度更能反映资源(物品、服务、自然资源、外汇、劳动力和资本占用)价值的合理价格。

3.2　市场定价货物的影子价格

1. 外贸货物影子价格

外贸货物包括：项目产出物直接出口、间接出口和替代进口，项目投入物直接进口、间接进口和减少出口。

$$\text{直接进口投入物的影子价格(到厂价)} = \text{到岸价}(CIF) \times \text{影子汇率} + \text{进口费用} \quad (8\text{-}1)$$
$$\text{直接出口产出物的影子价格(出厂价)} = \text{离岸价}(FOB) \times \text{影子汇率} - \text{出口费用} \quad (8\text{-}2)$$

影子汇率是指能正确反映外汇真实价值的汇率，即外汇的影子价格。在国民经济评价中，影子汇率通过影子汇率换算系数计算。影子汇率换算系数是影子汇率与国家外汇牌价的比值，由国家统一测定和发布。根据我国外汇收支情况、进出口结构、进出口环节税费及出口退税补贴等情况，目前我国的影子汇率换算系数取值为1.08。

【例8-1】　若美元兑人民币的外汇牌价为6.48元/美元，影子汇率换算系数取值为1.08，试计算美元的影子汇率。

【解】　美元的影子汇率＝美元的外汇牌价×影子汇率换算系数

$$= 6.48 \times 1.08 = 6.998(\text{元}/\text{美元})$$

影子汇率的取值对于项目决策也有着重要的影响。对于那些主要产出物是可外贸货物的建设项目，由于产品的影子价格要以产品的口岸价为基础计算，外汇的影子价格高低直接影响项目收益价值的高低，影响对项目效益的判断。

影子汇率换算系数越高，外汇的影子价格越高，产品是可外贸货物的项目效益较高，评价结论会有利于出口方案。同时外汇的影子价格较高时，项目引进投入物的方案费用较高，评价结论会不利于引进方案。

【例 8-2】 某货物 A 进口到岸价为 100 美元/吨，某货物 B 出口离岸价也为 100 美元/吨，用影子价格估算的进口费用和出口费用分别为 50 元/吨和 40 元/吨，影子汇率 1 美元＝6.48 元人民币，试计算货物 A 的影子价格(到厂价)以及货物 B 的影子价格(出厂价)。

【解】 货物 A 的影子价格为：100×6.48－50＝598(元/吨)

货物 B 的影子价格为：100×6.48－40＝608(元/吨)

2. 非外贸货物影子价格

(1)基本的确定方法。价格完全取决于市场的，且不直接进出口的项目投入物和产出物，按照非外贸货物定价，其国内市场价格作为确定影子价格的基础，并按下式换算为到厂价和出厂价。

$$投入物影子价格(到厂价)＝市场价格＋国内运杂费 \qquad (8-3)$$
$$产出物影子价格(出厂价)＝市场价格－国内运杂费 \qquad (8-4)$$

(2)对于税的处理。

1)项目产出。分析货物的供求情况，对于项目产出物和项目投入物采取不同的处理。

①若项目产出需求空间较大，项目的产出对市场价格影响不大，影子价格按消费者支付意愿确定，即采用含税的市场价格。

②若项目产出用以顶替原有市场供应的，即挤占其他生产厂商的市场份额，应该用节约的社会成本作为影子价格，这里节约的社会成本是指其他生产厂商减产或停产所带来的社会资源节省。对于市场定价的货物，其不含税的市场价格可以看作其社会成本。

对于可能导致其他企业减产或停产，产出质量又相同的，甚至可以按被替代企业的分解可变成本定价(即定位于不合理重复建设的情况)。

2)项目投入。

①若该投入的生产能力较富裕或较容易扩容来满足项目的需要，可通过新增供应来满足项目需求的，采用社会成本作为影子价格，这里社会成本是指社会资源的新增消耗。

对于市场定价的货物，其不含税的市场价格可以看作其社会成本。

对于价格受到管制的货物，其社会成本通过分解成本法确定。若通过新增投资增加供应的按全部成本计算分解成本，而通过挖潜增加供应的，按可变成本计算分解成本。

②若该投入供应紧张，短期内无法通过增产或扩容来满足项目投入的需要，只能排挤原有用户来满足项目需求的，影子价格按支付意愿确定，即采用含税的市场价格。

③若没有可能判别出产出是增加供给还是挤占原有供给，或投入供应是否紧张，也可简化处理为：产出的影子价格一般采用含税的市场价格，投入的影子价格一般采用不含税的市场价格。为避免效益高估，从稳妥原则出发，这种方法要慎重采用。

(3)如果项目产出或投入数量大到影响了其市场价格，导致"有项目"和"无项目"两种情况价格不一致，可取两者的平均值作为确定影子价格的基础。

【例 8-3】 某制造业项目生产的产品中包括市场急需的 C 产品，预测的目标市场价格为 12 000 元/吨(含税)，项目到目标市场的运杂费为 200 元/吨，在进行经济费用效益分析时，该产品的影子价格应如何确定？

【解】 经预测，在相当长的时期内，C 产品市场需求空间较大，项目的产出对市场价格影响不大，应该按消费者支付意愿确定影子价格，即采用含增值税销项税额的市场价格为基础确定其出厂影子价格。该项目应该采用的 C 产品出厂影子价格为：

$$12\,000－200＝11\,800(元/吨)$$

3. 政府调控价格货物的影子价格

我国尚有少部分产品或服务，如电、水和铁路运输等，不完全由市场机制决定价格，而是由政府调控价格。政府调控价格包括：政府定价、指导价、最高限价等。这些产品或者服务的价格不能完全反映其真实的经济价值。

在经济分析中，往往需要采取特殊的方法测定这些产品或服务的影子价格，包括成本分解法、消费者支付意愿法和机会成本法。

(1)成本分解法。成本分解法是确定非外贸货物影子价格的一种重要方法，通过对某种货物的边际成本进行分解并用影子价格进行调整换算，得到该货物的分解成本。分解成本是指某种货物的生产所需要耗费的全部社会资源的价值，包括各种物料、人工、土地等的投入，各种耗费都需要用影子价格重新计算。另外，还包括按资金时间价值原理计算的资金回收费用。具体步骤如下：

1)数据准备。列出该非外贸货物按生产费用要素计算的单位财务成本。其中主要要素有原材料费、燃料和动力费、职工薪酬、折旧费、修理费、流动资金借款利息及其他支出，对其中重要的原材料、燃料和动力，要详细列出价格、耗用量和金额。列出单位货物所占用的固定资产原值，以及占用流动资金的数额。调查确定或设定该货物生产厂的建设期和建设期各年投资比例、经济寿命期限、寿命期终了时的资产余值。

2)确定重要原材料、燃料、动力、职工薪酬等投入的影子价格，以便计算单位经济费用。

3)对建设投资进行调整和等值计算。按照建设期各年投资比例，计算出建设期各年建设投资额，用下式把分年建设投资额换算到生产期初。

$$I_\mathrm{F} = \sum_{t=1}^{n_1} I_t (1 + i_\mathrm{s})^{n_1 - t} \tag{8-5}$$

式中　I_F——等值计算到生产期初的单位建设投资；

　　　I_t——建设期各年调整后的单位建设投资(元)；

　　　n_1——建设期(年)；

　　　i_s——社会折现率(%)。

4)用固定资金回收费用取代财务成本中的折旧费。设每单位该货物的固定资金回收费用为 M_F，不考虑固定资产余值回收时为：

$$M_\mathrm{F} = I_\mathrm{F} \times (A/P, \ i_\mathrm{s}, \ n_2) \tag{8-6}$$

考虑固定资产余值回收时为：

$$M_\mathrm{F} = (I_\mathrm{F} - S_\mathrm{V}) \times (A/P, \ i_\mathrm{s}, \ n_2) + S_\mathrm{V} \times i_\mathrm{s} \tag{8-7}$$

式中　S_V——计算期末回收的固定资产余值；

　　　n_2——生产期；

　　　$(A/P, \ i_\mathrm{s}, \ n_2)$——资金回收系数。

5)用流动资金回收费用取代财务成本中的流动资金利息。

设每单位该货物的流动资金回收费用为 M_w，则有：

$$M_\mathrm{w} = W \times i_\mathrm{s} \tag{8-8}$$

式中　W——单位该货物占用的流动资金。

6)财务成本中的其他科目可不予调整。

7)完成上述调整后，计算的各项经济费用总额即为该货物的分解成本，可作为其出厂影子价格。

【例8-4】 某电网满足新增用电将主要依赖新建的火电厂供给，用成本分解法计算电力影子价格。

【解】 (1)数据准备。

1)机组为300 MW的火电厂，单位千瓦需要的建设投资为4 000元，建设期2年，分年投资比例各50%(按年末投入)，不考虑固定资产余值回收；单位千瓦占用的流动资金为0.6元；生产期按20年计，年运行6 600小时(折算为满负荷小时数)。发电煤耗按330 g标准煤/千瓦时，换算为标准煤的到厂价格为127元/吨，火电厂厂用电率6%，社会折现率8%。

2)典型的新建300 MW火电机组单位发电成本，见表8-1。

表8-1 单位发电成本表

要素成本费用项目	成本费用金额/(元·千瓦时$^{-1}$)
燃煤成本	0.042
运营及维护费用	0.10
折旧费用	0.041
财务费用	0.033
发电成本/(元·千瓦时$^{-1}$)	0.216

(2)计算分解成本。

1)调整燃煤成本：当地无大型煤矿，靠小煤矿供煤，小煤矿安全性差，开采燃煤对于自然资源损害严重，应当按照煤炭的市场价格作为影子价格。分析确定为300元/吨，另加运杂费60元，到厂价格为360元/吨，换算为标准煤的到厂价格为504元/吨。燃煤成本调整为0.167元/千瓦时(0.042×504/127)。

2)已知单位千瓦需要的建设投资4 000元，建设期2年，分年投资比例各50%。

按式(8-5)将各年建设投资换算到生产期初：

$$I_F = \sum_{t=1}^{n_1} I_t (1+i_a)^{n_1-t}$$
$$=4\,000×50\%×(1+8\%)^{2-1}+4\,000×50\%×(1+8\%)^{2-1}=4\,160(元)$$

3)按式(8-6)计算单位千瓦固定资金回收费用：

固定资金回收费用=4 160÷6 600×(A/P，8%，20)
$$=0.630×0.101\,85=0.064(元/千瓦时)$$

4)按式(8-8)计算流动资金回收费用：

流动资金回收费用=0.60×8%=0.048(元/千瓦时)

5)将折旧费及财务费用从成本中扣除，改为按社会折现率计算的固定资金回收费用和流动资金回收费用：

0.064+0.048=0.112(元/千瓦时)

6)运营及维护费用不作调整，仍为0.10。

7)火电厂发电分解成本计算。

综合以上各步计算的火电厂发电分解成本为：

火电厂发电分解成本=0.167+0.10+0.112=0.379(元/千瓦时)

(3)计算电力影子价格。

扣除厂用电后(厂用电率6%):

上网电分解成本$=0.379/(1-6\%)=0.379/0.94=0.403$(元/千瓦时)

则电力影子价格为0.40(元/千瓦时)。

如果用电项目不是建设在火电厂旁边,还需要另外计算网输费(包括输变电成本及输电线损)。

(2)支付意愿法。支付意愿是指消费者为获得某种商品或服务所愿意付出的价格。在经济分析中,常常采用消费者支付意愿测定影子价格。

在完善的市场中,市场价格可以正确地反映消费者的支付意愿。应注意在不完善的市场中,消费者的行为有可能被错误地引导,此时市场价格就不能正确地反映消费者支付意愿。

(3)机会成本法。机会成本是指用于拟建项目的某种资源的最佳可行替代用途所能获得的最大净效益。例如资金是一种资源,在各种投资机会中都可使用,一个项目使用了一定量的资金,这些资金就不能再在别的项目中使用,它的机会成本就是所放弃的所有投资机会中可获得的最大净效益。

在充分的市场机制下,资源会被出价最高的使用者得到,所以该资源的机会成本表现为它的市场价格。

在经济分析中,机会成本法也是测定影子价格的重要方法之一。

4. 几种主要的政府调控价格产品及服务的影子价格

(1)电价。作为项目的投入时,电力的影子价格可以按成本分解法测定。一般情况下,应当按当地的电力供应完全成本口径的成本分解定价。有些地区,若存在阶段性的电力过剩,可以按电力生产的可变成本分解定价。水电的影子价格可按替代的火电分解成本定价。作为项目的产出时,电力的影子价格应体现消费者支付意愿,最好按照电力对于当地经济的边际贡献测定。无法测定时,可参照火电的分解成本,按高于或等于火电的分解成本定价。目前,水电项目经济分析中的发电效益习惯采用最优等效替代项目的费用估算,即按照发电量相同的火电项目的年费用作为水电项目的发电经济效益估算的基础。

(2)交通运输服务。交通运输作为项目的投入时,一般情况下按完全成本分解定价。交通运输作为项目的产出时,经济效益的计算不考虑服务收费收入,而是采取专门的方法,按替代运输量(或转移运输量)和正常运输量的时间、节约效益、运输成本节约效益、交通事故减少效益以及诱增运输量的效益等测算。

(3)水价。作为项目的投入时,按后备水源的成本分解定价,或者按照恢复水功能的成本定价。作为项目的产出时,水的影子价格按消费者支付意愿或者按消费者承受能力加政府补贴测定。

3.3　特殊投入物影子价格

1. 劳动力的影子价格——影子工资

影子工资是指项目使用劳动力,社会为此付出的代价,包括劳动力的机会成本和劳动力转移而引起的新增资源消耗。劳动力机会成本是拟建项目占用的劳动力由于在本项目使用而不能再用于其他地方或享受闲暇时间而被迫放弃的价值;应根据项目所在地的人力资源市场及就业状况，劳动力来源，以及技术熟练程度等方面分析确定。技术熟练程度要求高的、稀缺的劳动力，其机会成本高，反之机会成本低。劳动力的机会成本是影子工资的主要组成部分。新增资源消耗是指劳动力在本项目新就业或由原来的岗位转移到本项目而发生的经济资源消耗，包括迁移费、新增的城市交通和城市基础设施配套等相关投资和费用。

$$影子工资＝财务工资×影子工资换算系数 \qquad (8-9)$$

技术性工作的劳动力的工资报酬一般由市场供求决定，影子工资换算系数一般取值为1，即影子工资可等同于财务分析中使用的工资。

2. 土地影子价格

土地是一种特殊投入物，一个投资项目使用了某一块土地，其他投资项目就不能再使用，这块土地也不能用来种庄稼等。土地在我国是一种稀缺资源，投资项目使用了土地，对国家来说就造成了国民经济费用支出。土地的地理位置对土地的机会成本影响很大，因此，土地地块的地理位置是影响土地国民经济费用的关键因素。我国土地分为城市土地和农村土地。城市的土地已经很大程度上存在由市场形成的交易价格，市区内的土地、城市郊区的土地可以采取市场价格测定影子价格。农村的土地按照机会成本的方法测定影子价格。投资项目使用农村土地的国民经济费用，由土地的机会成本和因土地转变用途而发生的新增资源消耗两部分构成。

项目使用了土地，无论是否实际需要支付费用，都应根据机会成本或消费者支付意愿计算土地影子价格。

$$土地影子价格＝土地机会成本＋新增资源消耗 \qquad (8-10)$$

(1)土地机会成本。土地机会成本按照项目占用土地而使社会成员由此损失的该土地"最佳可行替代用途"的净效益计算。通常该净效益应按影子价格重新计算，并用项目计算期各年净效益的现值表示。土地机会成本的计算过程中应适当考虑净效益的递增速度以及净效益计算基年距项目开工年的年数。

(2)新增资源消耗。新增资源消耗应按照在"有项目"情况下，土地的占用造成原有地上附属物财产的损失及其他资源耗费来计算。土地平整等开发成本通常应计入工程建设投资中，在土地影子费用估算中不再重复计算。

(3)实际征地费用的分解。土地的影子价格可以从财务分析中土地的征地费用出发，进行调整计算。

1)属于机会成本性质的费用，如土地补偿费、青苗补偿费等，按照机会成本计算方法调整计算。

2)属于新增资源消耗的费用，如征地动迁费、安置补助费和地上附着物补偿费等，按影子价格计算。

3)属于转移支付的费用主要是政府征收的税费，如耕地占用税、土地复耕费、新菜地开发建设基金等，不应列入土地经济费用。

土地的地理位置对土地的机会成本或消费者支付意愿影响很大，因此，土地地块的地理位置是影响土地影子价格的关键因素。项目占用住宅区、休闲区等非生产性用地，市场完善的，应根据市场交易价格作为土地影子价格；市场不完善或无市场交易价格的，应按消费者支付意愿确定土地影子价格。项目占用生产性用地，主要指农业、林业、牧业、渔业及其他生产性用地，按照这些生产用地的机会成本及因改变土地用途而发生的新增资源消耗进行计算。

在国民经济效益评价中，对土地影子费用有两种处理方式：计算项目占用土地期间逐年净效益的现值之和，作为土地费用计入项目投资中；将逐年净效益的现值换算为年等值效益，作为项目每年的投入。通常采用第一种方式。

3. 自然资源影子价格

矿产等不可再生资源的影子价格应当按该资源用于其他用途的机会成本计算。

水和森林等可再生资源的影子价格可以按资源再生费用计算。

为方便测算，自然资源影子价格也可以通过投入物替代方案的费用确定。

4. 人力资本和生命价值的估算

某些项目的产出效果表现为对人力资本、生命延续或疾病预防等方面的影响，如教育项目、医疗卫生和卫生保健项目等，应对其影响进行量化，纳入项目国民经济评价的框架之中。难以货币量化的，可采用非货币的方法进行量化的，也可只进行定性分析。

（1）对于教育项目，其效果可以表现为人力资本增值，在劳动力市场发展成熟的情况下，其人力资本的增值应根据"有项目"和"无项目"两种情况下的所得税前工资的差额进行估算。

（2）对于医疗卫生项目，其效果常常表现为减少死亡的价值。可根据社会成员为避免死亡而愿意支付的费用进行计算。

当缺乏人们对维系生命的支付意愿的资料时，可采用人力资本法，通过分析人员的死亡导致为社会创造收入的减少来评价死亡引起的损失，以测算生命的价值；或者通过分析伤亡风险不同工种的工资差别来间接测算人们对生命价值的支付意愿。

（3）对于卫生保健项目，其效果表现为增进人们健康的影响效果时，一般应通过分析疾病发病率与项目影响之间的关系，测算由于健康状况改善而增加的工作收入，发病率降低而减少的看病、住院等医疗成本及其他各种相关支出，并综合考虑人们对避免疾病而获得健康生活所愿意付出的代价，测算其经济价值。

5. 时间节约价值的估算

交通运输等项目，其效果可以表现为时间的节约，根据项目具体特点分别测算人们出行时间和货物运送时间节约的经济价值。

（1）出行时间节约的价值。出行时间节约的价值可以按节约时间的受益者为了获得这种节约所愿意支付的货币数量来度量。

1）如果所节约的时间用于工作，时间节约的价值应为因时间节约从而引起生产产出增加的价值。可以用企业负担的所得税前工资、各项保险费用及有关的其他劳动成本来估算时间节约的价值。

2）如果所节约的时间用于闲暇，应从受益者个人的角度，综合考虑个人家庭情况、收入水平、闲暇偏好等因素，采用意愿调查评估方法进行估算。

（2）货物运送时间节约的价值。货物运送时间节约的价值应为这种节约的受益者为了得到这种节约所愿意支付的货币数量。根据不同货物对运输时间的敏感程度以及受益者的支付意愿测算时间节约价值。

6. 环境价值的估算

环境工程项目，其效果表现为对环境质量改善的贡献，可采用本书所述的环境价值评价方法，估算其经济价值。

任务 4　国民经济评价报表和指标体系

4.1　项目评价报表体系

1. 项目投资经济效益费用流量表

综合反映项目计算期内各年按项目投资口径计算的各项经济效益与费用流量及净效益流量，并可用来计算项目投资经济净现值和经济内部收益率指标。

2. 国内投资经济效益费用流量表

综合反映项目计算期内各年按国内投资口径计算的各项经济效益与费用流量及净效益流量。对于有国外资金的项目，应当编制该表，并计算国内投资经济净现值和经济内部收益率指标。

国内投资经济效益费用流量表与项目投资经济效益费用流量表的不同之处在于"费用流量"。由于要计算国内投资的经济效益，项目从国外的借款不在建设期列出，但需要在还款期费用流量中列出用于偿还国外借款本息的支出。

3. 报表编制的方式

(1)直接进行经济效益与费用流量识别和计算，并编制经济分析报表。

1)分析确定经济效益、费用的计算范围，包括直接效益、直接费用和间接效益、间接费用。

2)测算各项投入物和产出物的影子价格，对各项产出效益和投入费用进行估算。

3)根据估算的效益和费用流量，编制项目投资经济费用效益流量表和国内投资经济费用效益流量表。

4)对能够货币量化的外部效果，尽可能货币量化，并纳入经济效益费用流量表的间接费用和间接效益；对难以进行货币量化的产出效果，应尽可能地采用其他量纲进行量化，难以量化的，进行定性描述。

(2)在财务分析基础上调整编制经济分析报表。

调整内容包括：效益和费用范围调整，效益和费用数值调整。

1)效益和费用范围调整。剔除财务现金流量中属于转移支付的内容，包括国家对项目的各种补贴，项目向国家支付的各种税金，国内借款利息(包括建设期利息和生产期利息)以及部分流动资金。剔除财务费用流量中的涨价预备费。剔除流动资金中的现金、应收账款和应付账款等。识别项目的外部效果，分别纳入效益和费用流量。

2)效益和费用数值调整。鉴别投入物和产出物的财务价格是否能正确反映其经济价值。如果项目的全部或部分投入和产出没有正常的市场交易价格，那么应该采用适当的方法测算其影子价格，并重新计算相应的费用或效益流量。投入物和产出物中涉及外汇的，需用影子汇率代替财务分析采用的国家外汇牌价。对项目的外部效果尽可能货币量化计算。

3)具体调整方法。

①调整直接效益流量。项目的直接效益大多为营业收入。选择适当的方法确定产出物影子价格，用影子价格计算营业收入，编制营业收入调整估算表。进出口产品用影子汇率

计算外汇价值。某些类型项目的直接效益比较复杂，而且在财务效益中可能未得到反映，可视具体情况采用不同方式分别估算。交通运输项目的直接效益体现为时间节约的效果，还可能有运输成本节约的效益、运输质量提高的效益等，都应结合项目的具体情况计算。教育项目、医疗卫生和卫生保健项目等的产出效果表现为对人力资本、生命延续或疾病预防等方面的影响，应结合项目的具体情况计算。水利枢纽项目的直接效益体现为防洪效益、减淤效益和发电效益等，可按照行业规定和项目具体情况分别估算。

【例 8-5】 某高速公路项目，年车辆收费收入 600 万元，旅客时间节约价值 800 万元，运输费用节省 200 万元，进行经济效益与费用分析时，在不考虑其他因素的情况下，该项目的年经济效益流量应为多少万元？

【解】 在进行经济效益与费用分析时，项目经济效益主要指的是运输成本节约、旅客时间节约和交通事故减少三方面的效益；车辆的收费收入属于财务效益，因此对于本题目，该项目的年经济效益流量＝800＋200＝1 000（万元）。

②调整建设投资。将建设投资中涨价预备费作为转移支付从费用流量中剔除，建设投资中的劳动力按影子工资计算费用，土地费用按土地的影子价格调整，其他投入可根据情况决定是否调整。有进口用汇的应按影子汇率换算并剔除作为转移支付的进口关税和进口环节增值税。

③调整建设期利息。国内借款的建设期利息不作为费用流量，来自国外的外汇贷款利息需按影子汇率换算，用于计算国外资金流量。

【例 8-6】 某项目工程费用为 10 000 万元（已调整为经济费用），工程建设其他费用为 400 万元（已调整为经济费用），基本预备费 140 万元，涨价预备费 40 万元，建设期利息 300 万元。在经济费用效益流量表中，建设投资流量应为多少？

【解】 建设投资调整中，涨价预备费和建设期利息要剔除

建设投资流量＝10 000＋400＋140＝10 540（万元）

④调整经营费用。对需要采用影子价格的投入物，用影子价格重新计算；对一般投资项目，人工工资可不予调整，即取影子工资换算系数为 1；人工工资用外币计算的，应按影子汇率调整；对经营费用中的除原材料和燃料动力费用之外的其余费用，通常可不予直接调整。

⑤调整流动资金。财务分析中流动资金是采用扩大指标法估算的，经济分析中计算基数调整为以影子价格计算的营业收入或经营费用，再乘以相应的系数估算。

财务分析中流动资金是按分项评估法估算的，要用影子价格重新分项估算。将流动资产和流动负债中包括的现金、应收账款和应付账款等剔除。

【例 8-7】 某新建有色金属矿项目，预计按市场价格计算的年营业收入为 2 000 万元，年经营费用为 1 200 万元，年上缴各种税费合计为 150 万元。项目的尾矿水虽经处理，估计仍可能造成污水体水产品每年减产 50 万元，每年增加沿河居民看病支出 200 万元，该项目正常生产年份的经济效益流量为多少万元？

【解】 项目经济效益流量＝营业收入－年经营费用－减产损失－看病支出增加

＝2 000－1 200－50－200＝550（万元）

4.2 项目评价指标体系

国民经济效益分析包括国民经济盈利能力分析和外汇效果分析，以经济内部收益率为

主要评价指标。根据项目特点和实际需要，也可计算经济净现值等指标。产品出口创汇及替代进口节汇的项目，要计算经济外汇净现值、经济换汇成本和经济节汇成本等指标。此外，还可对难以量化的外部效果进行定性分析。

1. 国民经济盈利能力分析指标

进行国民经济盈利能力分析需要计算经济内部收益率和经济净现值等指标。

(1)经济内部收益率。经济内部收益率是项目在计算期内各年经济净效益流量的现值累计等于零时的折现率，它是反映项目对国民经济净贡献的相对指标。其表达式如下：

$$\sum_{t=1}^{n}(B-C)_t(1+EIRR)^{-t}=0 \tag{8-11}$$

式中　$EIRR$——经济内部收益率；

　　　B——经济效益流量；

　　　C——经济费用流量；

　　　$(B-C)_t$——第 t 年的经济净效益流量；

　　　n——项目计算期。

经济内部收益率等于或大于社会折现率，表明项目对国民经济的净贡献达到或超过了要求的水平，这时应认为项目是可以考虑接受的，或者与目标经济收益率(也称最低预期资本回收率、资本机会成本)进行比较，大于等于目标经济收益率就判断项目是可以考虑接受的。按照亚洲开发银行现行的做法，经济内部收益率一般应该是在 $10\%\sim12\%$。如果确实可以证明某一项目具有很好的社会效益，经济内部收益率也可以低于 10%。

(2)经济净现值($ENPV$)。经济净现值是指用社会折现率将项目计算期内各年的净效益流量折算到建设期初的现值之和，它是反映项目对国民经济净贡献的绝对指标。其表达式如下：

$$ENPV=\sum_{t=1}^{n}(B-C)_t(1+i_s)^{-t} \tag{8-12}$$

式中　$ENPV$——经济净现值；

　　　$(B-C)_t$——第 t 年的经济净效益流量；

　　　i_s——社会折现率。

经济净现值等于或大于零，表示国家为拟建项目付出代价后，可以得到符合社会折现率要求的社会盈余，或除得到符合社会折现率的社会盈余外，还可以得到以现值计算的超额社会盈余，这时就认为项目是可以考虑接受的。

2. 外汇效果分析指标

涉及产品出口创汇及替代进口节汇的项目，应进行外汇效果分析，计算经济外汇净现值、经济换汇成本、经济节汇成本指标。

(1)经济外汇净现值($ENPV$)。经济外汇净现值是反映项目实施后对国家外汇收支直接或间接影响的重要指标，用以衡量项目对国家外汇真正的净贡献(创汇)或净消耗(用汇)。经济外汇净现值可通过经济外汇流量表计算求得，其表达式如下：

$$ENPV=\sum_{t=1}^{n}(FI-FO)_t(1+i_s)^{-t} \tag{8-13}$$

式中　$ENPV$——经济外汇净现值；

　　　FI——外汇流入量；

F_0——外汇流出量；

$(FI-FO)_t$——第 t 年的净外汇流量；

n——计算期。

当有产品替代进口时，可按净外汇效果计算经济外汇净现值。

(2)经济换汇成本和经济节汇成本。当有产品直接出口时，应计算经济换汇成本。它是用货物影子价格、影子工资和社会折现率计算的，为生产出口产品而投入的国内资源现值（以人民币表示）与生产出口产品外汇净现值（通常以美元表示）之比，亦即换取 1 美元外汇所需要的人民币金额，是分析评价项目实施后项目产品在国际上的竞争力，进而判断其产品是否出口的指标。其表达式为：

$$经济换汇成本 = \frac{\sum_{t=1}^{n} DR_t(1+i_s)^{-t}}{\sum_{t=1}^{n} (FI'-FO')_t(1+i_s)^{-t}} \tag{8-14}$$

式中 DR_t——项目在第 t 年为出口产品投入的国内资源价值（包括投资、原材料、工资、其他投入及贸易费用），计量单位为人民币元；

FI'——生产出口产品的外汇流入，计量单位为美元；

FO'——生产出口产品的外汇流出（包括应由出口产品分摊的建设投资及经营费用中的外汇流出），计量单位为美元；

n——计算期。

当有产品替代进口时，应计算经济节汇成本，它等于项目计算期内生产替代进口产品所投入的国内资源的现值与生产替代进口产品的经济外汇净现值之比，即节约 1 美元外汇所需的人民币金额。其表达式为：

$$经济节汇成本 = \frac{\sum_{t=1}^{n} DR_t''(1+i_s)^{-t}}{\sum_{t=1}^{n} (FI''-FO'')_t(1+i_s)^{-t}} \tag{8-15}$$

式中 DR_t''——项目在第 f 年为生产替代进口产品投入的国内资源价值（包括投资、原材料、工资、其他投入及贸易费用），计量单位为人民币元；

FI''——生产替代进口产品所节约的外汇，计量单位为美元；

FO''——生产替代进口产品的外汇流出（包括应由替代进口产品分摊的建设投资及经营费用中的外汇流出），计量单位为美元。

经济换汇成本或经济节汇成本（元/美元）小于或等于影子汇率，表明该项目产品出口或替代进口是有利的。

任务 5　国民经济评价的费用效果分析

5.1　费用效果分析的条件、程序、作用和要求

1. 费用效果分析备选方案应具备的条件

进行费用效果分析，项目的备选方案应具备以下条件。

(1)备选方案是互斥方案或可转化为互斥方案的，且不少于 2 个。

(2)备选方案目标相同，且均能满足最低效果标准的要求，否则不可进行比较。

(3)备选方案的费用可以货币量化，且资金用量不突破预算限额。

(4)备选方案的效果应采用同一非货币单位计量。如果有多个效果，可通过加权的方法处理成单一的综合指标。

(5)备选方案应具有可比的寿命周期。

2. 费用效果分析的程序

一个正确的、完整的费用效果分析应包括以下 9 个步骤。

(1)确定目的、目标或任务，并将其转化为可量化的效果指标。费用效果分析就是要确定一个最好的方案来完成这些目标。

(2)对达到上述目标的要求做出描述，即说明哪些要求是达到目标的实质性内容。

(3)形成各种可以完成任务(达到效果)的方案。

(4)建立各方案达到规定要求、程度的估价度量指标，典型的这类度量指标有效能、可供应性、可靠性和可维护性等。这种度量指标的选择至为关键。例如，度量某军事运输系统的效能应采用战斗人日，而不用吨·千米或兵员数；度量某手术治疗措施的效能用平均存活天数(或年数)，而不单单用存活率；度量某医疗救护系统的效能用反应时间而不用循环时间等，以更确切地反映目标的要求。

(5)选择最小费用法或最大效果法。前者是选择最小费用而达到规定效果的方案，后者是在给定费用的条件下选择效果完成得最好的方案。

(6)确定各方案达到上述度量指标的水平，识别和计算各方案的费用与效果。

(7)在达到指标水平及所花的费用方面，对各可行方案进行分析，综合比较各方案的优缺点。

(8)进行敏感度分析，即分析各种假定或条件变化情况下对结果的影响。

(9)得出结论，推荐最佳方案或提出优先采用的次序。

3. 费用效果分析的作用

(1)费用效果分析是项目决策分析与评价的基本方法之一。当项目效果不能或难以货币量化时，或货币量化的效果不是项目目标的主体时，在国民经济评价中可采用费用效果分析方法，其结论作为项目投资决策的依据。

(2)费用效果分析是通过对项目预期效果和所支付费用的比较，判断项目费用的有效性和项目经济合理性的分析方法。效果是指项目引起的效应或效能，表示项目目标的实现程度，往往不能或难以货币量化。费用是指社会经济为项目所付出的代价，是可以货币量化计算的。

(3)作为一种方法，费用效果分析既可以应用于财务评价，采用财务费用流量计算，也可以应用于国民经济评价，采用经济费用流量计算。前者主要用于项目各个环节的方案比选、项目总体方案的初步筛选；后者除了可以用于方案比选、筛选以外，对于项目主体效益难以货币量化的，则取代经济费用效益分析，并作为国民经济评价的最终结论。

4. 费用效果分析的要求

(1)费用效果分析是将效果与费用采取不同的度量方法、度量单位和指标，在以货币度量费用的同时，采用某种非货币指标度量效果。

（2）费用效果分析遵循多方案比选原则，通过对各种方案的费用和效果进行比较，选择最好或较好的方案。

（3）对单一方案的项目，由于费用与效果采取不同的度量单位和指标，不易直接评价其合理性。

5.2　费用效果分析的指标和方法

1. 费用效果分析的指标

费用效果分析基本指标是效果费用比（RE/C），即单位费用所达到的效果。

$$RE/C = E/C \tag{8-16}$$

式中　RE/C——效果费用比；

E——项目效果；

C——项目费用。

习惯上也可以采用费用效果比（RC/E）指标，即单位效果所花费的费用。

$$RC/E = C/E \tag{8-17}$$

费用应包括整个计算期内发生的全部费用，可采用现值或年值表示。备选方案计算期不一致时应采用年值。

效果可以采用有助于说明项目效能的任意计量单位。若项目的目标不止一个，需要处理成统一的综合指标。

2. 费用效果分析的方法

（1）最小费用法。效果相同时，选择满足效果的费用最小的方案。

（2）最大效果法。费用固定时，选择效果最大化的方案。

（3）增量分析法。当备选方案效果和费用均不固定，且分别具有较大幅度的差别时，应比较两个备选方案之间的费用差额和效果差额，分析获得增量效果所花费的增量费用是否值得，不可盲目选择效果费用比大的方案或者费用效果比小的方案。判别标准：首先确定效果费用比基准指标$[E/C]$，或费用效果比基准指标$[C/E]$（也称截止指标）。如果增量效果超过增量费用，即 $\Delta E/\Delta C \geqslant [E/C]$ 或 $\Delta C/\Delta E \leqslant [C/E]$ 时可以选择费用高的方案，否则选择费用低的方案。

【例 8-8】　某地方政府拟实行一个 5 年免疫接种计划项目，降低国民的死亡率。设计了A、B、C 三个备选方案，效果为减少死亡人数，费用为方案实施的全部费用，三个方案实施期和效果预测期相同。拟通过费用效果比的计算，在政府财力许可情况下，决定采用何种方案。根据以往经验，设定费用效果比基准指标$[C/E]$为 400，即每减少死亡一人需要花费 400 元。

【解】　（1）预测的免疫接种项目 3 个方案的费用和效果现值及其费用效果比，见表 8-2。

表 8-2　方案费用效果比计算表

项目	A 方案	B 方案	C 方案
费用/万元	8 900	10 000	8 000
效果/万元	26.5	29.4	18.5
费用效果比/（元·人$^{-1}$）	336	340	432

（2）C方案费用效果比明显高于基准值，不符合备选方案的条件，应放弃。

（3）A、B两个方案费用效果比均低于基准值，符合备选方案的条件。计算A方案和B方案两个互斥方案的增量费用效果比。

$$\Delta C/\Delta E=(10\ 000-8\ 900)/(29.4-26.5)\approx379(人)$$

（4）由计算结果看，A和B两个方案费用效果比均低于设定的基准值400，而增量费用效果比也低于基准值400，说明费用高的B方案优于A方案，在政府财力许可情况下可选择B方案。如果有资金限制，也可以选择A方案。

项目小结

本项目主要介绍了国民经济效益评价、国民经济效益与费用识别、经济效益与影子价格、国民经济评价指标和报表、国民经济评价中的费用效果分析等内容。国民经济效益评价是按照资源合理配置的原则，从国家整体角度考察项目的效益和费用，用货物影子价格、影子工资、影子汇率和社会折现率等经济参数，分析、计算项目对国民经济的净贡献，评价项目的经济合理性。项目国民经济效益，是指项目对国民经济所做的贡献。项目国民经济费用，是指项目存在而使国民经济所付出的代价。影子价格是指依据一定原则确定的，能够反映投入物和产出物真实经济价值，反映市场供求状况，反映资源稀缺程度，使资源得到合理配置的价格。项目评价报表编制有两种方式：直接进行经济效益与费用流量识别和计算，并编制经济分析报表；在财务分析基础上调整编制经济分析报表。国民经济效益分析包括国民经济盈利能力分析和外汇效果分析，以经济内部收益率为主要评价指标。本项目还着重介绍了国民经济评价中的费用效果分析。

思考与练习

一、填空题

1. 财务评价是对项目在财务上的_____和财务收支上的清偿能力进行分析与评价。

2. 项目国民经济效益，是指项目对_____所做的贡献。

3. _____指项目使用投入物所产生并在项目范围内以影子价格计算的经济费用，称为_____。

4. 在进行国民经济评价时，应复核在可行性研究报告的国民经济评价中，是否已从项目原效益和费用中剔除了这些_____，以影子费用形式作为项目的计算是否正确。

5. 效益和费用数值的调整，根据收集来的数据资料，结合费用和效益的计算范围，将各项投入物和产出物的现行价格调整为_____。

6. 对使用国外贷款的项目，还应编制国民经济效益费用流量表，并据此计算国内投资的_____和经济净现值指标。

二、单项选择题

1. 下列不属于建设项目国民经济评价与财务评价的不同点的是（　　）。

    A. 评价角度的不同　　　　　　　　B. 评价任务的不同

C. 评价范围的不同　　　　　　　　D. 评价方法的不同

2. (　　)是指由项目产出物产生并在项目范围以内以影子价格计算的经济效益。

A. 间接效益　　B. 直接效益　　　　C. 直接费用　　　　D. 间接费用

3. (　　)对投资项目来说是一项支出，从国家财政来说是一项收入。

A. 税金　　　　B. 利息　　　　　　C. 补贴　　　　　　D. 土地费用

三、简答题

1. 经过项目财务评价和国民经济评价以后，可能出现哪些情况？

2. 建设项目国民经济评价与财务评价有哪些共同点？

3. 识别效益与费用有哪些基本要求？

4. 根据投入物的不同，直接费用如何确定？

5. 效益和费用数值的调整包括哪些内容？

6. 直接进行国民经济效益评价包括哪些内容？

7. 价格失真有哪些原因？

项目 9　建设项目不确定性和风险分析

能够对不确定性和风险进行分类，能够对风险的盈亏平衡和敏感性进行合理的分析，能够正确的避免各类风险因素，能够应对各种风险采取相应的风险对策。

了解不确定性与风险的概念，熟悉不确定性和风险的性质与分类，掌握导致不确定性和风险存在的原因与作用；掌握风险盈亏平衡分析和敏感性分析；了解投资项目的主要风险，掌握风险分析的程序、内容及很主要方法，掌握风险对策的内容。

任务 1　认知不确定性与风险分析

1.1　不确定性与风险的概念

1. 风险

所谓风险是指人们在事先能够预计采取某种行动，可能发生的所有或好或坏的后果，以及每种后果出现的可能性大小。

2. 风险分析

风险分析是指对项目总投资及效益由随机性的原因引起的变化进行分析的方法。不确定性分析则是指项目总投资和效益的变化是由不可预知的，也是不可预估的，非概率的因素引起的不确定性情况的分析。可行性研究中，风险分析和不确定性分析不是设法避免这些风险和不确定性因素，而是确定这些因素与项目盈利能力的相关性及影响程度。

3. 不确定性

不确定性是与确定性相对的一个概念，指某一事件、活动在未来可能发生，也可能不发生，其发生状况、时间及其结果的可能性或概率是未知的。

4. 不确定性与风险的对比

不确定性与风险的对比，见表 9-1。

表 9-1　不确定性与风险对比表

区别	风险	不确定性
可否量化	可以量化的，其发生概率是已知的或通过努力可以知道的，风险分析可以采用概率分析方法，分析各种情况发生的概率及其影响	不可量化的，不确定性分析只能进行假设分析，假定某些因素发生后，分析不确定因素对项目的影响

区别	风险	不确定性
可否保险	可以保险	不可以保险
概率可获得性	发生概率是可知的，或是可以测定的，可以用概率分布来描述	发生概率未知
影响大小	可以量化，可以防范并得到有效的降低	代表不可知事件，因而有更大的影响

概括起来，确定性是指在决策涉及的未来期间内一定要发生或者一定不发生，其关键特征是只有一种结果；不确定性则指不可能预测未来将要发生的事件；风险则是介于不确定性与确定性之间的一种状态，其概率是可知的或已知的。在投资项目分析与评估中，虽然对项目要进行全面的风险分析，但重点在风险的不利影响和防范对策研究上。

1.2 不确定性与风险的性质与分类

1. 不确定性与风险的性质

(1)客观性。不确定性与风险是客观存在的，不可能完全根除，只能采取措施降低其不利影响。

(2)可变性。可能造成损失，也可能带来收益，这是不确定性与风险的基本特征。

(3)阶段性。投资项目的不同阶段存在的主要风险有所不同。投资决策阶段、实施阶段、运营阶段所面临的风险是不同的。

(4)多样性。依行业和项目不同具有多样性。

(5)相对性。对于项目的有关各方(不同的风险管理主体)可能会有不同的风险，而且同一风险因素对不同主体的影响也不同。

(6)层次性。风险的表现具有层次性，需要层层剖析才能深入最基本的风险单元，以明确风险的根本来源。

2. 风险的分类

基于不同的分类标准，风险可以有多种分类。投资项目可能有各种各样的风险，从不同的角度出发可以进行不同的分类，但有些分类会有交叉。按系统分，可分为个体风险和系统风险；按阶段分，可分为前期阶段的风险、实施阶段的风险和经营阶段的风险；按性质分，可分为政治风险、经济风险、财务风险、信用风险、技术风险和社会风险等；按内在因素还是外来影响分，可分为内在风险和外来风险；按控制能力分，可分为可控风险和不可控风险等，见表9-2。

表9-2 一般风险分类

分类方法	风险分类	特 点
按照风险的性质分	纯风险	只会造成损失，不能带来利益
	投机风险	可能带来损失，也可能产生利益
按照风险来源分	自然风险	由于自然灾害、事故，造成人员、财产的伤害或损失
	非责任风险(或人为风险)	由于人为因素而造成的人员、财产伤害或损失，包括政策风险、经济风险、社会风险等

分类方法	风险分类	特　点
按照风险事件主体的承受能力分	可承受风险	风险的影响在风险事件主体的承受范围内
	不可承受风险	风险的影响超出了风险事件主体的承受范围
按照技术因素分	技术风险	由于技术原因而造成的风险，如技术进步使得原有的产品寿命周期缩短、选择的技术不成熟而影响生产等
	非技术风险	非技术原因带来的风险，如社会风险、经济风险、管理风险等
按照独立性分	独立风险	风险独立产生
	非独立风险	风险依附于其他风险而产生
按照风险的可管理性分	可管理风险(可保风险)	即可以通过购买保险等方式来控制风险的影响
	不可管理风险(不可保风险)	不能通过保险等方式来控制风险的影响
按照风险的边界分	内部风险	风险发生在风险事件主体的组织内部，如生产风险、管理风险等
	外部风险	风险发生在风险事件主体的组织外部，只能被动接受，如政策风险、自然风险等

1.3　导致不确定性与风险存在的原因与作用

1. 导致不确定性与风险存在的原因

风险因素和不确定性因素在前面的叙述中已有说明。归纳起来，导致风险因素和不确定性因素产生的原因主要有以下几个方面。

(1)市场价格的波动。市场结构状况的变化，通货膨胀，开工率因其他非经济因素达不到设计水平等对评价中数字的影响，这使得项目评价具有相当风险性和不确定性。

(2)由于市场调查的不真实。夸大的市场需求量，导致过大地确定工厂生产能力，而可能带来的风险因素。

(3)科学技术以不可预估的速度发展，使得工艺更新，而使项目工艺陈旧带来的风险。

(4)材料和投入物估计过于乐观，引起的不确定因素和风险因素。

(5)投资企业的不同类型本身所包含的风险因素和不确定性。如开采矿山的风险性。

(6)因建厂地区和厂址周围政治、地理、经济文化等的改变，而引起的风险和不确定性。

(7)项目建设方案中，因寿命期过长而带来的项目风险性。

(8)工厂组织和管理结构不合理或管理水平低下，带来的风险和不确定性因素。

因此，任何一个项目可行性研究，在其财务评价和国民经济评价以后必须进行风险性和不确定性分析。由于风险性和不确定性均造成项目的实际结果不同于预测结果，所以从经济上把两者结合起来考虑。

风险分析和不确定性分析主要有概率分析、盈亏平衡分析、敏感性分析等，其中盈亏平衡分析只用于财务评价。

2. 不确定性分析与风险分析的作用

(1)投资决策充分考虑风险分析的结果，有助于在可行性研究的过程中，通过信息反馈改进或优化方案，直接起到降低风险的作用，避免在决策中忽视风险的存在而蒙受损失。

（2）充分利用风险分析结果，建立风险管理系统，有助于为项目全过程风险管理打下基础，防范实施和经营过程中的风险。

（3）风险分析应贯穿于项目分析的各个环节和全过程。风险分析超出了市场分析、技术分析、财务分析和经济分析的范畴，它是一种系统分析，应由项目负责人带领，项目组成员参加。

1.4 不确定性分析与风险分析的区别与联系

两者的目的相同，都是识别、分析、评价影响项目的主要因素，防范不利影响，提高项目的成功率。两者的主要区别在于分析方法不同。不确定性分析是对投资项目受不确定性因素的影响进行分析，并粗略地了解项目的抗风险能力，其主要方法是敏感性分析和盈亏平衡分析；而风险分析则要对投资项目的风险因素和风险程度进行识别和判断，主要方法有概率树分析法、蒙特卡洛模拟分析法等。

不确定性分析与风险分析之间也有一定的联系。敏感性分析可以得知影响项目效益的敏感因素和敏感程度，但无法确定这种影响发生的可能性，如需得知可能性，就必须借助于概率分析。敏感性分析所找出的敏感因素又可以作为概率分析风险因素的确定依据。

任务 2　盈亏平衡分析和敏感性分析

2.1　盈亏平衡分析

1. 盈亏平衡分析的概念

盈亏平衡分析是在一定市场和经营管理条件下，根据达到设计生产能力时的成本费用与收入数据，通过求取盈亏平衡点，研究分析成本费用与收入平衡关系的一种方法。随着相关因素的变化，企业的盈利与亏损会有一个转折点，称为盈亏平衡点。在这一点上，销售收入（扣除销售税金与附加）等于总成本费用，刚好盈亏平衡。

盈亏平衡分析可以分为线性盈亏平衡分析和非线性盈亏平衡分析，投资项目决策分析与评价中一般仅进行线性盈亏平衡分析。

盈亏平衡点的表达形式有多种，可以用产量、产品售价、单位可变成本和年总固定成本等绝对量表示，也可以用某些相对值表示。投资项目决策分析与评价中最常用的是以产量和生产能力利用率表示的盈亏平衡点，也有采用产品售价表示的盈亏平衡点。

2. 盈亏平衡分析的作用与条件

（1）盈亏平衡分析的作用。

1）通过盈亏平衡分析可以找出盈亏平衡点，考察企业（或项目）对市场导致的产出（销售）量变化的适应能力和抗风险能力。

2）用产量和生产能力利用率表示的盈亏平衡点越低，表明企业适应市场需求变化的能力越大，抗风险能力越强；用产品售价表示的盈亏平衡点越低，表明企业适应市场价格下降的能力越大，抗风险能力越强。

3)盈亏平衡分析只适宜在财务分析中应用。

(2)盈亏平衡分析的条件。

1)产量等于销售量，即当年生产的产品(扣除自用量)当年完全销售。

2)产量变化，单位可变成本不变，从而总成本费用是产量的线性函数。

3)产量变化，产品售价不变，从而销售收入是销售量的线性函数。

4)只生产单一产品，或者生产多种产品，但可以换算为单一产品计算，即不同产品负荷率的变化是一致的。

3. 盈亏平衡点的计算方法

盈亏平衡点可以采用公式计算法，也可以采用图解法求取。

(1)公式计算法。盈亏平衡点计算公式为：

$$BEP(生产能力利用率)=年固定成本/(年营业收入-年可变成本-$$
$$年营业税金与附加)×100\% \qquad (9-1)$$

$$BEP(产量)=年总固定总成本/(单位产品价格-单位产品可变成本-$$
$$单位产品营业税金与附加)$$
$$=BEP(生产能力利用率)×设计生产能力 \qquad (9-2)$$

$$BEP(产品售价)=(年固定成本/设计生产能力)+单位产品可变成本+$$
$$单位产品销售税金与附加 \qquad (9-3)$$

以上计算公式中的收入和成本均为不含增值税销项税额和进项税额的价格(简称不含税价格)。如采用含税价格，式(9-1)分母中应再减去年增值税；式(9-2)分母中应再减去单位产品增值税；式(9-3)中应加上单位产品增值税。

(2)图解法。盈亏平衡点可以采用图解法求得，如图9-1所示。

图9-1中销售收入线(如果销售收入和成本费用都是按含税价格计算的，销售收入中还应减去增值税)与总成本费用线的交点即为盈亏平衡点，这一点所对应的产量即为BEP(产量)，也可换算为BEP(生产能力利用率)。

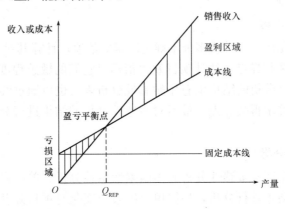

图9-1 盈亏平衡分析图

4. 盈亏平衡分析的注意事项

(1)盈亏平衡点应按项目达产年份的数据计算，不能按计算期内的平均值计算。这是由于盈亏平衡点表示的是相对于设计生产能力下，达到多少产量或负荷率多少才能盈亏平衡，或为保持盈亏平衡最低价格是多少，故必须按项目达产年份的销售收入和成本费用数据计算，如按计算期内的平均数据计算就失去了意义。

（2）当计算期内各年数值不同时，最好按还款期间和还完借款以后的年份分别计算。即便在达产后的年份，由于固定成本中的利息各年不同，折旧费和摊销费也不是每年都相同，所以成本费用数值可能因年而异，具体按哪一年的数值计算盈亏平衡点，可以根据项目情况进行选择。一般而言，最好选择还款期间的第一个达产年和还完借款以后的年份分别计算，以便分别给出最高的盈亏平衡点和最低的盈亏平衡点。

【例 9-1】 若某项目的设计生产能力为年产 1 000 吨 A 产品，达产年销售收入为 30 万元（含税），年固定总成本为 10 万元，年可变总成本为 9 万元（含税），年销售税金与附加为 3 600 元，以生产能力利用率表示的盈亏平衡点为多少？

【解】 增值税 $=[(30-9)/(1+17\%)]\times17\%=3(万元)$

BEP（生产能力利用率）$=\{$年固定成本$\div[$年营业收入（含税）$-$年可变成本

（含税）$-$年营业税金与附加$-$年增值税$]\}\times100\%$

$=[10\div(30-9-0.36-3)]\times100\%$

$=56\%$

2.2 敏感性分析

1. 敏感性分析的概念

敏感性分析是指从定量分析的角度研究有关因素发生某种变化对某一个或一组关键指标影响程度的一种不确定分析技术。其实质是通过逐一改变相关变量数值的方法来解释关键指标受这些因素变动影响大小的规律。

2. 敏感性分析的作用

敏感性分析用以考察项目涉及的各种不确定因素对项目基本方案经济评价指标的影响，找出敏感因素，估计项目效益对它们的敏感程度，粗略预测项目可能承担的风险，为进一步的风险分析打下基础。

3. 敏感性分析的内容

敏感性分析通常是改变一种或多种不确定因素的数值，计算其对项目效益指标的影响，通过计算敏感度系数和临界点，估计项目效益指标对它们的敏感程度，进而确定关键的敏感因素。通常将敏感性分析的结果汇总于敏感性分析表，也可通过绘制敏感性分析图显示各种因素的敏感程度并求得临界点。最后对敏感性分析的结果进行分析并提出减轻不确定因素影响的措施。

4. 敏感性分析的分类

敏感性分析包括单因素敏感性分析和多因素敏感性分析。单因素敏感性分析是指每次只改变一个因素的数值来进行分析，估算单个因素的变化对项目效益产生的影响；多因素分析则是同时改变两个或两个以上因素进行分析，估算多因素同时发生变化的影响。为了找出关键的敏感因素，通常多进行单因素敏感性分析。必要时，可以同时进行单因素敏感性分析和多因素敏感性分析。

敏感性分析方法对项目财务分析和经济分析同样适用。

5. 敏感性分析的方法与步骤

（1）选取不确定因素。进行敏感性分析，首先要选定不确定因素并确定其偏离基本情况的程度。不确定因素是指那些在项目决策分析与评价过程中涉及的对项目效益有一定影响的基本因素。敏感性分析不可能也不需要对项目涉及的全部因素都进行分析，而只是对那些可能对项目效益影响较大的重要的不确定因素进行分析。不确定因素通常根据行业和项目的特点，参考类似项目的经验特别是项目后评价的经验进行选择和确定。经验表明，通常应予进行敏感性分析的因素包括建设投资、产出价格、主要投入价格或可变成本、运营负荷、建设期以及人民币外汇汇率等，根据项目的具体情况也可选择其他因素。

(2)明确不确定因素变化程度。敏感性分析通常是针对不确定因素的不利变化进行的，为绘制敏感性分析图的需要也可考虑不确定因素的有利变化。一般选择不确定因素变化的百分数，通常选取±10%。为了绘图的需要，可分别选取±5%、±10%、±15%、±20%等。对于那些不便用百分数表示的因素，如建设期，可采用延长一段时间表示，如延长一年。百分数的取值其实并不重要。因为敏感性分析的目的并不在于考察项目效益在某个具体的百分数变化下发生变化的具体数值，而只是借助它进一步计算敏感性分析指标，即敏感度系数和临界点。

(3)选取分析指标。建设项目经济评价有一整套指标体系，敏感性分析可选定其中一个或几个主要指标进行。最基本的分析指标是内部收益率或净现值，根据项目的实际情况也可选择投资回收期等其他评价指标，必要时可同时针对两个或两个以上的指标进行敏感性分析。通常财务分析的敏感性分析中必选的分析指标是项目投资财务内部收益率，经济分析中必选的分析指标是经济净现值或经济内部收益率。

(4)计算敏感性分析指标。

1)敏感度系数。敏感度系数是项目效益指标变化的百分率与不确定因素变化的百分率之比。敏感度系数高，表示项目效益对该不确定因素敏感程度高，提示应重视该不确定因素对项目效益的影响。敏感度系数计算公式如下：

$$E=(\Delta A/A)/(\Delta F/F) \tag{9-4}$$

式中　E——评价指标 A 对于不确定因素 F 的敏感度系数；

$\Delta A/A$——不确定因素 F 发生 $\Delta F/F$ 变化时，评价指标 A 的相应变化率(%)；

$\Delta F/F$——不确定因素 F 的变化率(%)。

$E>0$，表示评价指标与不确定因素同方向变化；$E<0$，表示评价指标与不确定因素反方向变化。$[E]$ 较大者敏感度系数高。

敏感度系数的计算结果可能受到不确定因素变化率取值不同的影响，所以敏感度系数的数值会有所变化。但其数值大小并不是计算该项指标的目的，重要的是各不确定因素敏感度系数的相对值，借此了解各不确定因素的相对影响程度，以选出敏感度较大的不确定因素。因此虽然敏感度系数有以上缺陷，但在判断各不确定因素对项目效益的相对影响程度上仍然具有一定的作用。

【例 9-2】　某项目基本方案的财务内部收益率为 15%，对应的原材料价格为 8 000 元/吨，若原材料价格为 9 000 元/吨，则该项目的财务内部收益率为 12%。该财务内部收益率指标对项目原材料价格的敏感度系数为多少？

【解】　$敏感度系数=\dfrac{(15\%-12\%)/15\%}{(8\,000-9\,000)/8\,000}=-1.6$

2)临界点。临界点是指不确定因素的极限变化，即不确定因素的变化使项目由可行变为不可行的临界数值，也可以说是该不确定因素使内部收益率等于基准收益率或净现值变为零时的变化率，当该不确定因素为费用科目时，为其增加的百分率；当该不确定因素为效益科目时为其降低的百分率。临界点也可用该百分率对应的具体数值表示。当不确定因素的变化超过了临界点所表示的不确定因素的极限变化时，项目效益指标将会转而低于基准值，表明项目将由可行变为不可行。

临界点的高低与设定的基准收益率有关，对于同一个投资项目，随着设定基准收益率的提高，临界点就会变低；而在一定的基准收益率下，临界点越低，说明该因素对项目效益指标影响越大，项目对该因素就越敏感。

可以通过敏感性分析图求得临界点的近似值，但由于项目效益指标的变化与不确定因素变化之间不完全是直线关系，有时误差较大，因此最好采用试算法或函数求解。

(5)敏感性分析的结果表述。

1)编制敏感性分析表。将敏感性分析的结果汇总于敏感性分析表，在敏感性分析表中应同时给出基本方案的指标数值、所考虑的不确定因素及其变化、在这些不确定因素变化的情况下项目效益指标的计算数值，并据此编制各不确定因素的敏感度系数与临界点分析表，也可将其与敏感性分析表合并成一张表。

2)绘制敏感性分析图。根据敏感性分析表中的数值可以绘制敏感性分析图，横轴为不确定因素变化率，纵轴为项目效益指标。图中曲线可以明确表明项目效益指标变化受不确定因素变化的影响趋势，并由此求出临界点。

(6)对敏感性分析结果进行分析。对敏感性分析表和敏感性分析图显示的结果进行文字说明，将不确定因素变化后计算的经济评价指标与基本方案评价指标进行对比分析。分析中应注意以下三个方面。

1)结合敏感度系数及临界点的计算结果，按不确定因素的敏感程度进行排序，找出哪些因素是较为敏感的不确定因素。可通过直观检测得知或观察其敏感度系数和临界点，敏感度系数较高者或临界点较低者为较为敏感的因素。

2)定性分析临界点所表示的不确定因素变化发生的可能性。以可行性研究报告前几章的分析研究为基础，结合经验进行判断，说明所考察的某种不确定因素有否可能发生临界点所表示的变化，并做出风险的粗略估计。

3)归纳敏感性分析的结论，指出最敏感的一个或几个关键因素，粗略预测项目可能的风险。对于不系统进行风险分析的项目，应根据敏感性分析结果提出相应的减轻不确定因素影响的措施，提请项目业主、投资者和有关各方在决策和实施中注意，以尽可能降低风险，实现预期效益。

【例 9-3】 设某项目基本方案的参数估算值，见表 9-3，试进行单因素敏感性分析(基准收益率 $i_c = 9\%$)。

表 9-3　基本方案参数估算表

因素	期初投资 A/万元	年销售收入 B/万元	年经营成本 C/万元	期末残值 L/万元	寿命 n/年
估算值	1 500	600	250	200	6

【解】 (1) $IRR = 12\% + [40.31/(40.31 + 47.87)] \times 1\% = 12.45\%$(用 $i_1 = 12\%$、$i_2 = 13\%$试算)。

(2)计算销售收入、经营成本和投资变化对内部收益率的影响，见表 9-4。

表 9-4 单因素敏感分析表

不确定因素	变化率/%	内部收益率 IRR/%
基本方案		12.45
销售收入	10	18.286
	5	15.633
	−5	10.121
	−10	7.112
经营成本	10	15.137
	5	14.017
	−5	11.758
	−10	10.61
投资	10	9.754
	5	11.288
	−5	13.360
	−10	15.629

（3）画单因素敏感性分析图，如图 9-2 所示。

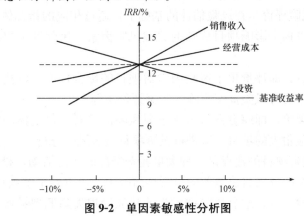

图 9-2 单因素敏感性分析图

（4）各因素敏感程度依次为：销售收入、投资、经营成本。

任务 3 风险分析

3.1 风险分析的程序和内容

1. 风险分析的程序

项目风险分析是认识项目可能存在的潜在风险因素，估计这些因素发生的可能性及由此造成的影响，分析为防止或减少不利影响而采取对策的一系列活动。其包括风险识别、风险估计、风险评价与对策研究四个基本阶段。

项目评估中的风险分析应遵循以下程序。

（1）从认识风险特征入手去识别风险因素，然后选择适当的方法估计风险发生的可能性及其影响。

（2）评价风险程度，包括单个风险因素风险程度估计和对项目整体风险程度估计。

（3）提出针对性的风险对策，将项目风险进行归纳，提出风险分析结论。

2. 风险分析的内容

（1）风险识别。在对风险特征充分认识的基础上，识别项目潜在的风险和引起这些风险的具体风险因素。风险识别要根据行业和项目的特点，采用分析和分解原则，把综合性的风险问题分解为多层次的风险因素。常用的方法主要有风险分解法、流程图法、头脑风暴法和情景分析法等。具体操作中，大多通过专家调查的方式完成。

（2）风险估计。风险估计是估计风险发生的可能性及其对项目的影响。投资项目涉及的风险因素有些是可以量化的，可以通过定量分析的方法对它们进行分析；同时，客观上也存在着许多不可量化的风险因素，它们有可能给项目带来更大的风险，有必要对不可量化的风险因素进行定性描述。因此，风险估计应采取定性描述与定量分析相结合的方法，从而对项目面临的风险做出全面的估计。应该注意定性与定量不是绝对的，在深入研究和分解之后，有些定性因素可以转化为定量因素。

风险估计的方法包括风险概率估计方法和风险影响估计方法两类，前者分为主观估计和客观估计；后者有概率树分析、蒙特卡洛模拟等方法。

（3）风险评价。风险评价是在风险估计的基础上，通过相应的指标体系和评价标准，对风险程度进行划分，以揭示影响项目成败的关键风险因素。风险评价包括单因素风险评价和整体风险评价。

1）单因素风险评价，即评价单个风险因素对项目的影响程度，以找出影响项目的关键风险因素。评价方法主要有风险概率矩阵、专家评价法等。

2）项目整体风险评价，即综合评价若干主要风险因素对项目整体的影响程度。对于重大投资项目或估计风险很大的项目，应进行投资项目整体风险分析。

（4）风险对策。投资项目的建设是一种大量耗费资源的经济活动，投资决策的失误将引起不可挽回的损失。在投资项目决策前的可行性研究中，不仅要了解项目可能面临的风险，且要提出针对性的风险对策，避免风险的发生或将风险损失降低到最低程度，才能有助于提高投资的安全性，促使项目获得成功。同时，可行性研究阶段的风险对策研究可为投资项目实施过程的风险监督与管理提供依据。另外，风险对策研究的结果应及时反馈到可行性研究的各个方面，并据此修改部分数据或调整方案，进行项目方案的再设计。为将风险损失控制在最小的范围内，促使项目获得成功，在项目的决策、实施和经营的全过程中实施风险管理是十分必要的。在投资项目周期的不同阶段，风险管理具有不同的内容。可行性研究阶段的风险对策研究是整个项目风险管理的重要组成部分，对策研究的基本要求包括以下几项：

1）风险对策研究应贯穿于可行性研究的全过程。可行性研究是一项复杂的系统工程，而风险因素又可能存在于技术、市场、工程、经济等各个方面。在正确识别出投资项目各方面的风险因素之后，应从方案设计上采取规避防范风险的措施，才能防患于未然。因此，风险对策研究应贯穿于可行性研究的全过程。

2）风险对策应具有针对性。投资项目可能涉及各种各样的风险因素，且各个投资项目又不尽相同。风险对策研究应有很强的针对性，并结合行业特点，针对特定项目主要的或关键的风险因素提出必要的措施，将其影响降低到最低程度。

3）风险对策应有可行性。可行性研究阶段所进行的风险对策研究应立足于现实客观的基础之上，提出的风险对策应是切实可行的。所谓可行，不仅指技术上可行，还要从财力、人力和物力方面可行。

4）风险对策必须具有经济性。规避防范风险是要付出代价的，如果提出的风险对策所花费的费用远大于可能造成的风险损失，该对策将毫无意义。在风险对策研究中应将规避防范风险措施所付出的代价与该风险可能造成的损失进行权衡，旨在寻求以最少的费用获取最大的风险效益。

5）风险对策研究是项目有关各方的共同任务。风险对策研究不仅有助于避免决策失误，而且是投资项目以后风险管理的基础，因此它应是投资项目有关各方的共同任务。项目发起人和投资者应积极参与和协助进行风险对策研究，并真正重视风险对策研究的结果。

（5）风险分析结论。在完成风险识别和评估后，应归纳和综述项目的主要风险，说明其原因、程度和可能造成的后果，以全面、清晰地展现项目的主要风险，同时，将风险对策研究结果进行汇总，见表9-5。

表 9-5　风险与对策汇总表

主要风险	风险起因	风险程度	后果与影响	主要对策
A				
B				
...				

3.2　投资项目的主要风险

1. 市场风险

市场风险是竞争性项目常遇到的重要风险。一般来自四个方面：一是由于消费者的消费习惯、消费偏好发生变化，使得市场需求发生重大变化，市场供需总量的实际情况与预测值发生偏离；二是由于市场预测方法或数据错误，导致市场需求分析出现重大偏差；三是市场竞争格局发生重大变化，竞争者采取了进攻策略，或者出现了新的竞争对手，对项目的销售产生重大影响；四是由于市场条件的变化，项目产品和主要原材料的供应条件和价格发生较大变化，对项目的效益产生了重大影响。

2. 技术与工程风险

技术方面的风险因素主要有：对技术的适用性和可靠性认识不足，运营后达不到生产能力、质量不过关或消耗指标偏高，特别是高新技术开发项目这方面的风险更大；引进国外二手设备的项目，设备的性能因素；工艺技术与原料的匹配问题；限于技术水平有可能勘探不清，致使在项目的生产、运营甚至施工中出现问题造成损失。

3. 组织管理风险

管理风险是指由于项目管理模式不合理，项目内部组织不当，管理混乱或者主要管理者能力不足、存在人格缺陷等，导致投资大量增加、项目不能按期建成投产造成损失的可能性。

存在合理设计项目的管理模式，选择适当的管理者和加强团队建设是规避管理风险的主要措施。完善项目各参与方的合同，加强合同管理，可以降低项目的组织风险。

4. 政策风险

政策风险主要指国内外政治经济条件发生重大变化或者政策调整，项目原定目标难以实现的可能性。项目是在一个国家或地区的社会经济环境中存在的，国家或地方的各种政策，包括经济政策、技术政策、产业政策等，以及税收、金融、环保、投资、土地、产业等政策的调整变化都会对项目带来各种影响。特别是对于海外投资项目，由于不熟悉当地政策，规避政策风险更是项目决策分析与评价阶段的重要内容。

如产业政策的调整，国家对某些过热的行业进行限制，并相应调整信贷政策，收紧银根，提高利率等，将导致企业融资的困难，可能带来项目的停工甚至破产；又如国家土地政策的调整，严格控制项目新占耕地，提高项目用地的利用率，对建设项目的生产布局带来重大影响。

5. 环境与社会风险

(1)环境风险是由于对项目的环境生态影响分析深度不足，或者是环境保护措施不当，引起项目的环境冲突，带来重大的环境影响，从而影响项目的建设和运营。

(2)社会风险是指由于对项目的社会影响估计不足，或者项目所处的社会环境发生变化，给项目建设和运营带来困难和损失的可能性，包括宗教信仰、社会治安、文化素质、公众态度等方面，因而社会风险的识别难度极大。

6. 其他风险

对于某些项目，还要考虑其特有的风险因素。例如，对于矿山、油气开采等资源开发项目，资源风险是很重要的风险因素。在可行性研究阶段，矿山和油气开采等项目的设计规模一般是根据国家储委批准的地质储量设计的，对于地质结构比较复杂的地区，加上受勘探的技术、时间和资金的限制，实际储量可能会有较大的出入，致使矿山和油气开采等项目产量降低、开采成本过高或者寿命缩短，造成巨大的经济损失；对于投资巨大的项目，还存在融资风险，由于资金供应不足或者来源中断导致建设工期拖延甚至被迫终止建设；或者由于利率、汇率变化导致融资成本升高造成损失的可能性；大量消耗原材料和燃料的项目，还存在原材料和燃料供应量、价格和运输保障三个方面的风险；在水资源短缺地区建设项目，或者项目本身耗水量大，水资源风险因素应予重视；对于中外合资项目，要考虑合资对象的法人资格和资信问题，还有合作的协调性问题；对于农业投资项目，还要考虑因气候、土壤、水利、水资源分配等条件的变化对收成不利影响的风险因素。

3.3 风险分析的主要方法

1. 风险解析法

风险解析法，也称风险结构分解法，是风险识别的主要方法之一。它是将一个复杂系统分解为若干子系统进行分析的常用方法，通过对子系统的分析进而把握整个系统的特征。如市场风险可以分解为市场供求、竞争力、价格偏差三类风险。对于市场供求总量的偏差，首先将其分为供方市场和需方市场，然后各自进一步分解为国内和国外。其风险可能来自区域因素、替代品的出现以及经济环境对购买力的影响等；产品市场竞争力风险因素又可细分为品种质量、生产成本以及竞争对手因素等；价格偏差因素可分解为诸多影响国内价格和国际价格的因素，随项目和产品的不同可能有很大的不同。市场分析解析图，如图9-3所示。

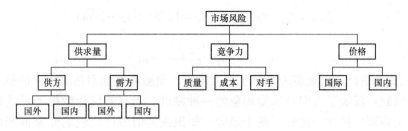

图 9-3　市场风险解析图

2. 专家调查法

专家调查法适用于风险分析的全过程，包括风险识别、风险估计、风险评价与风险对策研究。

采用专家调查法时，所聘请的专家应熟悉该行业和所评估的风险因素，并能做到客观公正。专家的人数取决于项目的特点、规模、复杂程度和风险的性质，没有绝对规定。但是为减少主观性，专家应有合理的规模，人数一般应为 10～20。

专家调查法有很多方法，其中头脑风暴法、德尔菲法、风险识别调查表、风险对照检查表和风险评价表是最常用的几种方法。

(1)风险识别调查表主要定性描述风险的来源与类型、风险特征、对项目目标的影响等。

(2)风险对照检查表是一种规范化的定性风险分析工具，具有系统、全面、简单、快捷、高效等优点，容易集中专家的智慧和意见，不容易遗漏主要风险；对风险分析人员有启发思路、开拓思路的作用。当有丰富的经验和充分的专业技能时，项目风险识别相对简单，并可以取得良好的效果。

(3)风险评价表，通过专家凭借经验独立对各类风险因素的风险程度进行评价，最后将各位专家的意见归集起来。风险评价表通常重在说明。说明中应对程度判定的理由进行描述，并尽可能明确最悲观值及其发生的可能性。

3. 风险概率估计

风险概率估计包括客观概率估计和主观概率估计。在项目评价中，风险概率估计中较常用的是正态分布、三角形分布、贝塔分布等概率分布形式，由项目评价人员或专家进行估计。

(1)客观概率估计。客观概率是实际发生的概率，它并不取决于人的主观意志，可以根据历史统计数据或是大量的试验来推定。客观概率估计有两种方法：一是将一个事件分解为若干子事件，通过计算子事件的概率来获得主要事件的概率；二是通过足够量的试验，统计出事件的概率。由于客观概率是基于同一事件历史观测数据的，它只能用于完全可重复事件，因而并不适用于大部分现实事件。应用客观概率对项目风险进行的估计称为客观估计，它利用同一事件的历史数据，或是类似事件的数据资料，计算出客观概率。该法的最大缺点是需要足够的信息，但通常是不可得的。

当项目的某些风险因素可以找到比较多的历史数据时，就可以基于已有的数据资料进行统计分析，从而得出这些风险因素出现的概率。

如某风险因素有 Q_1、Q_2、Q_3、$\cdots$、Q_m 等 m 个状态，对应的出现次数分别是 n_1、n_2、n_3、$\cdots$、n_m，则第 i 种状态出现的概率为：

$$P(x=Q_i)=n_m/n \quad (i=1,2,3,\cdots,m) \tag{9-5}$$

其中：

$$n=n_1+n_2+n_3+\cdots+n_m \tag{9-6}$$

(2)主观概率估计。主观概率是基于个人经验、预感或直觉而估算出来的概率，是一种个人的主观判断，反映了人们对风险现象的一种测度。当有效统计数据不足或是不可能进行试验时，主观概率是唯一选择，基于经验、知识或类似事件比较的专家推断概率便是主观估计。在实践中，许多项目风险是不可预见，并且不能精确计算的。主观概率估计的具体步骤如下。

1)根据需要调查问题的性质组成专家组。专家组成员由熟悉该风险因素的现状和发展趋势的专家、有经验的工作人员组成。

2)估计某一变量可能出现的状态数或状态范围、各种状态出现的概率或变量发生在状态范围内的概率，由每个专家独立使用书面形式反映出来。

3)整理专家组成员的意见，计算专家意见的期望值和意见分歧情况，反馈给专家组。

4)专家组讨论并分析意见分歧的原因，再由专家组成员重新背靠背地独立填写变量可能出现的状态或状态范围、各种状态出现的概率或变量发生在状态范围内的概率，如此重复进行，直至专家意见分歧程度满足要求值为止。这个过程最多经历三个循环，超过三个循环将会引起厌烦，不利于获得专家们的真实意见。

(3)风险概率分布。

1)离散型概率分布。当输入变量可能值是有限个数，称这种随机变量为离散型随机变量。如产品市场销售量可能出现低销售量、中等销售量、高销售量三种状态，即认为销售量是离散型随机变量。各种状态的概率取值之和等于1，它适用于变量取值个数不多的输入变量。

2)连续型概率分布。当输入变量的取值充满一个区间，无法按一定次序一一列举出来时，这种随机变量称连续随机变量。如市场需求量在某一数量范围内，无法按一定次序一一列举，列出区间内 a、b 两个数，则总还有无限多个数 $x(b>x>a)$，这时的产品销售量就是一个连续型随机变量，它的概率分布用概率密度和分布函数表示，常用的连续型概率分布有：

①正态分布。其特点是密度函数以均值为中心对称分布，如图9-4所示，这是一种最常用的概率分布，其均值为 $\bar{x}$，方差为 σ^2，用 $N(\bar{x}, \sigma)$ 表示。当 $\bar{x}=0$，$\sigma=1$ 时，称这种分布为标准正态分布，用 $N(0,1)$ 表示，适用于描述一般经济变量的概率分布，如销售量、售价、产品成本等。

②三角形分布。其特点是密度函数是由最悲观值、最可能值和最乐观值构成的对称的或不对称的三角形，如图9-5所示。适用描述工期、投资等不对称分布的输入变量，也可用于描述产量、成本等对称分布的输入变量。

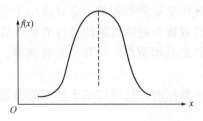

图9-4 正态分布概率密度图

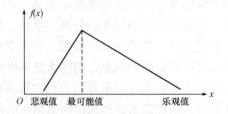

图9-5 三角形分布概率密度图

③β分布。其特点是密度函数为在最大值两边不对称分布，如图9-6所示，适用于描述工期等不对称分布的输入变量。

④经验分布。其密度函数并不适合于某些标准的概率函数，可根据统计资料及主观经验估计的非标准概率分布，它适合于项目评价中的所有输入变量。

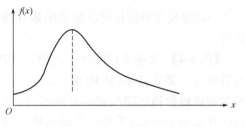

图9-6　β分布概率密度图

(4)风险概率分析指标。描述风险概率分布的指标主要有期望值、方差、标准差、离散系数等。

1)期望值。期望值是风险变量的加权平均值。对于离散型风险变量，期望值为：

$$\bar{x} = \sum_{i=1}^{n} x_i P_i \tag{9-7}$$

式中　n——风险变量的状态数；

　　　x_i——风险变量的第i种状态下变量的值；

　　　P_i——风险变量的第i种状态出现的概率。

对于等概率的离散随机变量，其期望值为：

$$\bar{x} = \frac{1}{n} \sum_{i=1}^{n} x_i \tag{9-8}$$

2)方差和标准差。方差和标准差都是描述风险变量偏离期望值程度的绝对指标。

对于离散型变量，方差S^2为：

$$S^2 = \sum_{i=1}^{n} (x_i - \bar{x})^2 P_i \tag{9-9}$$

方差的平方根为标准差，计为S^2。

对于等概率的离散随机变量，方差为：

$$S^2 = \frac{1}{n-1} \sum_{i=1}^{n} (x_i - \bar{x})^2 \tag{9-10}$$

当n足够大(通常$n>30$)时，可以近似为：

$$S^2 = \frac{1}{n} \sum_{i=1}^{n} (x_i - \bar{x})^2 \tag{9-11}$$

3)离散系数。离散系数是描述风险变量偏离期望值的离散程度的相对指标，计为β：

$$\beta = \frac{S}{\bar{x}} \tag{9-12}$$

4. 概率树法

(1)概率树分析的概念。概率树分析是借助现代计算技术，运用概率论和数理统计原理进行概率分析，求得风险因素取值的概率分布，并计算期望值、方差或标准差和离散系数，表明项目的风险程度。概率树分析适用于风险变量为离散型、变量数和每个变量的状态较少，且各风险变量之间独立的情况。

(2)概率树分析的步骤。

1)计算各状态组合的联合概率、对应的评价指标值。

2)评价指标由小到大排序，依次计算累计概率，绘制累计概率图。

3)计算使评价指标可以接受的累计概率,计算评价指标的期望值,评价项目的抗风险能力。

【例9-4】 某企业拟投资一个项目,估算总投资 11 913 万元。预计年销售收入 6 488 万元,税后财务内部收益率(*IRR*)为 11.59%。该项目存在两个主要风险变量,即产品销售价格和关键原料价格可能与预期有所不同。产品销售价格估计值为 3 500 元/吨,关键原料价格估计值为 400 元/千克,产品销售价格可能出现 3 种情况:有 50% 的可能为原估计值 3 500 元/吨,有 30% 的可能为 3 000 元/吨,有 20% 的可能为 2 500 元/吨;关键原料的价格可能出现两种情况:有 70% 的可能为原估计值 400 元/千克,有 30% 的可能为 450 元/千克。各种可能出现的情况以及对应的内部收益率见表9-6。

表 9-6 产品销售价格与原材料价格不同情况下对应的 *IRR*

状态	产品销售价格/(元·吨$^{-1}$)	原料价格/(元·千克$^{-1}$)	内部收益率/%
1	3 500	400	11.59
2	3 500	450	11.23
3	3 000	400	8.56
4	3 000	450	8.17
5	2 500	400	5.19
6	2 500	450	4.75

请运用概率树分析方法,计算内部收益率的期望值。

【解】 (1)画决策树,如图 9-7 所示。

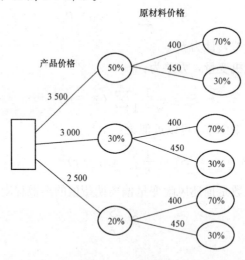

图 9-7 决策树

(2)计算各种状态发生的可能性,即联合概率。

第 1 种状态发生的可能性:50%×70%=35%, *IRR*=11.59%

第 2 种状态发生的可能性:50%×30%=15%, *IRR*=11.23%

第 3 种状态发生的可能性:30%×70%=21%, *IRR*=8.56%

第 4 种状态发生的可能性:30%×30%=9%, *IRR*=8.17%

第 5 种状态发生的可能性:20%×70%=14%, *IRR*=5.19%

第 6 种状态发生的可能性：$20\% \times 30\% = 6\%$，$IRR = 4.75\%$

（3）计算 IRR 的期望值。

IRR 的期望值 $= 35\% \times 11.59\% + 15\% \times 11.23\% + 21\% \times 8.56\% + 9\% \times 8.17\% +$
$$14\% \times 5.19\% + 6\% \times 4.75\% = 9.29\%$$

5. 蒙特卡洛模拟法

当项目评价中输入的随机变量个数多于 3 个，每个输入变量可能出现 3 个以上以至无限多种状态时，就不能用理论计算法进行风险分析，这时就必须采用蒙特卡洛模拟技术。这种方法的原理是用随机抽样的方法抽取一组输入变量的数值，并根据这组输入变量的数值计算项目评价指标，如内部收益率、净现值等，用这样的办法抽样计算足够多的次数可获得评价指标的概率分布及累计概率分布、期望值、方差、标准差，计算项目由可行转变为不可行的概率，从而估计项目投资所承担的风险。

（1）蒙特卡洛模拟的程序。

1）确定风险分析所采用的评价指标，如净现值、内部收益率等。

2）确定对项目评价指标有重要影响的输入变量。

3）经调查确定输入变量的概率分布。

4）为各输入变量独立抽取随机数。

5）由抽得的随机数转化为各输入变量的抽样值。

6）根据抽得的各输入随机变量的抽样值组成一组项目评价基础数据。

7）根据抽样值所组成的基础数据计算出评价指标值。

8）重复 4）～7）步骤，直至预定模拟次数。

9）整理模拟结果所得评价指标的期望值、方差、标准差和期望值的概率分布，绘制累计概率图。

10）计算项目由可行转变为不可行的概率。

（2）应用蒙特卡洛模拟法时应注意的问题。

1）应用蒙特卡洛模拟法时，需假设输入变量之间是相互独立的。在风险分析中会遇到输入变量的分解程度问题，一般而言，变量分解得越细，输入变量个数也就越多，模拟结果的可靠性也就越高；变量分解程度低，变量个数少，模拟可靠性降低，但能较快获得模拟结果。对于一个具体项目，在确定输入变量分解程度时，往往与输入变量之间的相关性有关。变量分解过细往往造成变量之间有相关性，如产品销售收入与产品结构方案中各种产品数量和价格有关，而产品销售往往与售价存在负相关的关系，各种产品的价格之间同样存在或正或负的相关关系。如果输入变量本来是相关的，模拟中视为独立的进行抽样，就可能导致错误的结论。为避免此问题，可采用以下办法处理。

①限制输入变量的分解程度，如不同产品虽有不同价格，如果产品结构不变，可采用平均价格，又如销量与售价之间存在相关性，则可合并销量与价格作为一个变量，但是如果销量与售价之间没有明显的相关关系，还是把它们分为两个变量为好。

②限制不确定变量个数，模拟中只选取对评价指标有重大影响的关键变量，除关键变量外，其他变量认为保持在期望值上。

③进一步收集有关信息，确定变量之间的相关性，建立函数关系。

2）蒙特卡洛法的模拟次数。从理论上讲，模拟次数越多，随机数的分布就越均匀，变量组合的覆盖面也越广，结果的可靠性也越高。实际中应根据不确定变量的个数和变量的分解程度确定模拟次数，不确定变量的个数越多，变量分解得越细，需要模拟的次数就越多。

6. 风险综合评价法

风险综合评价有许多方法，这里介绍一种最常用、最简单的分析方法。通过调查专家的意见，获得风险因素的权重和发生概率，进而获得项目的整体风险程度。其步骤主要包括以下几项：

(1)建立风险调查表。在风险识别完成后，建立投资项目主要风险清单，将该投资项目可能遇到的所有重要风险全部列入表中。

(2)判断风险权重。利用专家经验，对这些风险因素的重要性及风险对项目的有效大小进行评价，计算各风险因素的权重。

(3)确定每个风险发生的概率。可以采用 1～5 标度，分别表示可能性很小、较小、中等、较大、很大，代表 5 种程度。

(4)计算每个风险因素的等级。将每个风险的权重与发生的可能性相乘，所得分值即为每个风险因素的等级。

(5)最后将风险调查表中全部风险因素的等级相加，得出整个项目的综合风险等级。分值越高，项目的整体风险越大。

3.4 风险对策

任何经济活动都可能有风险，面对风险人们的选择可能不同。由于风险具有威胁和机会并存的特征，所以应对风险的对策可以归纳为消极风险或威胁的应对策略及积极风险或机会的应对策略。前者的具体对策一般包括风险回避、风险减轻、风险转移和风险接受，针对的是可能对项目目标带来消极影响的风险；后者针对的是可以给项目带来机会的某些风险，采取的策略总是着眼于对机会的把握和充分利用。由于大多数投资项目决策过程中更为关注的是可能给项目带来威胁的风险，因此下面介绍的主要风险对策仅涉及消极风险或威胁的应对策略。

1. 风险回避

风险回避是彻底规避风险的一种做法，即断绝风险的来源。对投资项目可行性研究而言就意味着提出推迟或否决项目的建议或者放弃采纳某一具体方案。在可行性研究过程中，通过信息反馈彻底改变原方案的做法也属风险回避方式。如风险分析显示产品市场方面存在严重风险，若采取回避风险的对策，就会做出缓建或放弃项目的决策。这样，固然避免了可能遭受损失的风险，同时也放弃了投资获利的可能，因此风险回避对策的采用一般都是很慎重的，只有在对风险的存在与发生，对风险损失的严重性有把握的情况下才有积极意义。风险回避一般适用于两种情况：一是某种风险可能造成相当大的损失，且发生的频率较高；二是应用其他的风险对策防范风险代价昂贵，得不偿失。

2. 风险减轻

风险减轻是指把不利风险事件发生的可能性和影响降低到可以接受的临界值范围内，也是绝大部分项目应用的主要风险对策。提前采取措施以降低风险发生的可能性和可能给项目造成的影响，比风险发生后再设法补救要有效得多。可行性研究报告的风险对策研究应十分重视风险减轻措施的研究，应就识别出的关键风险因素逐一提出技术上可行、经济上合理的预防措施，以尽可能低的风险成本来降低风险发生的可能性，并将风险损失控制在最低程度。在可行性研究过程中所做风险对策研究提出的风险减轻措施运用于方案的再设计；在可行性研究完成之时的风险对策研究可针对决策、设计和实施阶段提出不同的风险减轻措施，以防患于未然。典型风险减轻措施包括通过降低技术方案复杂性的方式降低风险事件发生的概率，通过增加那些可能出现风险的技术方案的安全冗余度以降低日后一旦风险发生可能带来的负面效果。

风险减轻措施必须针对项目具体情况提出，既可以是项目内部采取的技术措施、工程措施和管理措施等，也可以采取向外分散的方式来减少项目承担的风险。如银行为了减少自己的风险，只贷给投资项目所需资金的一部分，让其他银行和投资者共担风险。在资本筹集中采用多方出资的方式也是风险分散的一种方法。

3. 风险转移

风险转移是试图将项目业主可能面临的风险转移给他人承担，以避免风险损失的一种方法。风险转移是把风险管理的责任简单地推给他人，而并非消除风险。一般情况下，采用风险转移策略需要向风险承担者支付风险费用。

风险转移有两种方式，一是将风险源转移出去；二是只把部分或全部风险损失转移出去。就投资项目而言，第一种风险转移方式是风险回避的一种特殊形式，如将已做完前期工作的项目转给他人投资。第二种风险转移方式又可细分为保险转移方式和非保险转移方式两种。

(1)保险转移方式是采取向保险公司投保的方式将项目风险损失转嫁给保险公司承担，如对某些人力难以控制的灾害性风险就可以采取保险转移方式，但应注意，保险公司承包的风险并不涵盖所有人力难以控制的灾难性风险。

(2)非保险转移方式是项目前期工作涉及较多的风险对策，如采用新技术可能面临较大的风险，可行性研究中可以提出在技术合同谈判中注意加上保证性条款，如达不到设计能力或设计消耗指标时的赔偿条款等，以将风险损失全部或部分转移给技术转让方，在设备采购和施工合同中也可以采用转嫁部分风险的条款，如采用总价合同形式将风险转移给卖方。

无论采用何种风险转移方式，风险的接收方应具有更强的风险承受能力或更有利的处理能力。

4. 风险接受

顾名思义，风险接受就是将风险损失留给项目业主自己承担。风险接受措施可能是主动的，也可能是被动的。已知有风险但由于可能获利而需要冒险，而且此时无法采用其他的合理应对策略，必须被动地保留和承担这种风险。另一种情况是已知有风险，但若采取某种风险措施，其费用支出会大于自担风险的损失时，常常主动接受风险，最常见的主动接受策略是建立应急储备，安排一定的时间、资金或资源来应对风险。

以上所述的风险对策不是互斥的，实践中常常组合使用。例如在采取措施降低风险的同时并不排斥其他的风险对策，例如向保险公司投保。可行性研究中应结合项目的实际情况，研究并选用相应的风险对策。

本项目主要介绍了不确定性和风险分析、盈亏平衡分析和敏感性分析、风险分析三部分内容。不确定性是与确定性相对的一个概念，指某一事件、活动在未来可能发生，也可能不发生，其发生状况、时间及其结果的可能性或概率是未知的。盈亏平衡分析是在一定市场和经营管理条件下，根据达到设计生产能力时的成本费用与收入数据，通过求取盈亏平衡点，研究分析成本费用与收入平衡关系的一种方法。敏感性分析是指从定量分析的角度研究有关因素发生某种变化对某一个或一组关键指标影响程度的一种不确定分析技术。项目风险分析是认识项目可能存在的潜在风险因素，估计这些因素发生的可能性及由此造成的影响，分析为防止或减少不利影响而采取对策的一系列活动。它包括风险识别、风险估计、风险评价与对策研究四个基本阶段。

思考与练习

一、填空题

1. 人们在事先能够预计采取某种行动，可能发生的所有或好或坏的后果，以及每种后果出现的可能性大小，称为_____。

2. 人们在事先只知道所采取行动的所有可能结果，而不知道它们出现的可能性，或者两者都不知道，称为_____。

3. 风险分析和不确定性分析主要有_____、_____、敏感性分析等，其中盈亏平衡分析只用于财务评价。

4. 盈亏平衡分析可以分为_____和_____，投资项目决策分析与评价中一般仅进行线性盈亏平衡分析。

5. 盈亏平衡点应按项目达产年份的数据计算，不能按计算期内的_____。

6. 敏感性分析包括_____和多因素敏感性分析。

7. 项目风险分析包括_____、_____、风险评价与对策研究四个基本阶段。

二、单项选择题

1. 可能造成损失，也可能带来收益，是指不确定性与风险的（   ）。
   A. 客观性　　　　　　　　　B. 可变性
   C. 阶段性　　　　　　　　　D. 多样性

2. 风险分析应贯穿于项目分析的（   ）和全过程。
   A. 各个环节　　　　　　　　B. 个别环节
   C. 部分环节　　　　　　　　D. 重点环节

3. 关于盈亏平衡分析的条件，下列表述不正确的是（   ）。
   A. 产量不等于销售量
   B. 产量变化，单位可变成本不变，从而总成本费用是产量的线性函数

C. 产量变化，产品售价不变，从而销售收入是销售量的线性函数

D. 只生产单一产品，或者生产多种产品，但可以换算为单一产品计算，即不同产品负荷率的变化是一致的

三、简答题

1. 导致风险因素和不确定性因素产生的原因有哪些？
2. 盈亏平衡分析有哪些作用？
3. 敏感性分析包括哪些内容？
4. 简述敏感性分析的步骤。
5. 简述概率树分析的步骤。

项目 10　建设项目总评估

了解建设项目总评估的概念，熟悉建设项目总评估的作用，掌握建设项目总评估的内容；掌握建设项目总评估的步骤和方法；熟悉编制项目总评估报告的要求，掌握项目总评估报告。

能够对建设项目分项评估进行补充和完善，能够对建设项目总评估的内容进行分析，能够选择正确的建设项目总评估的步骤与方法，能够独立编制建设项目总评估报告。

任务 1　认知建设项目总评估

1.1　建设项目总评估的概念

项目总评估是项目评估全过程的最后一个阶段，是对拟建项目进行评估的总结，从总体上判断项目建设的必要性、技术的先进性、财务和经济的可行性，进而提出结论性意见和建议。因此，项目总评估是在建设项目的分项评估基础上，对项目进行全面权衡，从总体上把握项目的可行性和合理性，并提出方案选择和项目决策的结论性意见，撰写项目评估报告，为项目投资或贷款决策提供书面依据的综合性评估。

1.2　建设项目总评估的作用

（1）项目总评估是对项目分项评估的补充和完善。项目总评估建立在项目分项评估的基础上，在对项目进行分项评估的过程中，往往都是出于单一因素的衡量，在一些大型项目中，尤其是内容复杂、时间跨度大的项目，往往容易出现数据前后矛盾或者评估中出现遗漏的情况。项目总评估将各分项评估的结果前后联系起来，可以及时发现和修正分项评估中出现的遗漏和问题，然后根据决策需要进行纠正和补充，使整个评估更加完善。

（2）项目总评估是对项目分项评估的综合协调。项目评估工作是一项内容繁多、涉及面广的工作，是由多个子系统构成的一个复杂系统。前述各章从不同的角度分别阐述了从各个方面评估项目的具体内容。同时也应当看到，判断拟建项目是否可行是一个复杂的多层次的论证过程，需要评估的内容较多。从评估的角度来看，既有宏观评估，也有微观评估；从评估的内容来看，既有项目（或企业）概况评估、项目必要性评估、建设生产条件评估和技术评估；也有财务效益分析、国民经济效益分析，必要时还要进行社会效益分析；从评估的方法来看，既有定量方法，也有定性方法；从评估的指标来看，既有静态指标，也有动态指标。通过对项目各个分项内容的评估，可以从不同的角度了解项目的可行性程度。但同时也应当看到，各个分项内容具有一定的独立性，且具有较强的专业性，即尚未形成完整的结论性意见。因此，需要在各分项评估的基础上进行综合分析，提出结论性意见，给投资项目决策者提供一个简明直观的判断依据。

（3）项目总评估是对不同方案进行比较选择。通过总评估，项目评估人员还可根据投资方案中存在的问题，提出一些改进性意见。国外开发银行在项目评估中总结出"重新组合"这样一个概念，即对项目的某些内容加以修改，重新组合项目。例如，某投资项目其他各分项内容评估的结论都认为项目是可行的，不足之处是该项目的财务效益较差（如财务净现值小于零、财务内部收益率小于基准收益率等）。进一步深入分析表明，该项目财务效益较差的原因是项目生产规模较小，没有达到规模经济。针对这一问题，项目评估人员可以提出"重新组合"的建议，扩大该项目的生产规模，使其财务效益得以提高，进而使项目可行。当然，生产规模的扩大，必然会涉及一系列的问题，如市场问题、技术问题，项目评估人员应当提出相应的解决措施。"重新组合"要求项目评估人员有较高的素质，确实能够提出切实可行的建议，使投资资金充分发挥其应有的效益。

（4）项目总评估是对项目得出综合性的评估结论。对项目从整体上形成一个科学的结论性意见是十分重要的。项目各分项评估的结论一般有两种情况：一是各分项评估的结论一致，即其结论都认为是可行的或不可行的；二是各分项评估的结论相反或具有一定的差异，即有的分项评估的结论认为项目是可行的，而有的分项评估的结论则认为项目是不可行的，这种"可行"与"不可行"在程度上也往往有一定的差异。第一种情况的总体结论比较容易得出；第二种情况的总体结论则不易得出，应当加以综合分析论证，才能得出正确的结论。在现实经济生活中，有不少项目属于第二种情况。因此，需要在各分项评估的基础上进行总评估，得出总体评估的综合性科学结论。

（5）项目总评估是对项目提出建设性的建议。项目评估是一项技术性强、涉及面广的活动，应当充分发挥项目评估人员的主观能动性，对项目提出一些建设性的建议。项目评估工作是在可行性研究报告的基础上进行的，可行性研究报告是投资者取舍项目和有关政府部门审批项目的重要依据，也是项目评估工作的重要依据。项目评估人员应当对可行性研究报告进行全面细致的审查分析，提出自己的独立意见。但项目评估人员又不能完全拘泥于可行性研究报告，简单地提出项目可行与否的结论性意见，而是应当针对可行性研究报告中存在的问题，并结合项目的具体情况，做进一步的调查研究与分析论证，才能得出科学的结论。

总之，对项目进行总评估是十分必要的，是协调各个分项评估结论和提出综合评估结论的客观需要。

任务 2　建设项目总评估的内容

2.1　项目建设必要性评估

项目建设是否必要，是从项目的产出或发挥作用的角度判断项目是否有必要进行建设。

项目的产出，按其具体用途划分，可能是生产资料或者消费资料，或者是某种基础设施提供的供生产或生活消费的公共服务，这类项目的作用就是能对社会增加产品和劳务的供应，有些改建和更新改造项目，本身并无产出，甚至也不增加企业的产出，但它在维持和改造企业方面发挥着重要作用。因此，项目所能发挥的作用能否为社会和企业所需要，决定着项目建设是否必要。评估过程中应重点考查项目的建设是否符合国家的建设方针和投资方向。具有建设必要性的项目应具备以下条件。

(1)符合国家的产业政策。

(2)符合国民经济长远发展规划的要求。

(3)有利于国民经济结构和产业结构的调整。

(4)符合地区经济发展、布局和行业改造等方面的要求。

(5)有利于新技术和新产品的开发。

(6)有利于为社会提供短缺的商品。

(7)有利于提高产品质量。

(8)能否适应社会需要或市场需求，是否有足够的消费市场。

(9)是否满足了改善投资结构和经营环境的需要。

(10)是否适应了企业改良的需要等。

2.2 项目建设和生产条件评估

项目是否具备建设条件和生产条件，是从项目的投入和运营条件的角度判断项目顺利建设和正常生产的可能性。主要包括以下几个方面的内容。

1. 项目建设条件分析

(1)项目建设资金分析，如建设资金来源的可能渠道，各渠道资金来源的可行性、可靠性和合理性等。

(2)建设力量分析，如对于大型项目、高新技术产业或技术复杂的项目，对设计、施工及施工承包单位的可能性等。

(3)建设物资供应分析，如建筑材料的供应能否满足项目建设的需要，国产设备的制造和供应能否满足工程施工进度的要求，进口设备的采购方式有无限制等。

(4)建设场地分析，如建设场地能否满足项目总平面布置的要求，预计填挖土石方的工程量是否便于施工等。

2. 项目生产条件分析

(1)资源分析。如矿产资源、水资源、农产品资源等的分析。

(2)原材料供应分析。如对原材料供应的数量、质量、价格及运输储存等内容的分析。

(3)燃料动力供应分析。如燃料种类的选择及供应问题，工业用水、生活用水的供应问题，电力供应问题和其他动力供应问题的分析。

3. 项目配套条件分析

(1)配套项目与拟建项目在技术上是否配套。

(2)配套项目与拟建项目在生产能力上是否配套。

(3)配套项目与拟建项目是否同步建设等。

4. 项目厂址方案分析

(1)厂址方案是否符合国家的区域经济发展的方针和政策。

（2）是否充分体现了接近市场和资源的原则。

（3）是否适当利用了区域投资的聚集效益。

（4）是否满足建设、生产和生活的需要。

（5）是否贯彻了节约用地的原则。

（6）是否从工程地质、水文地质、交通运输和水、电、气等配套条件等方面分析了所选择厂址的合理性。

（7）是否达到了环境保护的要求等。

2.3　项目的技术方案评估

项目的技术方案是否可行，是从项目内部的技术因素角度判断项目的可行性。项目的技术方案是否可行是一个专业性很强的问题。对一个技术比较复杂的项目开展技术分析，是一项难度较大的工作，但必须依据先进适用性、安全可靠性和经济合理性的原则，抓住项目的基本技术和重点技术问题做出必要的判断，其主要内容有以下几项。

1. 工艺分析

（1）工艺流程是否均衡协调和整体优化。

（2）工艺种类是否与可能取得的主要原材料和加工对象的特性相适应。

（3）工艺性能是否具备适应市场变化的应变能力。

（4）工艺种类是否便于资源综合利用和利于环境保护。

2. 设备分析

（1）所选设备是否符合工艺流程的要求。

（2）各台设备之间的协作配套是否良好。

（3）设备系统的生产能力是否与项目设计生产能力相吻合。

（4）设备是否具有良好的互换性。

（5）设备性能是否可靠等。对于进口设备，还要注意分析进口设备的必要性，进口设备之间的配套性，进口设备与国产设备之间的配套问题，进口设备与生产厂房之间的配套问题，进口设备的维修及零部件供应问题，进口设备的费用及支付条件等。

3. 软件技术分析

（1）专利技术引进的分析。

（2）专有技术引进的分析。

（3）商标引进的分析。

（4）国外技术服务的分析。

4. 项目的总平面规划分析

根据项目总平面规划的总体协调原则、最短距离原则、服从工艺流程走向原则、立体发展原则、留有扩展余地原则对项目的总平面布置进行分析。总平面布置的主要内容包括以下几项。

（1）总职能布置图。

（2）物料流程图。

（3）物料流量图。

（4）生产线路图。

（5）运输布置图。

（6）公用设施及消防布置图。

（7）内部通信布置图。

（8）实体布置图。

5. 项目的生产规模分析

生产规模是生产要素的集合，从其结果来看，则是这些生产要素能够生产出的产品数量。

（1）对生产规模的分析，首先要对制约生产规模的有关因素，如市场容量及产品竞争能力、建设生产及协作条件、项目采用技术及产品的特点、规模经济等进行具体分析。

（2）其次要通过技术经济分析方法，确定合理的生产规模，或通过多方案的比较，选择其中最佳经济规模。

2.4 项目的投资效益评估

（1）投资估算与资金筹措。包括拟建项目的整个投资的构成，各项投资估算，资金的筹措方式、计划和各项来源的落实情况，对可行性研究报告中有关数据的修改理由。

（2）财务基础数据的估算。包括计算期、汇率、销售收入、销售税金及附加、总成本费用、利润、所得税的估算依据和结果。对可行性研究报告中有关数据的修改理由。

（3）财务效益分析。计算一系列技术经济指标，并用这些指标分析、评价项目财务角度的可行性。指标包括反映项目盈利能力的指标、反映项目清偿能力的指标和反映项目外汇效果和抗风险程度的指标。

（4）国民经济效益分析。鉴别和度量项目的效益和费用，调整价格，确定各项投入物和产出物的影子价格，计算相应的一系列技术经济指标，并用这些指标分析、评价项目国民经济角度的可行性。

（5）不确定性分析。进行盈亏平衡分析、敏感性分析和概率分析，分析拟建项目的风险程度，提出降低风险的措施。

任务 3　建设项目总评估的步骤和方法

3.1 建设项目总评估的步骤

1. 整理相关资料

在进行项目总评估之前，项目评估小组的有关人员已分别对各分项内容进行了评估。在总评阶段，应该对各分项内容评估所得出的结论进行检查核实，整理归类。在此基础上初步整理出书面材料，并由评估小组集体讨论，为编写项目评估报告提供基础材料。

2. 确定分项内容

项目评估分项内容的确定是一项十分重要的工作，既要注意其规范性，也要注意项目自身的特点，并将二者有机地结合起来。在确定内容的过程中，要按照相关部门制定的标准来分类，也应当充分考虑项目的具体情况，对于规模不同的项目，可以增加或者合并一些分项内容。

3. 进行分析论证

在上述两项工作的基础上，项目评估人员进行综合分析论证，判断项目的可行性。在这一阶段，要做好分析对比和归纳判断两项工作。

可行性研究是项目评估的主要依据，项目评估主要是对可行性研究的审查和再研究。两者在确定分项内容、选用分析方法以及结论与建议等方面往往存在一定的差异。在这一阶段，应将两者进行对比分析，如发现错误，应予以纠正。

在对比分析的基础上，应进行归纳判断，即将各分项评估的结论分别归纳为几大类，以利于判断项目建设的必要性，技术的先进性，财务、经济等方面的可行性，同时也有利于方案的比较选择。

4. 提出结论与建议

提出结论与建议是项目总评估最为重要的环节。评估人员根据各分项评估的结论，得出总体结论。当各分项评估的结论相一致时，则各分项评估的结论即为总评估的结论；当各分项评估的结论不一致时，则应进行综合分析，抓住主要方面，提出结论性意见。如有些项目从国民经济的角度来看是必要的，市场前景也比较乐观，但原材料和能源供应有困难，或项目所采用的技术比较落后，在未找出解决问题的办法之前，该项目应予以否决。项目评估人员还应当根据项目存在的问题，提出建设性建议，供投资者与有关部门参考。

5. 编写评估报告

编写评估报告是项目总评估的最后一项工作，也是其最终成果，其编写要求和格式将在后面作详细的阐述。

3.2 建设项目总评估的方法

建设项目总评估强调的是从总体、全面和综合的角度来论证项目的合理性和可行性，通常所采取的综合分析方法有以下几种。

1. 经验分析法

根据我国开展项目评估的经验，总评估时首先必须分析拟建项目是否必要，建设条件和生产条件是否具备。上述两个条件缺一不可，只要其中有一个条件不可行，就可确认该项目不可行。其次必须分析拟建项目的国民经济效益和社会效益。除有特殊要求的项目外，凡达不到规定标准的，一般可以判断为不可行。在项目有建设的必要性、具备条件、具有较高的国民经济效益和社会效益的前提下，如果其他方面有的不符合建设要求，需要具体分析。如果项目的国民经济效益好，但企业财务效益不佳，需要进一步分析是价格政策、税收政策造成的，还是企业规模不经济或设计不合理等内部原因造成的，在此基础上根据具体情况提出建议。如果项目本身的建设条件、生产条件具备，但配套项目暂未落实，需要向有关部门调查了解具体原因，在此基础上根据具体情况建议有关部门加快配套项目的建设，或推迟主体项目的建设时间。

2. 分等加权法

投资项目有多种方案，其中每种方案都有自己的长处和短处，为了综合地评价各种因素的作用，可采用分等加权的方法。这种方法首先要列出项目决策的各种因素，并按重要程度确定其权数。例如将相关配套项目建设方案这一影响因素的权数定为1，再将其他各种因素与之相比较，分别确定其权数，如确定是否具有先进、适用、经济、安全可靠的工艺的权数为 2，筹资方案是否落实、贷款能否如期偿还的权数为 3，建设单位的资信情况为 4，是否具有较高的投资效益的权数为 5，是否具备建设条件的权数为 5，项目设是否必要的权数为 6 等。权数要由有经验的专业管理人员、工程技术人员和领导干部共同研究确定。其次，要列出可供选择的各个厂址。如有甲、乙、丙、丁四个方案，究竟选择哪一个方案，需要权衡各种影响因素的利弊得失后才能确定。每个因素对各个方案的影响，可能有好有差，可按其影响的不同程度划分为几个等级，如最佳、较好、一般、最差，并相应地规定各等级的系数为 4、3、2、1。如"是否具备建设条件和生产条件"这一因素，甲方案最佳，其系数为 4；乙方案较好，系数为 3；丙方案一般，系数为 2；丁方案最差，系数为 1。确定了权数和等级系数后，将两者相乘就可以计算出该因素下各方案的得分数，将每一个方案在各因素下所有得分相加，其中得分最多的就是所要选择的较佳方案。

3. 专家意见法

征求专家对方案总评估的意见有两种方法：一种是请专家来开会讨论，在充分发表意见的基础上，逐渐达到对方案总评估的共同认识，最后形成结论性的意见；另一种是特尔菲法。这种方法是先向有关专家提供各方案的分项评估结论及其必要的背景材料，请专家分别写出方案比较和总评估的书面意见；然后把这批专家的意见集中整理（不署名）后，再请第二批专家加以评论，也分别写出自己的书面意见，把这些评论和意见整理（也不署名）后，反馈给第一批专家，请他们再发表意见。经过几次反馈后，往往能使预测比较深入、正确。这种方法有利于避免专家间不必要的相互影响和迷信权威的不足。

4. 多级过滤法

对于具体建设项目的评估与决策，实际上是一个多目标的优化和选择过程。不同的建设方案，往往表现出针对不同方面目标的优劣程度上的差异，使得项目方案的选择具有了一定的难度。多级过滤法就是将建设项目所要满足的所有目标按照重要程度进行排序，然后就各个方案针对各项目标能否满足做出判断，能够通过目标最多的方案就是最佳方案，从而对建设项目的优劣做出评估。

5. 一票否决法

一票否决法是将建设项目所要满足的所有目标根据其重要程度划分为两类：第一类是必须满足的目标，如环境目标、社会效益目标、国民经济效益目标等，这类目标具有严格的标准，一旦项目不能满足其中的任何一个目标，项目的可行性就被否定；第二类是非强制性目标，即容许在一定范围内变动的目标，这类目标一般为次要目标。这样，可以对建设项目依次来评判能否满足所有必须满足的指标，如果出现不能满足的目标，项目便被否决；如果这类目标全部满足，在此基础上，再根据项目满足第二类目标的程度，对项目做出最终的评估。由于一票否决法与多级过滤法具有一定的类似性，因此，实际评估中经常将两种方法结合起来应用。

任务 4 建设项目总评估的要求和评估报告

4.1 编写项目总评估报告的要求

(1)结论要科学可靠。项目评估是一项十分严肃的工作，小则关系到投资者的切身利益，大则关系到地区或国家的发展，项目评估人员应坚持科学、公正的态度，实事求是地评估项目，在此基础上进行总评估，提出科学的结论。

(2)建议要切实可行。在总评估中，项目评估人员还应当根据项目的具体情况，提出切实可行的建议，以确保项目的顺利实施和按期投入运行。

(3)对关键内容要做出重点分析。通过总评估可以发现，某些关键性的内容对于项目的正常实施与投产运营具有十分重要的作用。对于这类内容，项目评估人员要予以特别重视，在总评估中要对此作重点分析，以便引起投资者与有关部门的重视。

(4)语言要简明精练。总评估具有总结的性质，没有必要面面俱到。而应当简明扼要，语言要精练，避免使用高度专业化的术语，以便于决策人员的准确理解。为了表达准确、科学，应尽量使用数据和指标说明问题，对于难以量化的内容，要作定性分析，用文字加以说明。

4.2 建设项目总评估报告

建设项目总评估报告是项目评估工作人员汇总评估结果的书面文件，也是项目投资决策的重要依据。评估报告的格式应视项目的类型、规模以及复杂程度等有所不同。对于大型的复杂项目，要编写详细的评估报告；对于小型的简单项目，可编写简要评估报告。一个项目的评估报告一般包括以下几个部分。

1. 项目评估报告的正文

评估报告在正文之前一般应有一个"提要"，简要说明评估报告的要点，包括企业和项目概况、项目的必要性、市场前景、主要建设内容、生产规模、总投资和资金来源、财务效益、国民经济效益、项目建议书、可行性研究报告和其他有关文件的批复时间和批文号等。其目的就是使阅读者对项目的总体情况有一个大致的了解。在"提要"之后，一般应按如下顺序编写评估报告。

(1)投资者概况。主要论述投资者的企业法人资格、注册资本、法定地址、在所在行业的地位、信誉、资产负债情况、人员构成、管理水平、近几年经营业绩和投资者的发展规划与拟建项目的关系等，考查投资者是否有实施同类项目的经验，以判断投资者是否具备实施拟建项目的能力。

(2)项目概况。主要论述项目提出的背景和依据、项目的地理位置、主要负责人、注册资本、产品方案和生产规模以及投资效益情况。

(3)项目建设必要性分析。要从宏观和微观两个方面分析，以考查拟建项目是否有实施的必要，如果是多方案比较，还要进一步说明选择实施方案与项目建设必要性有何关系。

(4)市场分析。要求对现有市场必须进行充分的论证。所考查的市场范围决定于项目产品销售市场覆盖面，通过项目产品竞争能力的分析，判断项目产品是否有市场，建议项目适宜的生产规模。

(5)建设条件分析。考查项目的选址、工程地质、水文地质、交通运输条件和水、电、气等配套条件。另外，还要考查工程项目实施的计划和进度。

(6)生产条件分析。考查项目所需投入物的来源、运输条件、价格等方面的因素，包括项目所需要的矿产资源、主要原材料、辅助材料、半成品、零配件、燃料和动力等的产地、用量、供应厂家、运输方式、质量和供应的保证程度以及价格合理性等。

(7)生产技术、工艺技术和设备分析。包括拟建项目所需技术的总体水平、技术的来源、项目总图布置、生产工艺流程和设备选型分析、生产规模和产品方案分析。另外，还要考虑环境保护问题。

(8)组织机构和人员培训。包括拟建项目的组织机构设计和人员的来源配套及培训计划。

(9)投资估算与资金筹措。包括拟建项目的整个投资的构成，各项投资估算，资金的筹措方式、计划和各项来源的落实情况。对可行性研究报告中的有关数据的修改理由。

(10)财务基础数据的估算。包括计算期、汇率、销售收入、销售税金及附加、总成本费用、利润、所得税的估算依据和结果。对可行性研究报告中的有关数据的修改理由。

(11)财务效益分析。计算一系列技术经济指标，并用这些指标分析、评价项目财务角度的可行性。指标包括反映项目盈利能力的指标、反映项目清偿能力的指标和反映项目外汇效果的指标。

(12)国民经济效益分析。鉴别和度量项目的效益和费用，调整价格，确定各项投入物和产出物的影子价格，计算相应的一系列技术经济指标，并用这些指标分析、评价项目国民经济角度的可行性。

(13)不确定性分析。进行盈亏平衡分析、敏感性分析和概率分析，分析拟建项目的风险程度，提出降低风险的措施。

(14)总评估。提出项目是否值得实施，或选择最优方案的结论性意见，并就影响项目可行的关键性问题提出切实可行的建议。

2. 项目评估报告的主要附表

项目评估报告中的主要附表包括投资估算、资金筹措、财务基础数据、财务效益分析和国民经济效益分析的各种基本报表和辅助表格。

3. 项目评估报告的附件

项目评估报告的附件主要包括以下几个方面。

(1)有关项目资源、市场、工程技术等方面的图表、协议、合同等。

(2)各种批复文件，如项目建议书、可行性研究报告批复文件、规划批复文件(如选址意见书等)等。

(3)证明投资者经济技术和管理水平等方面的文件，包括投资者的营业执照、近几年的主要财务报表、资信证明材料等。

项目小结

本项目主要介绍了建设项目总评估的概念与作用、建设项目总评估的内容、建设项目总评估的步骤和方法、建设项目总评估的要求和评估报告等。项目总评估是项目评估全过程的最后一个阶段，是对拟建项目进行评估的总结，从总体上判断项目建设的必要性、技术的先进性、财务和经济的可行性，进而提出结论性意见和建议。项目建设是否必要，是从项目的产出或发挥作用的角度判断项目是否有必要进行建设。建设项目总评估的步骤包括：整理相关资料、确定分项内容、进行分析论证、提出结论与建议、编写评估报告。建设项目总评估的方法有经验分析法、分等加权法、专家意见法、多级过滤法、一票否决法等。项目总评估报告是项目评估工作人员汇总评估结果的书面文件，也是项目投资决策的重要依据。评估报告的格式应视项目的类型、规模以及复杂程度等有所不同。对于大型的复杂项目，要编写详细的评估报告；对于小型的简单项目，可编写简要评估报告。

思考与练习

一、填空题

1. _____是项目评估全过程的最后一个阶段，是对拟建项目进行评估的总结，从总体上判断项目建设的必要性、技术的先进性、财务和经济的可行性，进而提出结论性意见和建议。

2. 项目建设是否必要，是从项目的_____的角度判断项目是否有必要进行建设。

3. 项目的技术方案是否可行，是从项目内部的技术因素角度判断项目的_____。

4. 提出_____是项目总评估最为重要的环节。

5. 根据我国开展项目评估的经验，总评估时首先必须分析_____，建设条件和生产条件是否具备。

6. _____是项目评估工作人员汇总评估结果的书面文件，也是项目投资决策的重要依据。

二、单项选择题

1. 关于项目厂址方案分析，下列表述不正确的是（　　）。
   A. 厂址方案是否符合国家的区域经济发展的方针和政策
   B. 燃料动力供应分析是否有益
   C. 是否适当利用了区域投资的聚集效益
   D. 是否满足建设、生产和生活的需要

2. （　　）包括拟建项目的整个投资的构成，各项投资估算，资金的筹措方式、计划和各项来源的落实情况，对可行性研究报告中有关数据的修改理由。
   A. 投资估算与资金筹措　　　　　B. 财务基础数据的估算
   C. 财务效益分析　　　　　　　　D. 国民经济效益分析

3. 投资项目有多种方案，其中每种方案都有自己的长处和短处，为了综合地评价各种因素的作用，可采用（　　）。
   A. 经验分析法　　　　　　　　　B. 分等加权法
   C. 专家意见法　　　　　　　　　D. 多级过滤法

三、简答题

1. 建设项目总评估有哪些作用？
2. 建设必要性的项目应具备哪些条件？
3. 项目建设条件分析包括哪些内容？
4. 建设项目总评估有哪些步骤？
5. 项目评估报告的正文包括哪些内容？

项目 11 建设项目后评估

了解建设项目后评估的概念、熟悉建设项目后评估的作用、特点，掌握项目后评估的指标体系；熟悉建设项目评估的范围，掌握建设项目后评估的内容；掌握建设项目后评估的程序和方法；掌握建设项目后评估的组织机构与实施的内容。

能够区分建设项目后评估与其他评估的特点，能够掌握建设项目后评估的内容，能够对建设项目后评估进行合理的分析，能够组建项目后评估的组织机构，并能够独立组织实施项目后评估的工作。

任务 1 认知建设项目评估

1.1 建设项目后评估的基础知识

1. 建设项目后评估的含义

项目后评估，在国外称为事后评估。项目后评估是相对于建设项目决策前的项目评估而言的。它是项目决策前评估的继续和发展。

项目后评估是在项目建成投产后的某一阶段（一般在投产 2 年后），依据实际发生的数据和资料，测算、分析项目技术经济指标，通过与前评估报告等文件的对比分析，确定项目是否达到原设计和期望的目标，重新估算项目的经济和财务等方面的效益，并总结经验教训的一项综合性工作。项目后评估通过分析评价找出成败的原因，总结经验教训，并通过及时有效的信息反馈，为未来项目的决策和提高投资决策管理水平提出建议，同时，也为被评项目实施运营中出现的问题提出改进建议，从而达到提高投资效益的目的；对于建设项目也具有非常重要的意义。

2. 建设项目后评估的特点

（1）公正性和独立性。公正性标志着后评估及评估者的信誉，避免在发现问题、分析原因和作结论时做出不客观地评估。独立性是指项目后评估应从第三者的角度出发，独立地进行，特别要避免项目决策者和管理者自己评估自己的情况发生。公正性和独立性应贯穿后评估的全过程。

（2）可信性和透明性。后评估的可信性取决于评估的独立性、评估者丰富的经验、资料信息的可靠性和评估方法的适用性。为增强评估者的责任感和可信度，评估报告中应注明评估者的名称或姓名，说明所用资料的来源或出处，报告的分析和结论采用的依据以及评估所采用的方法。后评估往往引起公众对国家预算内资金和公众储蓄资金的投资决策活动及其实施效果的关注和更有效的社会监督。所以，后评估的透明度越大，可信度越高。

(3)现实性。项目后评估分析研究的是项目实际情况，是在项目开始运营后的一定时期内，根据企业的实际经营结果及在此基础上重新预测的数据进行的，而项目可行性研究和前评估分析研究的是项目预测情况，依据历史和经验性资料，具有预测性。

(4)实用性。后评估报告必须具有可操作性，即较强的实用性，才能使后评估成果对决策产生作用。因此，后评估报告应能满足多方面的要求，报告编写过程中尽量回避大量专业性太强的用语，同时应突出重点，并提出具体的措施和要求。

(5)反馈性。后评估的最终目标是将后评估的结果反馈到决策部门，作为新项目的立项和前评估的基础，以及调整投资规划和政策的依据。因此，反馈性是后评估最主要的特点。

(6)探索性。项目后评估要分析企业现状，发现问题并探索未来发展方向，因而要求项目后评估人员具有较高的素质和创造性，把握影响项目效益的主要因素，并提出切实可行的改进措施。

3. 建设项目后评估的作用

建设项目的后评估对于提高项目决策的科学化水平和项目管理能力、监督项目的正常生产经营、降低投资项目的风险等方面发挥着非常重要的作用。具体来说，建设项目后评估的作用主要表现在以下几个方面。

(1)总结投资建设项目管理的经验教训，提高项目管理水平。建设项目后评估通过对已建成项目的分析研究和论证，较全面地总结项目管理各个环节的经验教训，指导未来项目的管理活动。

不仅如此，通过建设项目后评估，针对项目实际效果所反映出来的项目建设全过程(从项目的立项、准备、决策、设计实施和投产经营)各阶段存在的问题提出相应的切实可行的改进措施和建议，可以促使项目更好地产生应有的经济效益。

同时，对一些因决策失误，或投产后经营管理不善，或环境变化造成生产、技术或经济状况处于困境的项目，也可通过后评估为其找出生存和发展的途径。

(2)提高项目决策的科学化水平。项目评估的质量关系到贷款决策的成败。前评估中所用的预测是否准确，需要后评估来检验。通过建立完善的项目后评估制度和科学的方法体系，一方面可以增强前评估人员的责任感，促使评估人员努力做好前评估工作，提高项目评估的准确性；另一方面可以通过项目后评估的反馈信息，及时纠正项目决策中存在的问题，从而提高未来项目决策的科学化水平。

(3)为国家制定产业政策和技术、经济参数提供重要依据。通过投资项目的后评估，能够发现宏观投资管理中存在的某些问题，从而使国家可以及时地修正某些不适合经济发展的技术、经济政策，修订某些已经不合时宜的指标参数。同时，国家还可以根据项目后评估所反馈的信息，合理确定投资规模和投资方向，协调各产业、各部门之间及其内部的各种比例关系。

(4)为贷款银行及时调整贷款政策提供依据。通过开展项目后评估，及时发现项目建设资金使用过程中存在的问题，分析研究贷款项目成功或者失败的原因，从而为贷款银行调整信贷政策提供依据，并确保贷款按期回收。

(5)对项目建设具有监督与检查作用，促使项目运营状态的正常化。建设项目竣工投产后，通过项目后评估，针对项目实际效果所反映出来的从项目的设计、决策、实施到生产经营各个阶段存在的问题，提出相应的改进措施和建议，使项目尽快实现预期目标，更好地发挥效益。对于决策失误或者环境改变致使生产、技术或者经济等方面处于严重困境的项目，通过后评估可以为其找到生存和发展的途径，并为主管部门重新制定或优选方案提供决策的依据。

1.2 建设项目后评估与其他评估的区别

1. 与项目可行性研究、项目前评估相比

(1)评估目的和在投资决策中的作用不同。项目可行性研究和前评估的目的在于评估项目技术上的先进性和经济上的可行性，重点分析项目本身的条件对项目未来和长远效益的作用和影响，其作用是为项目投资决策提供依据，直接作用于项目投资决策。项目后评估侧重于项目的影响和可持续性分析，目的是总结经验教训，改进投资决策质量。间接作用于投资决策。

(2)所处阶段不同。项目可行性研究和前评估属于项目前期工作，决定着项目是否可以上马，项目后评估是项目竣工投产并达到设计生产能力后对项目进行的再评估，是项目管理的延伸，在项目周期中处于"承前启后"的位置。

(3)比较参照的标准不同。项目可行性研究和前评估依据国家、部门颁布的定额标准、国家参数。后评估虽然也参照有关定额标准和国家参数，但主要是采用实际发生的数据和后评估时点以后的预测数据，直接与项目前评估的预测情况或其他国内外同类项目的有关情况进行对比，同时，参照进行后评估时颁布的各种参数，检测差距，分析原因，提出改进措施。

(4)评估的内容不同。项目可行性研究和前评估主要分析研究项目建设条件、工程设计方案、项目的实施计划和项目的经济社会效益等，侧重对项目建设必要性和可能性的评估及未来经济效益的预测。后评估主要内容除了针对前评估上述内容进行再评估外，还包括对项目决策、项目实施效率、项目实际运营状况、影响效果、可持续性等进行深入分析。

(5)组织实施不同。项目可行性研究和前评估由投资主体或投资计划部门组织实施，后评估由投资运行的监督管理机构为主，组织主管部门会同其他相关部门进行或者由单设的独立后评估机构进行。

(6)评估的性质不同。项目前评估是以数量指标和质量指标为依据，以定量评估为主的侧重经济评估的行为，而项目后评估是以事实为依据，以法律为准绳，包括行政、经济法律内容的综合性评估。但近年来，部分发达国家的项目前评估内容中也逐渐包括了环境和社会影响预测评估的综合性内容。

2. 与项目中评估相比

(1)目的和作用不同。项目中评估的目的在于检测项目实施状况与预测目标的偏离程度，分析其原因，并将信息反馈到项目管理机构，以改进项目管理。项目中评估是一个连续过程，它能及时向管理者提出反馈意见以使合理措施得以贯彻实施；后评估的目的在于分析研究项目前期工作、项目实施、项目运营全过程中项目实际情况与预测目标的偏差程度及其原因，并提出改进措施，将信息反馈到计划、银行等投资决策部门，为制定投资计划和政策以及改进项目管理提供依据。项目后评估已无法挽回项目实施产生的损失，只能

改进今后的投资决策和管理效益。

(2)所处的阶段不同。项目中评估是在项目实施过程中的评估，也就是在项目开工后至项目竣工投产之前对项目进行的再评估；而项目后评估在项目实施过程完毕后，即在项目运营阶段进行。

(3)选用的数据参数不同。中期评估数据收集较为简单，仅限于项目内部，并以日常管理的信息系统的资料为评估依据；而后评估除以中期评估所用信息数据作为重要基础外，还要利用前期评估及生产组织经营情况等作为重要的信息来源。

(4)组织实施不同。项目中评估不需要一个相对独立的机构来组织实施，其组织管理机构可以设在项目管理机构内，人员也可以由项目管理人员承担。而后评估的组织和实施则必须保持相对独立性，一般不能由本项目管理人员进行。

(5)评估的内容不同。项目中评估的内容范围限定在项目实施阶段，其重点在于诊断和解决项目进行中发生的问题或争端，推动和保证项目的有效进行。而后评估内容范围较广泛，且重点放在项目运营阶段、项目影响及可持续性再评估上。

(6)评估结果的使用范围不同。中期评估的建议仅限于具体项目本身，对其他项目意义不大；而后评估则要在项目运营一段时间后对项目立项、实施的全过程进行检查，不仅可以提高本项目在运营阶段的管理水平，更重要的是为今后同类其他项目的投资决策和管理提供建议。

3. 与项目竣工验收、审计检查及项目监理相比

(1)竣工验收以项目设计文件为龙头，注重移交工程是否依据其要求按质、按量、按标准完成，在功能上是否形成生产能力，产出合格产品，它仅是后评估内容中对建设实施阶段进行评估的环节之一。项目经过竣工验收，对固定资产投资效果进行了考核和评估，完成了后评估的前期工作。主要由相关的政府监督管理部门进行。

(2)审计检查是以项目投资活动为主线，注重于违法违纪、损失浪费和经济财务方面的审查工作，经过审计检查的项目，其财务数据更为真实可靠。重大损失浪费的暴露，将为后评估工作提供重要的分析线索，如果对基本建设项目的事后审计能扩展到项目决策审计，设计、采购和竣工管理审计，以及项目效益审计的领域，那么后评估工作和审计工作将可能合作进行，世界银行业务评估局对完成项目的后评估就是以项目审计评议方式进行的。

(3)监理与后评估的目的和时间均不同。其主要目的是在项目从开工到竣工投产的整个实施过程中控制项目资源的使用和进程及其实施的质量，为项目管理者及时提供工程进度和工程中出现的问题的信息。它跨越从工程开工到竣工投产的整个实施阶段，期间连续不断地按照工程进度表和设计要求对施工和项目投入进行监测和评估。一般来说，监理的数据是后评估的重要基础资料。

1.3 项目后评估的指标体系

1. 项目后评估指标体系设置的原则

根据项目后评估的性质和特点，其指标体系的设置应遵循以下原则。

(1)全面性和目的性相结合。项目后评估的指标要能全面地反映建设项目从准备阶段到投产运营全过程的状况。但并不是越多越好，而是要围绕后评估目标有一定针对性。

（2）可比性。项目后评估指标与前评估、项目实施过程中的有关指标以及国内外同类项目的有关指标应基本一致。例如，进行宝钢一期工程后评估时，为与韩国浦项钢铁厂进行比较，必须使项目投资成本、能源、原材料消耗等方面具有一致的计算基础和计算范围。

（3）动态指标与静态指标相结合。静态指标将资金看作为静止的实际数值，使用简单，计算方便，但不能真实反映项目运营的生命期内的实际经济效果。动态指标考虑了资金的时间价值，能够真实地反映项目的实际经济效果，但计算较复杂。进行项目后评估时，应将上述两类指标结合起来使用。

（4）综合指标与单项指标相结合。综合指标是反映建设项目功能、利润、工期、投资总额、成本等经济效果的指标等。它能够全面地、综合地反映项目整体经济效益高低，在项目后评估中起主导作用。单项指标是从某一方面或某一角度反映项目实际效果大小的指标，如评估设计方案时所用的工程量等。由于综合指标受到很多因素的影响，使用它时有可能掩盖某些不利因素和薄弱环节，因此还需要用一些单项指标来补充综合指标的不足。同时，综合指标也可以克服一些单项指标反映问题的片面性。

（5）微观投资效果指标与宏观投资效果指标相结合。整个国民经济和各部门、地区、企业在根本利益上是一致的。因此在设置后评估指标体系时，既要有考核和分析项目实际微观投资效果的指标，又要有项目实际宏观投资效果的指标。

2. 项目后评估的主要评估指标

（1）项目前期工作和实施阶段后评估指标。

1）实际项目决策周期。指建设项目从提出项目建议书到项目可行性研究批准所实际经历的时间，是表示项目决策效率的一个指标，一般以月来表示。

2）项目决策周期变化率。表示实际项目决策周期与预计项目决策周期相比的变化程度的指标。指标大于零时，表明实际决策周期长于预计决策周期；反之，则表明短于预计决策周期。其计算公式如下：

$$项目决策周期变化率 = \frac{实际项目决策周期（月数）-预计项目决策周期（月数）}{预计项目决策周期（月数）} \times 100\%$$

$$(11-1)$$

3）实际设计周期。指从委托设计合同生效之日起至设计完毕并提交建设单位所实际经历的时间，一般也以月来表示。

4）设计周期变化率。表示实际设计周期与预计（合同）设计周期相比偏离程度的指标。该指标大于零时，表明实际设计周期长于预计（或合同）设计周期。反之，则表明短于预计（或合同）设计周期。其计算公式如下：

$$设计周期变化率 = \frac{实际设计周期-预计（或合同）设计周期}{预计（或合同）设计周期} \times 100\% \qquad (11-2)$$

5）实际建设工期。指建设项目从开工之日起至竣工验收止所实际经历的有效日历天数，它不包括开工后停建、缓建所间隔的时间。实际建设工期是反映项目实际建设速度的指标。

6）竣工项目定额工期率。它反映项目实际建设工期与国家统一制定的定额工期，或与设计确定的、计划安排的计划工期偏离程度的指标。通过它可对竣工项目实际建设速度做出正确的评估。其计算公式如下：

$$竣工项目定额工期率 = \frac{竣工项目实际工期}{竣工项目定额（计划）工期} \times 100\% \qquad (11-3)$$

7)单位工程平均定额工期率。指考核建筑安装各单位工程施工平均速度的一项指标。其计算公式如下：

$$单位工程平均定额工期率=\frac{各竣工单位工程实际日历工期合计}{各竣工单位工程定额(计划)日历工期合计}\times100\% \quad (11-4)$$

8)实际建设成本是除项目竣工后所结余的资金外，竣工项目包括物化劳动和活劳动消耗在内的实际劳动总消耗。

9)实际建设成本变化率。它是反映项目实际建设成本与批准的概(预)算所规定的建设成本偏离程度的指标，它可反映项目概(预)算的实际执行情况。其计算公式如下：

$$实际建设成本变化率=\frac{实际建设成本-预计建设成本}{预计建设成本}\times100\% \quad (11-5)$$

该指标大于零，表明项目实际建设成本高于预计或计划建设成本。反之，则表明低于预计或计划建设成本。

10)实际工程合格品率。指实际工程质量达到国家(或合同)规定的合格标准的单位工程个数占验收的单位工程总个数的百分比。合格率越高，表明工程质量越好。其计算公式如下：

$$实际工程合格品率=\frac{实际单位工程合格品数量}{验收鉴定的单位工程总数}\times100\% \quad (11-6)$$

11)实际工程优良品率。指达到国家规定的优良品的单位工程个数占验收的单位工程总数的百分比，是衡量实际工程质量的一个指标。优良品率越高，工程质量越好。其计算公式如下：

$$实际工程质量优良品率=\frac{实际单位工程优良品个数}{验收鉴定的单位工程总数}\times100\% \quad (11-7)$$

12)实际返工损失率。指项目累计质量事故停工返工增加项目投资额与项目累计完成投资额的百分率，是衡量项目因质量事故造成实际损失大小的相对指标。其计算公式如下：

$$实际返工损失率=\frac{项目累计质量事故停工返工增加投资额}{项目累计完成投资额}\times100\% \quad (11-8)$$

13)实际投资总额。指项目竣工投产后重新核定的实际完成投资额，包括固定资产投资和流动资金投资。实际投资总额可以用静态法计算，也可用动态法计算。

14)实际投资总额变化率。它反映实际投资总额与项目前评估中预计的投资总额偏差大小的指标，有静态实际投资总额变化率和动态投资总额变化率之分。其计算公式分别如下：

$$静态实际投资总额变化率=\frac{静态实际投资总额-预计静态投资总额}{预计静态投资总额}\times100\% \quad (11-9)$$

$$动态实际投资总额变化率=\frac{动态实际投资总额-预计动态投资总额}{预计动态投资总额}\times100\% \quad (11-10)$$

该指标大于零，表明项目的实际投资额超过预计或估算的投资额；反之，则表明少于预计或估算的投资额。

15)实际单位生产能力投资。它是反映竣工项目实际投资效果的一项综合指标。实际单位生产能力投资越少，项目实际投资效果越好；反之，项目实际投资效果越差。其计算公式如下：

$$实际单位生产能力投资=\frac{竣工验收项目(或单项工程)实际投资总额}{竣工验收项目(或单项工程)实际形成的生产能力}\times100\%$$

$$(11-11)$$

(2)项目运营阶段后评估指标。

1)实际达产年限。指建成项目从投产之日起到实际产量达到设计生产能力止所经历的全部时间。如果进行项目后评估时，项目尚未达到设计生产能力，那么实际达产年限的计算应分几个步骤进行：首先，计算投产以后各年项目实际达到的生产能力水平；其次，计算项目投产后生产能力实际达到的年平均增长率；再次，根据测定的生产能力平均年增长率，计算投产项目可以达到设计能力的年限。其计算公式如下：

$$设计生产能力＝第一年实际产量×[1＋平均年生产能力增长率^{(n-1)}] \quad (11-12)$$

式中 n——实际达产年限

2)实际达产年限变化率。它是反映实际达产年限与设计规定的达产年限偏离程度的一个指标。其计算公式如下：

$$实际达年限变化率＝\frac{实际达产年限－设计达产年限}{设计达产年限}×100\% \quad (11-13)$$

该指标大于零，表明实际达产年限长于设计规定的达产年限；反之，则表明短于设计达产年限。

3)超前达产年限实际效益和拖延达产年限实际损失。前者是指项目提前达到设计生产能力而带来的实际经济效益增加的指标，超前达产年限越长，效益越大。后者是衡量项目未按设计规定达产能力而造成实际经济损失大小的指标。拖延达产年限越长，损失越大。其计算公式分别如下：

$$超前达产年限的实际效益＝\sum(年实际产量－年设计产量)×$$
$$单位产品销售利润拖延达产年限损失$$
$$＝\sum(年设计产量－年实际产量)×$$
$$单位产品销售利润 \quad (11-14)$$

4)实际产品价格变化率。实际产品价格变化率是衡量项目前评估价格预测水平的指标。它可以部分解释实际投资收益与预测投资收益产生偏差的原因，并为重新预测项目生命期内产品价格提供依据。其计算可以分三步进行：

第一步，计算投产后各主要产品价格年变化率，计算公式如下：

$$实际产品价格变化率＝\frac{实际产品价格－预测产品价格}{预测产品价格}×100\% \quad (11-15)$$

第二步，加权法计算各年平均产品价格变化率，计算公式如下：

$$产品平均年价格变化率＝\sum 产品价格年变化率×该产品产值占总产值比率$$
$$(11-16)$$

第三步，计算考核期实际产品价格变化率，计算公式如下：

$$实际产品价格变化率＝\frac{各年产品平均价格变化率之和}{考核年限} \quad (11-17)$$

5)实际产品成本变化率。实际产品成本变化率是衡量项目前评估成本预测水平的指标。可以部分地解释实际投资效益与预测效益偏差的原因，也是重新预测项目生命期内产品成本变化情况的依据。其计算也可以分三步进行：

第一步，计算各主要产品从投产到后评估时点的成本年变化率。其计算公式如下：

$$主要产品成本年变化率＝\frac{实际产品成本－预测产品成本}{预测产品成本}×100\% \quad (11-18)$$

第二步，用加权法计算各年主要产品平均成本变化率，计算公式如下：

$$主要产品平均成本变化率 = \sum 产品成本年变化率 \times 该产品成本占总成本的比率$$

$$(11\text{-}19)$$

第三步，计算考核期实际产品成本变化率，计算公式如下：

$$实际产品成本变化率 = \frac{各年产品成本年平均变化率之和}{考核期年限} \quad (11\text{-}20)$$

6）实际销售利润。它是综合反映项目实际投资效益的主要指标之一。其计算公式如下：

$$实际销售利润 = 销售收入 - 销售税金 - 产品销售成本 - 其他销售费用 - 销售产品技术转让费$$

$$(11\text{-}21)$$

7）实际销售利润变化率。它是用来衡量项目实际投资效益和预测投资效益偏离程度的综合反映项目实际投资效益的主要指标之一。其计算可以分为两步进行：

第一步，计算考核期各年实际销售利润变化率，计算公式如下：

$$各年实际销售利润变化率 = \frac{该年实际销售利润 - 预测年销售利润}{预测年销售利润} \times 100\% \quad (11\text{-}22)$$

第二步，计算各年平均销售利润变化率，即实际销售利润变化率。其计算公式如下：

$$实际销售利润变化率 = \frac{各年实际销售利润变化率之和}{考核期年限} \times 100\% \quad (11\text{-}23)$$

该指标大于零，表明项目投产后各年或各年平均实际销售利润额超过预测年销售利润额；反之，则表明少于预测年销售利润额。

8）产品销售数量对销售利润的影响额。它反映实际产品销售数量对实际产品销售利润的影响程度。其计算公式如下：

$$产品销售数量对销售利润的影响额 = \sum (预测年产量 - 实际年产量) \times$$
$$单位产品销售利润率 \quad (11\text{-}24)$$

9）产品品种变化对销售利润的影响额。它反映实际产品品种变化对实际产品销售利润的影响程度。其计算公式如下：

$$产品品种变化对销售利润的影响额 = \sum 产品的设计产量 \times 单位产品销售利润率 -$$
$$\sum 实际产品销售利润 \quad (11\text{-}25)$$

10）产品价格变化对销售利润的影响额。反映实际产品价格变化对实际产品销售利润的影响程度。其计算公式如下：

$$\begin{matrix}产品价格变化对\\销售利润的影响额\end{matrix} = \sum (预测单位产品价格 - 实际销售价格) \times 产品销售数量$$

$$(11\text{-}26)$$

11）单位产品生产成本对销售利润的影响额。反映实际单位产品生产成本变化对销售利润的影响程度。其计算公式如下：

$$\begin{matrix}单位产品生产成本\\对销售利润的影响额\end{matrix} = \sum (实际销售产品生产成本 - 预测单位生产成本) \times 产品销售数量$$

$$(11\text{-}27)$$

12）实际投资利润率。指项目达到设计生产能力后的年实际利润总额与项目实际投资总额的比率。当达产后各年的实际利润总额变化幅度较大时，应计算各年平均利润总额与实际总投资的比率。其计算公式如下：

$$\text{实际投资利润率}=\frac{\text{年实际利润额或年平均实际利润额}}{\text{实际投资总额}}\times100\% \qquad (11\text{-}28)$$

13)实际投资利润率变化率。它是衡量项目实际投资利润率与预测投资利润率或国内外其他同类项目实际投资利润率偏离程度的指标。其计算公式如下：

$$\text{实际投资利润率变化率}=\frac{\text{实际投资利润率}-\text{预测(其他项目)投资利润率}}{\text{预测(其他项目)投资利润率}}\times100\%$$

$$(11\text{-}29)$$

该指标大于零，表明项目实际投资利润率高于预测或其他同类项目投资利润率；反之，则表明低于预测或其他同类项目投资利润率，项目实际投资效益较差，需要进一步分析其原因。

14)实际投资利税率。指项目达到设计生产能力后实际年利税总额与实际总投资的比率，表明单位实际投资实现利税的能力。其计算公式如下：

$$\text{实际投资利税率}=\frac{\text{实际年利税总额或年平均利税总额}}{\text{实际投资总额}}\times100\% \qquad (11\text{-}30)$$

15)实际投资利税率变化率。它是衡量项目实际投资利税率与预测投资利税率或国内外其他同类项目实际投资利税率偏差的指标。其计算公式如下：

$$\text{实际投资利税率变化率}=\frac{\text{实际投资利税率}-\text{预测(或其他项目)投资利税率}}{\text{预测(或其他项目)投资利税率}}\times100\%$$

$$(11\text{-}31)$$

该指标大于零，表明项目实际投资利税率高于预测或其他同类项目投资利税率；反之，则表明低于预测或其他同类项目投资利税率。

16)实际净现值。实际净现值的计算是依据项目投产后年实际的净现金流量或根据实际情况重新预测的项目生命期内各年的净现金流量，并按重新选定的折现率，将各年净现金流量折现到建设期初的现值之和。其计算公式如下：

$$RNPV=\sum_{i=1}^{n}(RCI-RCO)_{t}(1+i_{k})^{-t} \qquad (11\text{-}32)$$

式中　$RNPV$——项目实际的净现值；

　　　RCI——项目实际的或根据实际情况重新预测的年现金流入量；

　　　RCO——项目实际的或根据实际情况重新预测的年现金流出量；

　　　i_{k}——根据实际情况重新选定的折现率；

　　　n——项目生命期；

　　　t——考核期的某一具体年份，$t=1,2,\cdots,n$。

该指标大于零，表明项目除按重新选定的折现率作为收益率取得实际收益外，还有额外收益。实际的净现值总额越大，项目实际投资效益越好；该指标等于零，说明项目实际收益率水平正好等于重新选定的折现率；该指标小于零，说明项目实际收益率水平低于选定的折现率，项目实际投资效益较差。

17)实际的净现值变化率。它是衡量项目实际净现值与前评估预测净现值或其他同类项目实际的净现值偏离程度的指标。其计算公式如下：

$$\text{实际净现值变化率}=\frac{\text{实际净现值}-\text{预测(或其他项目)净现值}}{\text{预测(或其他项目)净现值}}\times100\% \qquad (11\text{-}33)$$

该指标大于零，表明项目实际的净现值大于预测或其他同类项目净现值；反之，则表明小于预测或其他同类项目净现值。

18)实际的净现值率。它是衡量项目实际动态投资效果的一个相对指标，表明单位实际投资现值实际带来的净现值的多少。其计算公式如下：

$$实际净现率 = \frac{各年实际销售利润变化率之和}{考核期年限} \times 100\% \tag{11-34}$$

19)实际的净现值率变化率。它是衡量项目实际净现值率与预测净现值率，或其他项目实际的净现值率偏差大小的指标。其计算公式如下：

$$实际净现值变化率 = \frac{实际净现值率 - 预测（或其他项目）净现值率}{预测（或其他项目）净现值率} \times 100\% \tag{11-35}$$

20)实际投资回收期。它是以项目实际产生的净收益或根据实际情况重新预测的项目净收益抵偿实际投资总额所需要的时间。有实际的静态投资回收期和实际的动态投资回收期之分。实际的静态投资回收期（P'_{Rt}）是以各年项目净收益总和来回收实际投资总额所需要的时间。其计算公式如下：

$$\sum_{i=1}^{P'_{Rt}} (RCI - RCO)_t = 0 \tag{11-36}$$

实际动态投资回收期 P'_{Rt} 是以项目各年净收益现值抵偿动态实际投资总额所需要的时间，根据现金流量法，其计算公式如下：

$$\sum_{i=1}^{P'_{Rt}} (RCI - RCO)_t / (1 + i_R)^t = 0 \tag{11-37}$$

21)实际投资回收期变化率。它是衡量实际投资回收期与预测投资回收期或其他同类项目实际投资回收期或部门基准投资回收期偏离程度的指标。其计算公式如下：

$$实际投资回收期变化率 = \frac{实际投资回收期 - 预测（或其他项目或基准）投资回收期}{预测（或其他项目或基准）投资回收期} \times 100\% \tag{11-38}$$

有静态实际投资回收期变化率和动态实际投资回收期变化率之分。

该指标大于零，表明项目实际投资回收期比预测或其他同类项目或基准投资回收期长；反之，则表明短于预测或其他同类项目或基准投资回收期。

22)实际内部收益率（$RIRR$）。它是根据实际发生的年净现金流量和重新预测的项目生命期各年净现金流量现值总和等于零时的折现率。其计算公式如下：

$$\sum_{t=1}^{n} (RCI - RCO)_t (1 + i_{RIRR})^{-t} = 0 \tag{11-39}$$

式中　i_{RIRR}——以实际内部收益率作为折现率。

$RIRR$ 若大于重新选定的折现率或行业、部门基准收益率或银行贷款利率，则该项目实际经济效益较好；反之，则较差。

23)实际内部收益率变化率。它是衡量项目实际内部收益率与预测内部收益率或其他同类项目内部收益率偏离程度的指标。其计算公式如下：

$$实际内部收益变化率 = \frac{项目实际内部收益率 - 预测（或其他项目）内部收益率}{预测（或其他项目）内部收益率} \times 100\% \tag{11-40}$$

该指标大于零，表明项目实际内部收益率高于预测或其他同类项目内部收益率；反之，则表明小于预测或其他同类项目内部收益率。

24)实际借款偿还期。它是衡量项目实际清偿能力的一个指标。是指在国家财政规定和项目具体财务条件下，根据项目投产后实际的或重新预测的可用作还款的利润、折旧或其他收益额偿还固定资产投资实际借款本息所需要的时间。其计算公式如下：

$$I_{Rd} = \sum_{t=1}^{P_{Rd}} (R_{RP} + D'_R + R_{RO} - R_{Rr})_t \qquad (11\text{-}41)$$

式中　I_{Rd}——固定资产投资借款实际本金利息之和；

　　　P_{Rd}——实际借款偿还期；

　　　R_{Rd}——实际的或重新预测的年利润总额；

　　　D'_R——每年实际可用于偿还借款的折旧；

　　　R_{RO}——每年实际可用作偿还借款的其他收益；

　　　R_{Rr}——还款期的年实际企业留利。

25)实际借款偿还期变化率。它是衡量项目实际借款偿还期与预测借款偿还期或其他同类项目借款偿还期偏离程度的指标。其计算公式如下：

$$实际借款偿还期变化率 = \frac{实际借款偿还期 - 预测（或其他项目）借款偿还期}{预测（或其他项目）借款偿还期} \times 100\%$$

$$\qquad (11\text{-}42)$$

该指标大于零，表明项目实际偿还期比预测或其他同类项目借款偿还期长；反之，则表明短于预测或其他同类项目借款偿还期。

(3)项目影响后评估阶段评估指标。

1)社会贡献率。社会贡献率是衡量企业运用全部资产为国家或社会创造或支付价值的能力。其计算公式如下：

$$社会贡献率 = \frac{企业社会贡献总额}{平均资产总额} \times 100\% \qquad (11\text{-}43)$$

式中，企业社会贡献总额即企业为国家或社会创造或支付的价值总额，包括工资、劳保退休统筹及其他社会福利支出、利息支出净额、应缴增值税、应缴产品销售税金及附加、应缴所得税及其他税收、净利润等。

2)社会积累率。社会积累率是衡量企业社会贡献总额中多少用于上缴国家财政。其计算公式如下：

$$社会积累率 = \frac{上缴国家财政总额总额}{企业社会贡献总额} \times 100\% \qquad (11\text{-}44)$$

式中，上缴国家财政总额包括应缴增值税、应缴产品销售税金及附加、应缴所得税及其他税收等。

3)环境影响指标。环境影响指标主要是用来衡量项目对当地环境的影响程度。通常需从污染控制、对地区环境质量的影响、自然资源的利用和保护情况、对生态平衡的影响、环境管理情况等方面视建设项目的具体情况选择定性和定量分析的指标。特别是工业项目，必须结合其生产工艺特点、原材料和产品的特性来确定具体的影响因子。一般情况下，对废水的污染控制情况，可以考虑用化学需氧量（COD）、生化需氧量（BOD）、水质中的悬浮物（SS）含量等指标来衡量其对环境的影响。

4)单位投资就业人数。单位投资就业人数是衡量项目对就业的直接影响，其计算公式如下：

$$单位投资就业人数 = \frac{新增就业人数}{项目总投资} \qquad (11\text{-}45)$$

式中，新增就业人数包括项目及其相关的新增就业人数；项目总投资包括直接和间接的投资。

以上所列评估指标仅供一般工业项目后评估参考。在进行某一建设项目后评价时，应针对不同的项目类型和后评估分析的具体需要设置符合项目特点的科学合理的指标体系。

任务 2　建设项目后评估的范围和内容

2.1　建设项目后评估的范围

项目后评估的评价范围，依据项目周期划分，包括项目前期决策、工程准备、建设实施、竣工投产等方面的评价。项目实施过程评价越来越受到投资者、决策者和管理者的重视，实践表明项目实施的好坏在很大程度上决定了项目的成败。项目实施评价的目的，在于揭示在项目实施中，是否在数量、质量、工程进度、造价等方面达到了设计规定的目标，以便总结在项目决策、管理组织机构、前期准备、开工准备、招标、投标、施工监理等方面，成功的经验或失败的教训。

1. 项目目标的后评估

在项目后评估中，项目目标和目的评价的主要任务是对照项目可行性研究和评估中关于项目目标的论述，找出变化，分析项目目标的实现程度以及成败的原因，同时，还应讨论项目目标的确定是否正确合理，是否符合发展的要求。

2. 项目前期决策阶段的后评估

项目前期决策阶段的后评估重点是对项目可行性研究报告、项目评估报告和项目批复批准文件的评价，项目可行性研究报告后评估的重点是项目的目的和目标是否明确、合理；项目是否进行了多方案比较，是否选择了正确的方案；项目的效果和效益是否可能实现；项目是否可能产生预期的作用和影响。在发现问题的基础上，分析原因，得出评价结论。

对项目评估（报告）的后评估是项目后评估最重要的任务之一。严格地说，项目评估报告是项目决策的最主要的依据，投资决策者按照评估意见批复的项目可行性研究报告是项目后评估对比评价的根本依据。因此，后评估应根据实际项目产生的结果和效益，对照项目评估报告的主要参数指标进行分析评价。项目评估报告后评估的重点是项目的目标、效益、风险。

3. 项目准备阶段的后评估

对项目准备的后评估，包括项目勘察设计、采购招投标、投资融资、开工准备等方面的后评估。

项目勘察设计的后评估要对勘察设计的质量、技术水平和服务进行分析评价。后评估还应进行两个对比：一是该阶段项目内容与前期立项所发生的变化；二是项目实际实现结果与勘察设计时的变化和差别，分析变化的原因。分析的重点是项目建设内容、投资概算、设计变更等。

项目的投资、融资方案后评估主要应分析和评价项目的投资结构、融资模式、资金选择、项目担保及风险管理等内容。评价的重点是根据项目准备阶段所确定的投融资方案，对照实际实现的融资方案，找出差别和问题，分析利弊。同时还要分析实际融资方案对项目原定的目标和效益指标的作用和影响，特别是融资成本的变化，评价融资与项目的债务的关系和今后的影响。在可能的条件下，后评估还应分析项目是否可以采取更加合理、经济的投融资方案。另外，项目贷款谈判也是融资的一个重要环节，谈判中的各种关系重大的承诺，也是后评估应该关注的方面。

对采购招投标工作的后评估，应该包括招投标公开性、公平性和公正性的评价，后评估应对采购招投标的资格、程序、法规、规范等事项进行评价；同时，要分析该项目的采购招投标是否有更加经济合理的方法。

对项目开工准备的后评估是项目后评估工作的一部分，特别是项目建设内容、厂址、引进技术方案、融资条件等重大变化可能在此时发生，应注意这些变化及其可能产生对项目目标、效益、风险的影响。

4. 项目建设实施阶段的后评估

项目建设实施阶段的后评估包括：项目的合同执行情况分析评价、工程实施及管理评价、资金来源及使用情况分析与评价等。项目实施阶段的后评估应注意前后两方面的对比，找出问题，一方面要与开工前的工程计划进行对比；另一方面还应把该阶段的实施情况可能产生的结果和影响与项目决策时所预期的效果进行对比，分析偏离度。在此基础上找出原因，提出对策，总结经验教训。应该注意的是，由于对比的时点不同，对比数据的可比性需要统一，这也是项目后评估中各个阶段分析时需要重视的问题之一。

(1)合同执行的分析评价。合同是项目业主(法人)依法确定与承包商、供货商、制造商、咨询者之间的经济权利和经济义务关系，并通过签订的有关协议或具有法律效应的文件。项目后评估的合同分析，一方面要评价合同依据的法律规范和程序等；另一方面要分析合同的履行情况和违约责任及其原因。

在工程项目合同后评估中，对工程监理的后评估是十分重要的评价内容。后评估应根据合同条款内容，对照项目实际，找出问题或差别，分析差别的利弊，分清责任。同时，要对工程监理发生的问题可能对项目总体目标产生的影响加以分析，得出结论。

(2)工程实施及管理评价。对项目实施管理的评价主要是对工程的造价、质量和进度的分析评价，工程管理评价是指管理者对工程三项指标的控制能力及结果的分析。这些分析和评价可以从工程监理和业主管理两个方面进行，同时分析领导部门的职责。

(3)项目资金使用的分析评价。建设项目实施阶段资金能否按预算规定使用，对降低项目建设实施费用关系极大。通过投资项目评价，可以分析资金的实际来源与项目预测资金来源的差异和变化。同时，要分析项目财务制度和财务管理的情况，分析资金支付的规定和程序是否合理并有利于造价的控制，分析建设过程中资金的使用是否合理，是否注意了节约、做到了精打细算、加速资金周转、提高资金的使用效率。

(4)项目竣工评价。项目后评估对项目竣工的评价应根据项目建设的实际，对照项目决策所确定的目标、效益和风险等有关指标，分析竣工阶段的工作成果，找出差别和变化并分析其原因。项目竣工后评估包括项目完工评价和生产运营准备等。

2.2 建设项目后评估的内容

建设项目后评估是以项目前评估所确定的目标和各项指标与项目实际实施结果之间的对比为基础。因此，建设项目后评估的基本内容大体上与前评估的内容类似。

1. 项目前期工作的后评估

项目前期工作的质量对项目成功与否影响重大。因此，前期工作后评估是整个项目后评估的重点。其任务是评估项目前期工作的实绩，分析和总结项目前期工作的经验教训。其意义在于分析研究前期工作失误在多大程度上导致项目实际效果与预测目标的偏差及其原因，从而为今后加强项目前期工作管理积累经验。主要有以下几个方面的内容。

(1)项目筹备工作的评估。从分析项目筹建计划入手，重点考核和评估项目筹备工作效率，并总结其经验教训。具体应考查：项目筹建机构、领导班子及其他人员构成、素质情况；各项工作制度和岗位责任明确落实情况；筹建机构的设立情况及选择机构的具体方式（招标或行政指定等）。

(2)项目决策的评估。具体包括：项目可行性研究单位资格及委托方式审查；项目可行性研究的依据、实际经历的时间、研究的内容和深度等；项目决策程序、决策效率和质量如何等。

(3)厂址选择的评估。具体包括：厂址的选择是否符合国家建设布局及城镇建设规划的要求；是否有利于环境保护和维护生态平衡；工程地质、水文地质等自然条件是否符合建厂和实际生产经营的要求；是否有利于开展生产技术协作的要求；多方案比较及选择情况；厂址选择对项目实际投资效益的影响等。

(4)征地拆迁工作的评估。具体包括：征地拆迁工作进度是否按计划要求完成；征地标准、数量及拆迁过程等是否符合相关规定。

(5)勘察设计工作的评估。具体包括：勘察设计单位资格和信誉状况及设计单位配合组织情况；委托设计合同；设计的效率及其对项目建设的影响；设计的质量、依据、标准、规范、定额等是否符合国家规定，是否满足建设单位和施工单位的实际需要；设计方案在技术上的可行性和经济上的合理性。

(6)委托施工的评估。具体包括：招标投标方法及过程是否合规；施工队伍的资格审查情况及总、分包形式的运用；施工合同及合同执行情况。

(7)土地开发工作的评估。具体包括：工作是否按计划完成及其原因；费用开支是否符合国家的有关规定。

(8)资金落实情况的评估。具体包括：自筹资金来源是否正当、可靠，是否做到先存后用；社会集资额目标是否完成，是否有国家有关部门批准的文件；银行贷款资金及与银行签订的有关合同情况；资金总额是否符合项目开工建设的要求，有无追加投资，原因何在。

(9)物资落实情况的评估。具体包括：主要建筑材料在开工前是否落实，供货货源和合同规定的时间是否适应建设进度的需要，实际供货是否违约、违约原因及其给项目建设带来的影响；项目所需成套设备到货情况，有无盲目订货现象；各类物资订货时是否遵循了事先调查、货比三家的原则，实际货款有无超出计划（预测）的规定，其原因何在。

2. 项目实施阶段的后评估

项目实施阶段是项目财力、物力集中投入和消耗过程，也是固定资产逐步形成时期，它对项目能否发挥投资效益有着十分重要的意义。项目实施后评估的任务是评估项目实施过程中各主要环节的工作实绩，分析和总结项目实施管理中的经验和教训，其意义在于分析和研究项目实际投资效益与预计投资效益的偏差在多大程度上是由项目实施过程中造成的，且原因何在。主要有以下几个方面的内容。

(1)项目开工的评估。具体包括：项目开工条件、手续是否齐备；项目实际开工时间与计划的开工时间是否相符，提前或延迟的原因及其对项目投资效益发挥的影响。

(2)施工项目组织与管理的评估。具体包括：施工组织方式是否科学合理；施工项目经理承包责任制的实际绩效；施工项目进度、控制方法及其成效，施工进度提前或延误的原因、补救措施及其成效；施工项目成本及其控制；施工技术与方案的制定依据及其对施工项目进度和成本的影响。

(3)项目建设资金供应与使用情况的评估。具体包括：建设资金供应状况；建设资金运用和占用情况是否符合规定；考核和分析全部资金的实际使用效率。

(4)项目建设工期的评估。具体包括：各单位工程实际开、竣工日期、提前或推迟的原因以及与计划工期或同类项目产生偏差的原因；建筑安装单位工程的施工工期；投产前生产准备工作情况及其对建设工期的影响。

(5)项目建设成本的评估。具体包括：主要实物工程量的实际数量是否超出预计数量及其原因；设备、工器具购置数量，其他基本建设费用中的土地征用数量以及项目临时设施工程的建设数量等是否与预计情况相符，导致不符的原因及对建设成本的影响；主要材料实际消耗量、材料实际购进价格及其对建设成本的影响；各项管理费用的取费标准。

(6)项目工程质量和安全情况的评估。具体包括：实际工程质量状况及是否达到设计规定或其他同类项目质量标准，原因何在；设备及其安装工程质量能否保证投产后正常生产的需要；有无重大质量事故、产生事故的原因及造成的经济损失；工程安全情况，发生安全事故的原因及其影响。

(7)项目变更情况的评估。具体包括：项目范围变更与否、变更原因及其影响；项目设计变更与否、变更原因及其影响。

(8)项目竣工验收的评估。具体包括：项目竣工验收组织工作及其效率；项目竣工验收的程序；项目竣工验收标准及其对项目投资效益的影响；项目竣工验收各项技术资料的完备性及整理、立档、保存等情况；项目投资包干、招标投标的特色、有关合同执行情况、合同不能履行的原因；收尾工程和遗留问题的处理情况及其对项目投资效益的影响。

(9)同步建设的评估。具体包括：相关项目在时间安排上是否同步，不同步的原因及对项目投资效益的影响；建设项目所采用的技术与前序、后序项目的技术水平是否同步，不同步的原因及对项目投资效益的影响；相关项目之间的实际生产能力的协调、配套状况，不配套的原因何在及其对项目投资效益的影响；建设项目内部各单项工程之间工程建设速度、技术水平、生产能力配套状况及原因。

(10)项目生产能力和单位生产能力投资的评估。衡量项目实际生产能力通常从设备的负荷能力、各主要生产车间平衡后生产能力、辅助工程和配套工程及设施的适应生产能力等方面进行。具体包括：项目实际生产能力与设计生产能力的偏差情况、产生原因及对项目投资效益的影响；项目实际生产能力与产品实际成本的关系及项目所形成的生产规模是否处在最优的经济规模区间；项目实际生产能力与产品实际市场需求量的关系；项目实际生产能力与实际原材料来源和燃料、动力供应及交通运输条件是否相适应，对项目投资效益的影响；实际单位生产能力投资与预计的或其他同类项目实际的单位生产能力投资的偏离程度及原因。

3. 项目运营阶段的后评估

项目运营阶段是实现和发挥项目投资效益的阶段，在整个项目中占有十分重要地位。项目运营后评估是通过项目投产后的有关实际数据资料或重新预测的数据，研究建设项目实际投资效益与预测情况或其他同类项目投资效益的偏离程度及其原因，系统地总结项目投资的经验教训，并为进一步提高项目投资效益提出切实可行的建议。主要有以下几个方面的内容。

(1)企业经营管理状况的评估。具体包括：企业投产以来经营管理机构的设置与调整情况(包括领导班子和人员配备)；经营管理的主要策略及其实施的效果；现行管理规章制度情况等。

(2)项目产品方案的评估。具体包括：项目投产后到项目后评估时点为止的产品规格和品种的变化情况；产品方案调整的次数、依据及其对项目投资效益的影响；现行的产品方案能否适应消费对象的消费需求；产品销售方式的选择及其对产品销售的影响。

(3)项目达产年限的评估。具体包括：计算项目实际达产年限；与设计的或前评估预测的达产年限进行比较，计算实际达产年限的变化情况及其原因；项目超前或拖延达产年限的变化所带来的实际效益或损失等。

(4)项目经济效益后评估。即财务后评估和国民经济后评估。其评估的内容与项目前评估无大的差别，但项目后评估时应注意以下几点。

1)项目前评估采用的是预测值，项目后评估则采用实际值，并按统计学原理加以处理；对后评估时点以后的流量做出新的预测。

2)当财务现金流量来自财务报表时，对应收而未实际收到的债权和非货币资金都不可计为现金流入，只有当实际收到时才作为现金流入。同理，应付而实际未付的债务资金不能计为现金流出，只有当实际支付时才作为现金流出。必要时，要对实际财务数据做出调整。

3)对项目后评估采用的财务数据要剔除物价上涨的因素。

(5)项目经济后评估。项目经济后评估主要包括以下几个方面的内容。

1)项目财务后评估包括盈利能力再分析、清偿能力再分析和敏感性再分析。盈利能力再分析通过测算财务内部实际收益率和实际财务净现值等指标，将项目运行的经济结果与项目前评估的相应指标进行对比分析，并与行业基准收益率或项目贷款利息率、社会折现率或中央银行的同期贴现率等进行对比，用以评估项目实际经济效益的好坏。清偿能力再分析主要通过项目的损益与利润分配表和资产负债表中的相关数据考查如负债资产比率等指标，用以鉴别项目是否具有财务上的持续能力。敏感性再分析是指在后评估时点以后的敏感性分析，主要通过对成本和销售收入两个因素的分析来评估项目的持续性。

2)项目国民经济后评估是从国家或地区的整体角度考查项目的费用和效益，采用国际市场价格、价格转换系数、实际汇率和贴现率等参数对后评估时点以前各年度项目实际发生的效益和费用加以核实，并对后评估时点以后的效益和费用进行重新预测，计算出主要评估指标如经济内部收益率($EIRR$)等，将之与前评估的结论相比较，分析项目的决策质量，并对项目的效益做出评估，以指明项目的持续性和重复的可能性。

(6)对项目可行性研究水平进行综合评估。具体包括：考核项目实施过程的实际情况与预测情况的偏差；考核项目预测因素的实际变化与预测情况的偏离程度；考核可行性研究各假设条件与实际情况的偏差；考核实际投资效益指标与预测投资效益指标的偏离程度；考核项目实际敏感性因素和敏感性水平；对可行性研究深度进行总体评估。根据国外项目后评估情况，并结合我国的实际，可行性研究深度的评估标准可参考表 11-1 中的数据。

表 11-1　可行性研究深度评估标准表

预测情况与实际情况的偏离程度	可行性研究深度水平
＜15％	深度符合要求
15％～20％	相当于预测可行性研究水平
25％～35％	相当于编制建议书阶段的预测水平
＞35％	深度不合格

4. 项目影响后评估

（1）经济影响后评估。主要分析评估项目对所在地区、所属行业和国家产生的经济方面的影响。进行经济影响再评估要注意把项目效益评估中的国民经济再评估区分开来，避免重复计算。评估的内容主要包括分配、就业、国内资源成本（或换汇成本）、技术进步等。由于经济影响再评估的部分因素难以量化，一般只能做定性分析，一些国家和组织把这部分内容并入社会影响评估的范畴。

（2）环境影响后评估。是指遵照国家环保法的规定，根据国家和地方环境质量标准和污染物排放标准以及相关产业部门的环保规定，对照项目前评估时批准的《环境影响报告书》，重新审查项目环境影响的实际结果，审核项目环境管理的决策、规定、规范、参数的可靠性和实际效果。同时对未来进行预测。对有可能产生突发性事故的项目，要有环境影响的风险分析。主要包括以下几项。

1）污染控制。具体包括：项目的废气、废水和废渣及噪声是否在总量和浓度上都达到了国家和地方政府颁布的标准；项目选用的设备和装置在经济和环保效益方面是否合理；项目的环保治理装置是否做到了"三同时"并运转正常；项目环保的管理和监测是否有效等。

2）对地区环境质量的影响。环境质量评估要分析对当地环境影响较大的若干种污染物，这些物质与环境背景值相关，并与项目的"三废"排放有关。环境质量指数是主要的衡量指标之一。

3）自然资源的利用和保护。资源利用分析的重点是节约能源、节约水资源、节约土地和资源的综合利用等。对于上述内容的管理条例和评估方法，世行和各国的环保部门大都已制定了有关的规定和办法，项目后评估原则上应按这些条例和方法进行分析。

4）对生态平衡的影响。项目对生态平衡的影响主要包括：人类、植物和动物种群，特别是珍稀濒危的野生动植物；重要水源涵养区；具有重大科教文化价值的地质构造、气候；可能引起或加剧的自然灾害和危害等。

5）环境管理。包括环境监测管理、"三同时"和其他环保法令、条例的执行；环保资金、设备及仪器仪表的管理；环保制度和机构、政策和规定的评价；环保的技术管理和人员培训等。

项目环境影响后评估应侧重分析随着项目的进程和时间的推进所发生的变化，此外项目所在地区的环境背景差别很大，工程废弃物各不相同，因此，评估者要分析特定项目的这些不同点，找出影响因素中不同因子，赋以权重系数进行综合评价。

（3）社会影响后评估。是对项目在社会经济、发展方面有形和无形的效益与结果的一种分析，重点评估项目对国家（或地区）社会发展目标的贡献和影响，包括项目本身和对周围地区社会的影响。评估的内容包括持续性、机构发展、参与、妇女、平等和贫困六个方面。根据项目需要和各国的现状，应区别不同情况分类进行重点的要素评估。具体内容包括以下几项。

1）就业影响，包括项目的直接就业效果和间接就业效果。

2）居民的生活条件和生活质量，包括居民收入的变化；人口和计划生育；住房条件和服务设施；教育和卫生；营养和体育活动；文化、历史和娱乐等。

3）地区收入分配影响，即项目对当地公平分配和扶贫政策的影响。

4）项目实际受益者范围及其受益程度、受益水平和反应等。

5）当地妇女地位、民族状况和宗教信仰等。

6）地方社区的发展，包括项目对当地城镇、地区基础设施建设和未来发展的影响。

7）当地政府和居民对项目参与程度。

5. 项目持续性评估

项目持续性评估是指项目建设完成投入运行之后，项目的既定目标是否能按期实现，项目是否可以持续保持产生较好的效益，接受投资的项目业主是否愿意并可以依靠自己的能力继续实现既定的目标，项目是否具有可重复性等方面做出评估。主要包括以下几项。

（1）政府政策因素。包括参与该项目的政府部门各自作用和目的、对项目目标的理解是什么；根据这些目的所提出的条件和各部门的政策是否符合实际，如果不符合实际，需要做哪些修改，政策的多变是否影响到该项目的持续性。

（2）管理、组织和参与因素。如项目管理人员的素质和能力、管理机构和制度、组织形式和作用、人员培训等持续性影响。

（3）经济财务因素。在持续性分析中应注意以下事项。

1）评价时点之前的所有项目投资都应作为沉没成本不再考虑。项目是否持续的决策应在对未来费用和收益的合理预测以及项目投资的机会成本（重估值）基础上做出。

2）要通过项目的资产负债表等来反映项目的投资偿还能力，并分析和计算项目是否可以如期偿还贷款和它的实际还款期。

3）通过项目未来的不确定性分析来确定项目持续性的条件。

（4）技术因素。主要包括技术因素对于项目管理和财务持续性的影响，在技术领域的成果是否可以被接受并推广应用。对照前评估确定的关键技术内容和条件，分析当地实际条件是否满足所选择技术装备的需求，并分析技术选择与运转操作费用的关系，新产品的开发能力和使用新技术的潜力等。

（5）社会文化因素。主要分析项目的施工、建设和运行，对所在地区风俗习惯、宗教信仰、文化水平、教育程度、技术水平等方面带来的影响，以及这种影响对项目未来的持续发展，地区社会经济的持续发展的作用情况。

（6）环境和生态因素。这两部分的内容与项目影响评估的有关内容类同。持续性分析应特别注意这两方面可能出现的反面作用和影响，从而可能导致项目的终止以及值得今后借鉴的经验和教训。

任务 3　建设项目后评估的程序和方法

3.1　建设项目后评估的程序

1. 提出问题

深入了解项目及其所处环境，区分评估提出单位所关心问题的主次关系，从而明确后评估的具体研究对象、评估目的及具体要求。

2. 制定项目后评估计划

(1)建立项目后评估组织机构，配备项目后评估人员。

(2)确定项目后评估内容范围与深度，选择评估标准。使用不同的评估标准，评估结论可能不同。例如，要评估一个技师培训班的效果。该培训班的毕业率是 10%，中途就业率是 90%。如果以最终的毕业为标准，那么这个培训班被认为是失败的，因为其毕业率很低。如果以就业率为标准，那么这个培训班又可以被认为是很成功的，因为其就业率高达 90%。显然，评估结论依赖于所使用的评估标准，因此要慎重选择评估标准。

(3)选定评估方法，又称为确定评估策略。在具体进行项目后评估时，面临着方法的选择问题。由于各种方法内容、要求以及比较的重点不同，如果选择不当，势必影响后评估的质量，因此，在进行后评估时正确选择后评估方法极为重要。

3. 调查收集和整理资料

主要任务是制定详细调查提纲，确定调查对象和调查方法并开展实际调查和资料收集工作。

需要收集的资料和数据主要包括：项目建设资料、国家经济政策资料、项目运营状况的有关资料、反映项目实施和运营实际影响的有关资料、本行业有关资料、与后评估有关的技术资料及其他资料等。可以采用专题调查会、固定程式意见征询、非固定程式的采访、实地观察法、抽样法等方法进行资料收集。

现场调查前应事先做好充分准备，明确调查任务，制定调查提纲。调查任务一般要回答以下问题：项目基本情况(项目实施情况及目标是否合理等)、目标实现程度(原定目标的实现程度、目标实现的关键因素等)、项目产生的经济、环境和社会等方面的影响和作用等。常用的调查方法有直接观察法、报告法、采访法和被调查者自填法、专门调查法等。

资料的整理是根据调查过程中获得的大量原始资料进行加工汇总，使其系统化、条理化、科学化，以得出反映事物总体综合特征资料的工作过程。资料整理工序一般有三个步骤：科学的统计分组，是资料整理的前提；科学的汇总，是资料整理的中心；编制科学的统计表，是资料整理的结果。

4. 分析研究

围绕项目后评估内容，采用定量分析和定性分析相结合的方法，发现问题，提出改进措施。常用的分析研究方法除前文所述三种主要方法外，也经常借助一些基本的统计分析和市场预测的方法，如经验判断法、历史引申法、回归分析法等。

通过分析研究，主要解决以下问题。

（1）总体结果。项目的成功度及其原因；项目的投入与产出是否成正比；项目是否按时并在投资预算内实现了目标；成功和失败的主要经验教训。

（2）可持续性。项目在维持长期运营方面是否存在重大问题。

（3）方案比较选择。进行多方案比较，判断是否有更好的方案来实现上述成果。

（4）经验教训。项目的经验教训及其对未来规划和决策的参考意义。

具体内容详见"建设项目后评估的内容"。

5. 撰写后评估报告

项目后评估报告是项目后评估工作的最后成果，是评估结果的汇总，应真实反映情况，客观分析问题，认真总结经验。另一方面，后评估报告是反馈经验教训的主要文件形式，必须满足信息反馈的需要。因此，后评估报告要有相对固定的内容格式，便于分解，便于计算机输入。对项目后评估报告编写有以下要求。

（1）报告文字准确清晰，尽可能不用过分专业化的词汇。

（2）报告应包括以下部分。

1）摘要。

2）总论。进行项目后评估的目的；项目后评估报告编制单位；项目后评估组织与管理；项目后评估开始、完成时间；项目后评估的资料来源；后评估方法说明以及项目总体情况介绍等。项目总体情况介绍包括项目名称、构成、所有制、地区、生产规模、投资总额、投资实际资金来源；项目开工、竣工日期及投产时间；项目设计单位、可行性研究单位；项目决策单位和决策时间；项目目标等。

3）评估内容。

4）主要变化和问题、原因分析。

5）经验教训。

6）结论和建议。以上各项分析的基本结论，包括项目准备、决策、实施、运营各阶段的主要经验教训；对可行性研究水平的综合评价；项目发展前景；为提高项目未来经济、环境和社会效益的主要对策和措施等。这些内容既可以形成一份报告，又可以单独成文上报。

（3）报告的研究和结论要与问题和分析相对应，经验教训和建议要把评估的结果与将来规划和政策的制定及修改联系起来。

3.2 建设项目后评估的方法

1. 逻辑框架法

（1）逻辑框架法（LFA）是美国国际开发署在 1970 年开发并使用的一种设计、计划和评估的工具，用于项目的规划、实施、监督和评估。逻辑框架是一种综合、系统地研究和分析问题的思维框架，有助于对关键因素和问题做出系统的符合逻辑的分析，它主要应用问题树、目标树和规划矩阵三种辅助工具，将内容相关、必须同步考虑的动态因素组合起来，帮助分析人员理清项目中的因果关系、目标—手段关系和外部制约条件，从设计、策划到目的、目标等方面来评估一项活动或工作。

（2）逻辑框架法为项目计划者和评估者提供一种分析框架，用以确定工作的范围和任务，并通过对项目目标和达到目标所需的手段进行逻辑关系的分析。

(3)逻辑框架法的模式是一个 4×4 的矩阵，由垂直逻辑和水平逻辑组成。垂直逻辑层次代表项目目标的层次，水平逻辑层次代表如何验证这些目标是否达到，逻辑框架法的基本模式见表 11-2。

表 11-2　逻辑框架法的基本模式

项目层次	验证指标	验证方法	重要外部条件
目标	目标指标	监测与监督方法	实现目标的主要条件
目的	目的指标	监测与监督方法	实现目的的主要条件
产出	产出定量指标	监测与监督方法	实现产出的主要条件
投入	投入定量指标	监测与监督方法	实现投入的主要条件

(4)逻辑框架法的垂直逻辑用于分析项目计划做什么，弄清项目手段与结果之间的关系，确定项目本身和项目所在地的社会、物质、政治环境中的不确定性因素。逻辑框架法通过垂直逻辑关系清楚地表达"投入""产出""目的""目标"之间的因果关系，直观地描述项目消耗及其实现的微观和宏观目标。

1)"投入"是指项目投入的资源和时间，"投入"是实现"产出"的前提，"产出"是"投入"的结果，而实际的"产出"是实现项目"目的"和"目标"的先决条件。

2)"产出"是指项目"干了些什么"，即项目的建设内容或投入的产出物。一般要提供项目可计量的直接结果。

3)"目的"是指"为什么"要实施这个项目，即项目直接的效果和作用。一般应考虑项目为受益目标群带来什么，主要指社会和经济方面的成果和作用。这个层次的目标由项目和独立的评价机构确定，指标由项目确定。

4)"目标"通常是指高层次的目标，即宏观计划、规划、政策和方针等。宏观目标一般超越了项目的范畴，是指国家、地区、部门或投资组织的整体目标。这个层次目标的确定和指标的选择一般由国家或行业部门负责。

以上 4 个层次由下而上形成了 3 个逻辑关系。第一级是如果保证一定的资源投入，并加以很好的管理，则预计有怎样的产出；第二级是项目的产出与社会或经济的变化之间的关系；第三级是项目的目的对整个地区甚至整个国家更高层次目标的贡献关联性。

(5)水平逻辑的目的是要衡量项目的资源和结果，确立客观的验证指标及其指标的验证方法来进行分析，水平逻辑要求对垂直逻辑 4 个层次上的结果做出详细的说明。水平逻辑关系由"验证指标""验证方法"和"重要外部条件"构成。

1)"验证指标"采用客观、准确、公正的量化指标，必须抓住主要矛盾，突出重点指标，并与垂直逻辑关系的各层次一一对应，对于一些项目中难以直接量化的指标，可采用能够说明问题的间接量化指标。在后评估时一般每项指标应具有 3 个数据，即原来预测值、实际完成值、预测和实际间的变化和差距值。

2)"验证方法"是指主要资料来源和验证所采取的方法，主要资料通常是来源于项目计划、记录、报告、官方文件、统计资料以及项目受益者的反应，验证采取的方法为调查研究、资料分析等。

3)"重要外部条件"是指达到项目的指标必须具备的重要外部条件，这些条件是项目各层次的目标实现的基础和依据，可能对项目的进展或成果产生影响，而项目管理者又无法控制。这种失控的发生有多方面原因，第一是项目所在地的特定自然环境及其变化，如地震、干旱、洪水、台风、病虫害等。第二，政府在政策、计划、发展战略等方面的失误或变化。第三个不确定因素是管理部门体制所造成的问题，使项目的投入产出与其目的、目标分离。

(6)项目的外部条件很多，一般应选定其中几个最主要的因素作为重要的外部条件。通常项目的原始背景和投入/产出层次的重要外部条件较少；而产出/目的层次间所提出的不确定因素往往会对目的/目标层次产生重要影响；由于宏观目标的成败取决于一个或多个项目的成败，因此最高层次的外部条件是十分重要的。

(7)建设项目后评估的主要任务之一是分析评价建设项目目标的实现程度，以确定项目的成败。建设项目后评估通过应用LFA来分析项目原定的预期目标、各种目标的层次、目标实现的程度和变化原因，用以评价项目的效果、作用和影响。

2. 对比法

对比法是项目后评估方法论的一条基本原则，包括前后对比、预测和实际发生值的对比、有无对比等。对比的目的是找出变化和差距，为提出问题和分析原因找到重点。

(1)前后对比法。前后对比法是指将项目可行性研究与评估时所预测的效益和项目竣工投产运营后的实际结果相比较，找出差异并分析原因。这种对比用于揭示计划、决策和实施的质量，是项目后评估应当遵循的原则之一。

(2)有无对比法。有无对比法是指将项目实际发生的情况与无项目可能发生的情况进行对比，以度量项目的真实效益、影响和作用。对比的重点是要分清项目本身作用与项目以外的作用。这种对比用于项目的效益评估和影响评估，是项目后评估的一个重要方法论原则。"有"与"无"指的是评估的对象。有无对比的关键是要求投入的代价与产出的效果口径一致，也就是说，所度量的效果要真正归因于项目。但是，很多项目，特别是大型工程项目，实施后的效果不仅仅是项目的效果和作用，还有项目以外多种因素的影响，因此，简单的前后对比不能得出真正的项目效果的结论，必须采用有无对比的方法才能判定项目的真实效果。例如，某水利建设项目大大超过了前评估的目标值。但是期间当地农村实行了联产承包责任制改革，即使没有这个项目，该地区的农产品价格也会提高。因此，后评估的任务就是要剔除那些非项目因素，对归因于项目的效果加以正确的定义和度量。理想的做法是在该项目受益地区之外选择一个类似的"控制地区"，然后加以比较得出正确结论。项目的有无对比是项目实际效果与无项目实际或可能产生的效果的对比。有无对比需要大量可靠的数据，最好有系统的项目监测资料，也可引用当地有效的统计资料。

通常项目后评估要对比分析的数据和资料主要包括：项目前的情况、项目前预测的效果、项目实际实现的效果、无项目时可能实现的效果、无项目的实际效果等。在进行对比时，先要确定评估内容和主要指标，选择可比的对象，通过建立比较指标的对比分析表，用科学的方法收集资料。

3. 因果分析法

一些项目建设周期较长，在建设过程中易受社会经济发展变化、国家政策等外部客观因素影响，以及项目执行或管理单位内部的一些主客观因素影响，导致项目实际的技术经济指标和可行性研究阶段以及勘察设计阶段预测结果发生一定的偏差，并对项目实施效果正在发生或已经发生较大影响。因此，在项目后评估时，需要运用因果分析方法及时发现问题、分析问题，提出解决问题的对策、措施和建议。即对造成变化的原因逐一进行剖析，分清主次及轻重关系，以便针对主要问题提出改进或完善的措施和建议。

因果分析可采用因果图的方式进行。因果图，又称鱼骨图，是由日本质量控制兼统计专家石川馨教授发明的一种图解法，用以辨识和处置事故或问题的原因，如图 11-1 所示。因果图以图表的形式指出造成某种结果的各级原因之间的等级关系。在评价一个

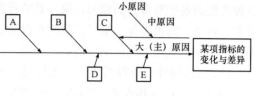

图 11-1　因果分析图

投资项目的工程质量或效益等方面的技术经济指标时，由于若干因素的共同作用，在项目的设计、施工建设、运营管理过程当中，使得实际指标与前评估阶段预期的目标产生一定的差距，以至于影响到项目实施的总体目标或子目标。在这些复杂的原因当中，由于它们又不都是以同等效力作用于实施效果或指标的变化过程，必定有主要的、关键的原因，也有次要的或一般的原因。在项目后评估中又不能对这些原因简单地一一罗列，必须从这些错综复杂的原因中整理出头绪，找出使指标产生变化的真正起关键作用的原因。因果分析图就是这样一种分析和寻找影响项目技术经济指标变化主要原因的简便有效的方法。

因果分析图的绘制步骤与图中箭头方向恰恰相反，是从"结果"开始将原因逐层分解的，具体步骤如下。

(1)明确问题和结果。作图时首先由左至右画出一条水平主干线，箭头指向一个矩形框，框内注明研究的问题，即结果。

(2)分析确定影响该问题特性的大的方面原因，并对原因进行分类。将项目实施情况调查或考察中收集到的信息进行整理、分类。通常可按照问题的性质或属性进行分类，如人的因素、技术条件因素(评估方法及技术、勘测设计技术、工程技术条件、运营管理技术等)、环境因素(社会环境、自然环境、经济环境、相关政策法规环境等)、实施方法因素(项目管理方式及方法、招投标管理、投融资管理、施工管理、工程监理、审计监督、运营管理等方面)、设备及材料的因素(设备、材料的选型及质量保障等)。

(3)将每种大原因进一步分解为中原因、小原因，直到对分解的原因可以采取具体措施加以解决为止。

(4)检查图中的所列原因是否齐全，可以对初步分析结果广泛征求意见，并进行必要的补充及修改。

(5)选择出影响大的关键因素，做出标记"△"，以便重点采取措施。将通过对项目实地考察、调研或通过其他途径收集到的问题和情况以及项目评价专家组成员提出的问题和对原因的分析进行集中整理和分类。一般可以按照外部因素和内部因素两大类进行分类，也可以按照项目管理的主要环节进行分类。例如，前期评估论证工作环节、立项审批程序环节、勘察设计环节、融资环节、项目招投标环节、工程建设实施及管理环节、建设资金使用情况、财务管理环节、竣工验收环节以及投产后运营管理环节等大原因进行分类，然后按照造成上述各环节变化的中原因和小原因依次罗列。其中，对于造成项目重大变化的，或对项目实施目标和效果产生重大影响的主要原因和核心问题加上突出的标记，便于作为重点分析评价的对象。

4. 成功度评价法

建设项目后评估需要对建设项目的总体成功度进行评价，即项目成功度评价。成功度评价法是依靠评价专家或专家组的经验，综合各项指标的评价结果，对项目的成功度做出

定性的结论。成功度评价是以逻辑框架法分析的项目目标的实现程度和经济效益分析的评价结论为基础，以项目的目标和效益为核心，所进行的全面系统的评价。

项目评价的成功度的测定标准可分为以下5个等级。

(1)完全成功。在进行建设工程项目后评估时项目的各项目标都已完全实现或超过。相对于其他要素而言，项目取得巨大的效益和影响。

(2)基本成功。在进行建设工程项目后评估时项目的大部分目标已经实现。相对于其他要素而言，项目达到了预期的效益和影响。

(3)部分成功。在进行建设工程项目后评估时项目实现了原定的部分目标。相对于其他要素而言，项目只取得了一定的效益和影响。

(4)大部分不成功。在进行建设工程项目后评估时项目实现目标的程度非常有限。相对于其他要素而言，项目几乎没有产生什么正效益和影响。

(5)失败。在进行建设工程项目后评估时项目的目标无法实现。相对于其他要素而言，项目完全失败。

建设项目后评估中的项目成功度法是通过成功度评价分析表来进行的，在项目成功度评价分析表中设置了建设项目后评估的主要评价指标。在进行具体的建设项目后评估时，要视具体情况评价其中相应的关键指标，而不是测定所有的指标。后评估者要根据评价对象的类型和特点，确定成功度评价分析表中的指标的重要程度，将它们分为"重要""次重要""不重要"三类，在表中第二栏(相关重要性)中填注。一般对"不重要"的指标不用测定，只需测定重要和次重要的指标，一般在建设项目后评估中实际测定的指标选在10项左右。

在建设项目后评估的指标测定时通常采用评分制，根据上述完全成功、基本成功、部分成功、大部分不成功、失败5个等级分别用A、B、C、D、E的符号来代表。通过建设项目后评估的指标重要性分析及后评估的各单项成功度的综合，可以得到建设项目后评估的总的成功度指标，也用A、B、C、D、E表示，填入表的最后一行的"建设项目后评估的总评"栏内。

建设项目后评估的成功度评价法使用的表格是根据建设项目后评估的任务、目的与性质确定的，为建设项目后评估设计的项目成功度评价分析见表11-3。

表 11-3　建设项目后评估的成功度评价分析表

建设项目后评估的评价指标	相关重要性	评价等级	备注
(1)建设项目的宏观目标和产业政策			
(2)建设项目的决策及其程序			
(3)建设项目的布局与规划			
(4)建设项目的目标与市场			
(5)建设项目的设计与技术装备水平			
(6)建设项目的资源与建设条件			
(7)建设项目的资金来源和融资			
(8)建设项目的进展及控制			
(9)建设项目的质量及控制			
(10)建设项目的投资及控制			

建设项目后评估的评价指标	相关重要性	评价等级	备注
(11)建设项目的经营			
(12)建设项目的机构和管理			
(13)建设项目的财务效益			
(14)建设项目的经济效益			
(15)建设项目的社会和环境影响			
(16)建设项目可持续			
建设项目后评估的总评			

任务4 建设项目后评估的组织机构与实施

4.1 建设项目后评估的组织机构

1. 建设项目后评估组织机构的基本要求

(1)满足客观性、公正性要求。这要求后评估组织机构要排除人为的干扰，独立地对项目实施及其结果做出评论。

(2)具有反馈检查功能。即要求后评价组织机构与计划决策部门具有通畅的反馈回路，以使后评估有关信息迅速地反馈到决策部门，达到后评估的最终目的。

2. 建设项目后评估组织机构的设置

根据上述要求，我国项目后评估的组织机构不应该是项目原可行性研究单位和前评估单位，也不应该是项目实施过程中的项目管理机构。可以是以下单位。

(1)国家计划部门项目后评估机构。负责组织国家计划内投资项目的后评估工作，尤其是对国民经济有重大影响的项目。其组织机构的设置应独立于现行负责计划工作的各司局。对有些重大项目，还应向全国人民代表大会提交项目后评估报告。

(2)国务院各主管部门项目后评估机构。负责组织本部门投资项目的后评估工作，其组织机构的设置应独立于部门内各司局，直接向部长或副部长负责。

(3)地方政府项目后评估机构。负责组织本省市区的投资项目后评估工作，可以设立在各省市区负责计划工作的部门之内，直接向当地负责计划工作的部门领导人负责，甚至直接向省长、副省长负责。

(4)银行项目后评估机构。负责组织本行投资贷款项目后评估工作，其机构设置应独立于各业务部门，直接向董事会或行长、副行长负责。

(5)其他投资主体的项目后评估机构。其他投资主体是指一些自负盈亏的从事投资活动的金融公司、信托投资公司等。其项目后评价组织机构主要负责本单位投资项目的后评价工作，它应独立于各业务部门，而直接向董事会或总经理负责。

4.2 建设项目后评估的实施

1. 建设项目后评估的资源要求

建设项目后评估投入的资源主要包括项目后评估人员、一定的经费和时间。

(1)项目后评估人员。项目后评估对评估人员素质要求较高。原则上讲,项目后评估人员要既懂投资,又懂经营;既懂技术,又懂经济。当然这样的全面人才在现实中不多见。这个问题通常可以通过组建具有上述各方面知识结构的后评估小组来解决。项目后评估小组一般应由以下人员组成:经济学家、技术人员、项目管理人员、经营管理人员、市场预测人员、财务与统计分析人员、社会学家。

我国目前项目后评估人员数量与其需求相比存在明显的不足。为了全面推广项目后评估,应当也必须着手进行项目后评估人员的培养工作,可以由国家有关机构组织短期培训,也可以通过大专院校等进行长期培养。

(2)项目后评估经费。项目后评估投入经费的数量视项目规模大小而不同。根据国外项目后评估的经验和我国的具体情况,我国项目后评估的取费标准大约是:

大中型项目:$0.2\% \sim 1.5\%$;

小型项目:$1.5\% \sim 3.0\%$。

项目后评估不同于项目可行性研究或前评估,其经费可以纳入固定资产投资总额,因此要解决好由谁来支付这笔经费的问题。显然由国家额外提供全部项目后评估经费是不可能的,只能是由项目单位或企业来承担。

(3)项目后评估的时间安排。根据项目后评估的内容要求,要全面评估项目投资的实绩、系统地总结项目管理经验,项目后评估需要经历一个较长的时期。对于每一个具体项目,由于项目规模大小、复杂程度、投入人力的多少、组织机构对后评估内容的具体要求等的不同,后评估的时间要求也不完全一致。就一般工业项目而言,从项目后评估课题的提出到提交项目后评估报告大约需要 3 个月时间。各阶段时间应当合理安排,以保证后评估工作进度。

2. 项目后评估对象的选择

从理论上讲,对所有竣工投产的投资项目都要进行后评估,项目后评估应纳入项目管理程序之中。但是,由于我国现阶段客观条件不成熟,不可能对所有投资项目都及时地进行后评估。因此,我国项目后评估应分两阶段实施:第一阶段,可选择一部分对国民经济有重大影响的国家投资的大中型项目进行后评估,以把握项目投资效益的总体状态;第二阶段,待条件成熟后,全面开展对所有投资项目的后评估工作。

现阶段,我国选择项目后评估对象时应优先考虑以下类型项目。

(1)项目投产后本身经济效益明显不好的项目。

(2)国家急需发展的短线产业部门的投资项目,其中主要是国家重点投资项目,如能源、通信、交通运输、农业等项目。

(3)国家限制发展的长线产业部门的投资项目。

(4)一些投资额巨大、对国计民生有重大影响的项目。这类项目后评估报告应提交全国人民代表大会,审查结果应向全国人民公布。

(5)一些特殊项目,如国家重点投资的新技术开发项目、技术引进项目等。

3. 项目后评估时机的选择

由于对项目后评估认识不同和经济体制的不同，世界各国项目后评估时机的选择也不同。根据项目后评估的概念和作用以及我国的实际情况，我国一般生产性行业项目后评估通常应选择在竣工项目达到设计生产能力后的1～2年内进行，基础设施行业在竣工以后5年左右，社会基础设施行业可能更长一些。主要考虑到项目达产后，企业供、产、销基本上步入正轨，建设、生产中各方面的问题也能得到充分体现，可以对项目实际产出影响进行综合评价，进而对经营管理现状进行诊断，并提出改进意见等。当然项目后评估时机的选择也不能千篇一律。

➤ 项目小结

本项目主要介绍了建设项目后评估的含义、特点及与其他项目评估的区别、建设项目后评估的范围和内容，建设项目后评估的程序和方法，项目后评估的组织机构和实施等内容。项目后评估，在国外称为事后评估。项目后评估是相对于建设项目决策前的项目评估而言的。它是项目决策前评估的继续和发展。建设项目后评估的内容包括：项目前期工作的后评估、项目实施的后评估、项目运营的后评估、项目影响后评估等。建设项目后评估的方法有逻辑框架法、对比法、因果分析法、成功度评价法。还着重介绍了项目后评估的组织机构和实施基本要求及内容。

➤ 思考与练习

一、填空题

1. _____是相对于建设项目决策前的项目评估而言的。

2. 项目后评估的评价范围，依据项目周期划分，包括_____、_____、建设实施、竣工投产等方面的评价。

3. 项目准备的后评估，包括_____、采购招投标、投资融资、开工准备等方面的后评估。

4. 项目后评估是以_____和_____各项指标与项目实际实施结果之间的对比为基础。

5. 从分析_____入手，重点考核和评估项目筹备工作效率，并总结其经验教训。

二、单项选择题

1. 下列不属于项目后评估与项目可行性研究、项目前评估的区别的是（　　）。

    A. 评估目的和在投资决策中的作用不同

    B. 所处阶段不同

    C. 比较参照的标准不同

    D. 评估的结构不同

2. （　　）标志着后评估及评估者的信誉，避免在发现问题、分析原因和作结论时做出不客观地评估。

    A. 公正性　　　B. 独立性　　　　C. 可信性　　　　D. 现实性

3. 项目后评估的（   ），一方面要评价合同依据的法律规范和程序等，另一方面要分析合同的履行情况和违约责任及其原因。

    A. 合同分析   B. 合同评估

    C. 合同解除   D. 合同签订

三、简答题

1. 建设项目后评估有哪些作用？

2. 项目后评估指标体系设置应遵循哪些原则？

3. 项目实施的后评估包括哪些内容？

4. 进行项目经济效益后评估时应注意哪些事项？

参 考 文 献

[1] 刘晓君，刘宏玉. 工程经济学[M]. 北京：中国建筑工业出版社，2008.

[2] 全国注册咨询工程师（投资）资格考试参考教材编写委员会. 项目决策分析与评价[M]. 北京：中国计划出版社，2011.

[3] 孙慧. 项目决策分析与评价复习精要与题解[M]. 天津：天津大学出版社，2011.

[4] 曾向东. 环境影响评价[M]. 北京：高等教育出版社，2008.

[5] 王华. 建设项目评估[M]. 北京：北京大学出版社，2008.

[6] 何亚伯. 建筑工程经济与企业管理[M]. 2版. 武汉：武汉大学出版社，2009.

[7] 谢亚伟. 工程项目风险管理与保险[M]. 北京：清华大学出版社，2009.

[8] 夏恩君. 项目投资决策分析：方法与技术[M]. 北京：经济科学出版社，2008.